国家出版基金项目
NATIONAL PUBLICATION FOUNDATION

实用主义与美国思想文化研究

丛书主编　刘放桐　陈亚军

罗伊斯的绝对实用主义

杨兴凤　著

复旦大学出版社

国家出版基金
上海市新闻出版专项资金
复旦大学哲学学院
复旦大学杜威中心
资助出版

目录

导论

一切犹如沐浴了夏日的雨水，面貌焕然一新。

——居伊·珀蒂德芒热

一、被误读的罗伊斯

法国哲学家阿多(Pierre Hadot，1922—2010)曾在《伊西斯的面纱》中说:“书写思想史有时是在书写一系列误解的历史。”这用在对乔赛亚·罗伊斯(Josiah Royce，1855—1916)的思想书写上倒是恰切的，他的思想确实被误读已久。这种误读从他的同事与朋友杜威、詹姆斯就已开始，并在后继者如 R. B. 培里、W. P. 蒙塔古等新实在论者的不恰当描述中被极端化，据此将罗伊斯作为“新黑格尔主义者”“绝对论者”而对其思想进行了“定性”。接着在维也纳学派的实证主义和语言分析走向吸引了美国的大部分专业哲学家后，罗伊斯的思想被推入了遗忘之境。理查德·罗蒂对古典实用主义的复兴却也“有意地”忽视了这位与詹姆斯并肩齐名的思想家，他虽同情地称罗伊斯为“非表象主义的整体论者”，但却在自由主义筹划的雄心下主张罗伊斯的“绝对”作为救赎真理是属于那种“未开化年代的古怪造物”，从而淡化罗伊斯在美国思想史上的重要性。

但近年来，对罗伊斯的误读渐次被揭开。当今在北美致力于研究美国本土哲学的学者如约翰·麦克德谟特(John McDermott)将罗伊斯描述为“美国思想史上最深刻的思想家之一”[①]。而著名学者 F. M. 奥本海姆(Frank M. Oppenheim)则直接发掘罗伊斯对实用主义运动的直接而重要的贡献,罗伊斯的“绝对论者”的形象在奥本海姆的“重构实用主义”的论述中得到修正。在兰德·奥西尔(Randall Auxier)教授的“罗伊斯之活的观念”的论述中,罗伊斯直接能与北美现当代的思想家对话。而在 2013 年出版的《罗伊斯在二十一世纪》的论文集的导言中,编者(Kelly A. Parker 和 Krzysztof Piotr Skwroński)认为,要去理解十九世纪晚期和二十世纪初期的美国思想,罗伊斯是绝对不可缺少的一位,他与皮尔斯、詹姆斯、杜威、米德以及桑塔雅那一起组成美国哲学“黄金时期”的星群,且他除受教于皮尔斯外,深刻而直接地影响着上述其他几位思想家;这两位编者认为罗伊斯一直都处于实用主义运动中,与“杜威-詹姆斯式的实用主义”之不同的地方在于其循着皮尔斯的思路而发展了实用主义,诠释出“绝对实用主义”,而这恰构成对于“杜威-詹姆斯式实用主义”的有力补充。就如康乃尔·韦斯特(Cornel West, 1953—)在追踪实用主义的谱系时,认为早在爱默生所倾注心力的“个体性、理想主义、唯意志主义、乐观主义、改良以及实验性”主题上就预示了美国实用主义的来临,[②]而在罗伊斯的文本中,理想主义、唯意志主义、个体性、改良等同样是他的思想主题,我们甚至会在他的文本中看到他为爱默生等实用主义先辈所培养和奠定的美国思想模式做了真正的夯实。正如美国历史学家、思想史家布鲁斯·库克里克(Bruce Kuklick, 1941—)在其著作《美国哲学难道立基于一个错误之上?》中评述的那样:提及美国哲学的主题,我们常常想到的是实用主义,但实际上,比起美国的实在论和唯心论传统,实用主义具有短得多的历史;而且实在没有太过充分

---

① John McDermott ed., *The Basic Writings of Josiah Royce*, Fordham University Press, 2005, p. 4.

② Cornel West, *The American Evasion of Philosophy: A Genealogy of Pragmatism*, The University of Wisconsin Press, 1989, p. 35.

的理由突出实用主义而淡化实在论和唯心论传统。[1] 库克里克的见解是有其独到之处的，按其思维方向，罗伊斯的思想会成为了解美国哲学的重要地标，因罗伊斯的思想是一种融合，融合了德国唯心论的要素，亦结合了古典实用主义运动的精神动力。罗伊斯的挚友威廉·詹姆斯曾极富诚挚地评论罗伊斯"从现在起往后的两百年，哈佛会因罗伊斯曾在这里任教而被人敬仰"[2]。显然，对任何一个思想家进行其在思想史上的定位或甚至作谱系学上的考察都应当从双向之维即从纵向的思想进展史和横向的同时代思想关联来进行方不失公允：从纵向的思想史进展在这里是指罗伊斯在整个美国哲学思想进展史中、在整个美国实用主义运动中他以自己的学理作了如何的传承；从横向的同时代思想关联是指罗伊斯的哲学思想在同时代的哲学语境中他作了如何的独特性革新。据此，我们方能生成观看其一生著作的平衡眼光。

深入探究罗伊斯一生所著文本，读者会发现他是一个复杂的思想家。罗伊斯的思考动机错综复杂，这些因素一直在他的思考中发挥作用：他有着强烈的形而上学追求的同时亦持着对人间道德陨落的忧患意识；他对人类心理学有着深厚的兴趣，而逻辑学和数学的探究又使他对"客观性"问题尤其关注（这表现为他对康德持久的研究以及对皮尔斯哲学理念的继承）；但逻辑和数学、心理学的科学探究并没有冲淡罗伊斯的宗教气质，相反，却使他近乎成为一个致力于救赎的布道者，他力图融合宗教精神与科学精神。这些复杂的动机，使罗伊斯的写作不被当时的许多知名人士所理解，例如约翰·杰·查普曼（John Jay Chapman）就在给威廉·詹姆斯的信中表达他对罗伊斯的"同情"："若罗伊斯抛弃所谓哲学的理念，他会成为一个多么优秀的人。"罗伊斯那浓烈的宗教风格让

---

① Bruce Kuklick, "Does American Philosophy Rest on a Mistake?", *American Philosophy*, edited by Marcus G. Singer, Cambridge 1985, p. 188.

② Julius Seelye Bixler, "Josiah Royce: Twenty Years After", *The Harvard Theological Review*, Vol. 29, No. 3 (Jul., 1936), pp. 197 - 224, p. 197.

许多评论者判定他在"布道",但他做的不过是想把"神"从遥不可及的天下请到地上来,令其产生对俗世事务的力量,这并不意味着罗伊斯要引导人们去注视和投入神的世界,而是基于他对某些不能更改的原则的追求,这也标识出罗伊斯意欲在哲学思考中引入更多的方法和维度。

从整体上来看,罗伊斯这些复杂的思考动机实质上只是他"做哲学"的方式或对于哲学的基本问题的全盘思考的结果。他只是一个纯正的哲学思想者,就如他的挚友詹姆斯将其喻为"美国的柏拉图",也如桑塔雅那评述罗伊斯为"他总是以万物皆关联的视角来看世界"①。罗伊斯的关联性视角是德国唯心主义留给他的遗产——德国唯心主义者,他们拒绝像笛卡尔或后来的分析哲学一样对观念的清楚明白作单独分析,也拒绝对语义或逻辑进行抽离出来的分析,因为他们不相信任何观念和其他观念分离后、和精神的整体世界分离后,还能够为人们所理解或具有意义。这种思考视角在罗伊斯的哲学中体现得非常明显,致使他的哲学思想还持留着思辨形而上学的整体思考(实质上,"包括摩尔那样的分析学家和罗素那样的逻辑学家和科学哲学家,都很少对形而上学思辨提出原则性的反对"②)。就如贺麟先生所言,罗伊斯最是一位善读黑格尔者,他既能够道出黑格尔哲学之神髓,而又能把"黑格尔的秘密"从晦涩的系统中以流畅有趣的笔调彰明出来。③ 而对黑格尔及德国古典哲学的善读,使罗伊斯的哲学精神气质与"叙事"方式与经验主义涵养而成的好友威廉·詹姆斯截然不同、却又交缠成趣。但实质上,罗伊斯的思辨气质并未使其完全脱离对人类经验生活的关切,纵观他一生的主要著作系列,从题名就能领略到这位哲学家有着形而上与实践的双重关注:

---

① George Santayana, *Character and Opinion in the United States*, New York: Charles Scribner's Sons, 1921, p. 98.

② 艾肯(Henry Aiken):《二十世纪哲学的命运》,载《现代外国哲学社会科学文献》,1963 年 5 月,第 3 页。

③ 开尔德、鲁一士:《黑格尔　黑格尔学述》,贺麟编译,上海:上海人民出版社,2012 年,第 156 页。

《逻辑分析入门教程》(1881)、《哲学的宗教方面》(1885)、《加利福尼亚：对美国人性格的一个探究》(标题为简述，1886)、《近代哲学的精神》(1892)、《上帝的概念》(1895)、《善与恶的研究》(1898)、《世界与个体》(两卷本，1899—1901)、《心理学纲要》(1903)、《赫伯特·斯宾塞》(1904)、《忠之哲学》(1907)、《种族问题、地方主义和其他的美国问题》(1908)、《威廉·詹姆斯和关于哲学生活的一些文章》(1911)、《宗教洞见的来源》(1912)、《基督教的问题》(1913)、《战争与保险》(1914)。通过这些著作的题目，我们很难只是将罗伊斯界定为一位只会玄想的形而上学家，我们也许只能说他对现实问题的关注融进了他的哲学思考中。

在康德的影响下，罗伊斯的这种双重关注使他既探求必然和普遍的方法性原则的议题，如思维要遵循某种逻辑必然性的主张，又要关注纯粹理性活动所肯定的、避免不了的实践原则。所以，罗伊斯的逻辑探究影响了诸如C. I. 刘易斯这样的逻辑学家，心理学探究影响了像G. H. 米德这样的社会心理学家，且他又力图对宗教精神所统摄的精神世界恢复一种自然崇敬。这样的思想图景下，就不难理解罗伊斯哲学思想表现出的如此复杂性了。不过，罗伊斯也正是在这种整体思考中爆发出他的哲学探究理念和道德劝诫且包含着被判断为"不合时宜"宗教调式(罗伊斯对"时髦"从不放在心上，他的文本常常呈现某种隐秘、劝喻式的古典风格)。然而，在这种"不合时宜"的审视中，罗伊斯执著地认为，在宗教情绪的监督下有节制地思想和表达观点对于哲学事业来说是关键的，并且，宗教文本就是一种思想监督。故而，罗伊斯的思想带着宗教般对绝对的虔敬，但他的"绝对"绝不是思想的海市蜃楼，而是浸在人类对痛苦的救赎中，它就在人类诸瞬间的善行之中。

对"形而上学的追求"是使罗伊斯在他的时代饱受苛责与嘲讽的缘由，因为有威廉·詹姆斯这个彻底经验论者沉浸在多元经验中不能自拔，也有约翰·杜威这个自然主义的经验论者筹划出的巨大"自然"，更有整个时代对于传统哲学范式的急欲超越。那个时代，是科学方法示范作用凸显其隐秘统治权的时代，即使是形而上学也只是指那种要求有科学性陈述表述出来的形而上学，所以形而上学已不再是不言而喻、本身自明的事情，甚至可以说，人们对形而上学的兴趣在淡化。但罗伊斯似乎在时代面前仍然保留着他的同时代人们急欲抛掉的“旧步调”，他执著于“绝对”。但他的“绝对”并非旧形而上学寻求终极实在的复活，而更多地表达的是一种对哲学中一直存在的基本问题的解困探索以及对现实生活困境的道德意义上的救赎。前一方面表现为：罗伊斯意识到，哲学的认识论传统存在着的二元困境乃基于“意识性内容”（表现为语言性命题，比如“判断”）与“意识对象”（世界）之间的不可比较性，所以两者之间据“符合与否”得出知识的对错判决是极成问题的。若按传统认识论的“符合”对照运思，只能设想有一个“绝对意识”（绝对心灵），在它当中，作为认识结论的语言性命题（意识）与认识对象（世界）就可参照，因为这个“绝对”既在世界之中拥有世界，也在活动中进行着认识（表现为认识结论的语言性命题）。罗伊斯借“绝对”之假设凸显这个传统认识论的困境并以向“存在论”转移的认识观而与实用主义运动主旨相投。后一方面的救赎表现为：伴随着人们日常生活的负担而出现在现代人精神生活中不知道生活的最终意义的怀疑态度与生活必须做出明确决定之间的分裂的救赎。在罗伊斯看来，人类生活需要形而上学，哲学思想更需要形而上学，因为形而上学与实践相关，这与怀特海（A. N. Whitehead, 1861—1947）的思想如出一辙，怀特海在《过程与实在》中表述过：“‘实践’之中的问题必然都在形而上学描述范围之内……所谓形而上学，无非是对适用于实践中一切细节的一般概念的描述而已。”①

罗伊斯的思想确实无法掩藏地渗出对终极秘密的探索精神，这缘于他对现实实践中“恶”（包括“错误”之恶）的思考，而“恶”需要救赎，救赎的秘密就在于在某种“绝对”之中恶被化解掉。在罗伊斯的探索中，他发

① A. N. Whitehead, *Process and Reality*, New York: The Fress Press, 1978, p. 13.

现这个“绝对”深植在人类共同体的生活深处——从过去到现在的人类共同体中深藏着不变的法则：共在、沟通及相应的规则。罗伊斯在以“绝对”为名的叙事话语中触感到了救赎的路径，所以，恶的救赎就在于共同体的共同意志，它涉及语言行动——解释与原谅——的可能性。因此，在罗伊斯那里，恶既表现为对逻辑的背叛，也表现为对善的偏离，它是发生在个体身上的危险，救赎之道却在对普遍性、共同体的信仰之中。故而，一与多的问题仍然未变。不过，罗伊斯解决一与多的冲突时表现出哲学家的巨大耐心，他让时间之维渗透在冲突的解决之中，变成时间进展中的过程性。这个过程性在前期思想中表述为谅解的生长，乃至于转变为“圣洁”的救赎，在后期思想中表述为“解释”在多元主体间的无限推展以及无限共同体的实在。这样的思想特质使其与寻求体系终极性的传统形而上学决定性地划开了界限。

对形而上学的追求并不必然将罗伊斯导向一个学院式的、皓首穷经的思想家，相反，罗伊斯的著作反映着其公共哲学家对现实问题的关切与思考。他对种族问题的思考(《种族问题、地方主义、和美国其他问题》，1908)、对个体主义与社会存在的思考(《忠之哲学》，1908)、对责任的思考和共同体的思考(《伟大共同体的希望》，1916；《战争与保险》，1914)等都是罗伊斯以社会现实问题关切的反映。在这些著作中，逐渐清晰地跃出一个对现实问题忧虑并竭力探索解决之道的思想家形象。他以哲学家的思考方式与话语方式参与着人类事务的解决和人类事业的进展。尤其引人入胜的是罗伊斯的共同体思想，他的“爱的共同体”(Beloved Community)和“伟大共同体”“解释共同体”融汇着基督教传统、皮尔斯的三元符号理论、忠诚伦理学。他的共同体理论在真正的个体精神与真正的共同体精神的平衡关系的论述上为当代思想困境提供了真正的透识。

有形而上学追求的“理想主义者”罗伊斯并不排斥经验，相反，他对经验概念有自己独特的理解。罗伊斯对传统经验主义者“经验”概念的惊人贫乏有着强烈的危机意识。在罗伊斯的审视中，传统经验论者使一切事物变得模棱两可，这是使世界碎片化的破坏。罗伊斯的经验界定是从时间上、存在论意义上入手：经验并不是如英国经验论者所思那样只是囿于认识论当中作为零散的、一束束的印象或观念，而是具有延绵性、意向性、整体性、身体性的存在史，它是作为认识的最本原基础。在罗伊斯看来，人类心灵必然接受过去时光的召唤，个体回忆亦是对社群生活的回忆，这使过去活在当下并使当下变得丰富。所以，过去的人与现在的人之间时时都在进行着神秘的约会，这使罗伊斯有了理解历史的决心和理解历史的方式。这种历史感使罗伊斯从一开始进行哲学写作就决意重新审视自我概念、知识理论以及宗教精神的起源。但他的考察意外地没有陷在人类杂乱的经验故事里，而是在人类的心灵内在状态中发现了绝对的形式，它在语言中可以被窥见，而且在现时的思维中起主导作用，他认为如果不是如此，我们的判断“是”和“否”的区分就没有意义。在罗伊斯的思想历史感中，晃动的经验背后一直有着井井有条的逻辑结构，这种逻辑结构长驻于人的认识，以至于罗伊斯赋予它“绝对”之名。“绝对经验”则代表着经验的无止境序列，“它是一个持续进展着的过程，但最终，它也不会是完全的，这就表明它自己的可能性并未完全实现”[①]。但罗伊斯并未像彻底经验主义者詹姆斯那样鲜少关注逻辑方面，他通过对逻辑的研究来揭示人类作为解释者而存在，将本身具有三元结构的符号的意义通过在解释共同体中的解释活动而得以无限延伸，据此完成了解释生存论，也完成了皮尔斯的符号解释运动对康德的“先验自我”的主体间性改造。

罗伊斯在他的时代察觉到了个人主义时代裹挟在多元主义中徐徐走来，也意识到人类社会如果只承认一种发育不全的、宽容有限的道德

---

① Josiah Royce, *The World and the Individual*, New York: The Macmillan Company, 1920, p. 568.

将会是危险的，所以他将哲学的理想界定为"伦理的、直觉的和理性的结合"[①]。实用主义运动是在进化论与新心理学的背景中兴起的，进化论的影响在杜威的工具主义思维方式中表现得最为淋漓尽致，但罗伊斯意识到进化思想的危险侵蚀力：进化论动机下的真理将会促成相对主义的增长，并易于将真理问题等同于个人权利与自由，这是为个人主义张目。罗伊斯关于理想哲学事业的"三位一体"（伦理的、直觉的和理性的）认识事实上是基于他看待伦理问题时的整体论思维方式："有用的"行为并不必然是"善的"，而"美的"行为并不必定是"真的"。故而，作为一个思想者，必然不能遗落伦理维度而只探索逻辑与科学等理性的事业，也不能只在审美中遗忘掉理性与道德责任。所以，罗伊斯的"绝对"表现在伦理方面所表示的是良心所承认的有确定价值的"绝对标准"。这对于有限人生有意义的活着是至关重要的，而一定要用科学方法来说明其起源，这是困难的。就如谢扶雅在《近代理想主义》中所说："这种'人同此心、心同此理'的良知，其本质及究竟根源如何，诚然非科学所得以说明，但我们总不能否认其实效性，亦不能约化之为偶然机械。"[②]

罗伊斯的伦理学在十九世纪末二十世纪初的思想转折时代显得独树一帜。他的"忠诚"概念对于近代以来去除了神的统一性保证之后道德基础的预设与猜想是一种可行的解决方案：通过忠诚概念所必然指向的"事业"，第一人称的复数"我们"替换了单数的"我"（在这里，我们看到了黑格尔的思想遗产），且个人的身份识别依赖于有机社会整体的需求也得到说明，这有力地解决了道德主体的行动基础。"事业"为近代以来哲学家们在解决道德主体的识别时采纳的同情、移情的释放提供了客观的共同基础，且诸多个体的意志共同指向的目的成为维系个体沟通性

① Josiah Royce, "Monotheism", *Josiah Royce's Late Writings*, *Vol. 1*, edited and introduced by Frank M. Oppenheim, Thoemmes Press, 2001, pp. 79–91.

② 柏克莱等：《近代理想主义》，谢扶雅等编译，北京：宗教文化出版社，2013年，第3页。

的纽带与中介,这对于打破休谟为代表的个体的不可通约性真正建立了外在机制与内在机制结合的空间。再者,“事业”指示着具有相同或同类意志的人们的协作性,这就为“共同体”观念的论述起到过渡作用,而这又为当代社群主义提供了思想资源。而且,杜威式的自然主义的信奉对于人的精神世界的消解以及将会导致的对道德的客观性的侵蚀而带来自律不足的多元冲突,罗伊斯的忠诚伦理学不失为一种走出困境的方案。

综观罗伊斯所论述的哲学主题,它们体现了罗伊斯作为一个哲学思想者一种诚实的、无止境的努力。虽然建立哲学体系的尝试已随着时间而改变,但在哲学的生命中,很难断言曾提出见解的哪一位思想者绝对过时,只是问题的提法改变了,他们的见解就成了背景,不过,正是这些印记与背景构成哲学源远流长的源头之水。

二、被误读的“绝对”概念

罗伊斯以“绝对”概念开始其哲学思考。这是一个带着强烈的黑格尔主义色彩的观念。而在十九世纪最后二十年,恰是酝酿着集体“清算”黑格尔主义的思潮涌动年代,美国兴起的实用主义运动就是这种思想涌动的代表之一。众所周知的是,詹姆斯在《多元的宇宙》《实用主义》中对“绝对”这个概念的激烈批判以及杜威对“绝对”的大加挞伐似乎表明着实用主义与“绝对”的不相融。这是基于十九世纪后半叶美国的思想氛围中的“反基础主义”思想信念。以詹姆斯、杜威为代表的思想家反对将确定性、绝对性的追求当作哲学的主要任务,反对一种“静观”“旁观者”的哲学态度,他们一致认为二十世纪在思想上已经没有谈论终极实在的本质的空间,而且,并不存在一个独立于人的认识活动的孤立自存的“认识对象”,而只有在认识过程中、通过“操作”后的操作后果才能产生对世界的认识。而皮尔斯则已经揭示出传统认识论对于“沟通”维度的忽视,这就决定性地打破着认识中存在着不变基础的神话。基于此，一种反基础主义的思想氛围在美国思想界中占主导。而罗伊斯的思想至少从表面上看以明确的"绝对"为最高校准标准成为批判标靶就不难理解了。

但本书所要表明的是，如果只是片面地理解罗伊斯的"绝对"，将会犯思想史上的一个巨大的错误。他的"绝对"概念并非是传统的基础主义的余脉与表现形式。"绝对"在早期的罗伊斯的文本中只是作为一个论述中会行之有效的虚构词项达到表述思想的目的并在文本中通行有效，但并非是某种奠基作用的"基础"，更不是"旧式哲学主题的野蛮复活"。他早期著名的"错误的可能性分析"所得出的"绝对"(作为绝对心灵、无所不知者)，是基于罗伊斯觉察到传统认识论存在着在语言性命题(认识主体得出的认识判断)与非语言性命题(作为认识对象的实在、世界)之间进行符合对照是成问题的(因为这是在两种异质的、非同类项的东西之间进行对照)。故而他借一个"绝对心灵"将两者纳入其中而成为意识内的同类项，据此语言与事物之间的对应才是非外在的，故能得出判断的错误与否。"绝对"于罗伊斯而言，只是一个喻指，一个虚构词项，一个向哲学还未断"哺乳期"的美国思想界介绍欧洲哲学而保持其原汁原味的术语策略。实质上，罗伊斯的"绝对"是作为证伪笛卡尔认识论传统中判断心灵的认识与事物之间"符合"之心灵之不证自立的一个概念。这个证伪要检阅出心灵与世界或事物之间并不是通透无碍、可以立即对应符合的，而是还隔着"非同类项事物如何符合"这条界河。罗伊斯早期的"错误的可能性分析"就意在于阐明作为认识者的心灵与认识对象的事物之间存在着"作为心灵和意识的产物"之判断与"作为事物、世界之非意识物质"之间的不能比较性，而只有上帝(这个"绝对心灵")才有可能做到两者之间的符合与否，即：在正确用言语给事物命名这件事上，罗伊斯认为只有上帝才能做到完善而不犯错，即名称与事物之间的真正符合。而上帝这个"绝对心灵"不幸被很多同时期以及后来的思想者作为评断罗伊斯思想是"陈旧年代的怪诞的复活物"。但这是对罗伊斯思想的误解,要澄清这个误解需要读完罗伊斯的最后一本著作《基督教的问题》才能最终明了罗伊斯一生哲学思想的意旨所在。

从以上视角来看罗伊斯,他会成为响应思想之"语言学转向"的重要生发力量。在这一点上,查尔斯·皮尔斯的思想深刻地影响了罗伊斯,皮尔斯的"我的语言就是我自己的全部"[①]的思想使罗伊斯在考察意识与自我意识时开始关注语言这一维度,也自此开启了他的思想将"语言与心灵"关系作为哲学思想进展的重要维度之旅。从早期的文本《哲学的宗教方面》(1885)到最后一本著作《基督教的问题》(1913),罗伊斯的写作风格与思想表达确实呈现差异性对比,但其追求一直未曾改变,他所要完成的是思想是:心灵和世界的关系的讨论必须将"判断"这种代表着心灵能力的思维结论中所包含的"判断本身"(语言性的命题)与"判断对象"(语言性命题所指向的对象)这两者的关系中隔着"语言"这个关键性要素作为解锁之匙。这与皮尔斯对于近代笛卡尔哲学的讨伐路径是一致的:皮尔斯批判笛卡尔意识哲学也是从对心灵概念的重构开始的,他主张哲学研究人类思维只能从分析语言的用法来作为研究线索,否则,思想、思维是无从捉摸的;没有一个自明的心灵在那里与世界相对,只有一个"符号解释共同体"作为思想或观念的基础,而这个符号解释的交往共同体以语用维度和主体间维度作为锁定思想对象(事物、世界)的方式。皮尔斯据此用公共化的、主体间的语言交往之网来确定世界之所是,从而瓦解掉了传统认识论哲学中的"心灵"、先验自我。罗伊斯在皮尔斯所做工作基础上继续发展了皮尔斯的符号学,在《基督教的问题》中说明了主体间性沟通的元科学问题与科学的认知问题的关系。他的这种努力被德国哲学家卡尔-奥托·阿佩尔在《哲学的改造》中充分肯定。在罗伊斯的思想中,语言作为人类心灵对世界的行动首先依赖于

① Charles Peirce, *Collected Papers of Charles Sanders Peirce*, *Vol. V*, edited by Charles Hartshorne and Paul Weiss, The Belknap Press of Harvard University Press, 1934, p. 314.

个体心灵之间的解释性认知交往，其次才进行人类心灵对世界的知觉性认知交换，再次是在“解释共同体”中继续完成解释者（符号）的语言交往行动。这样，“罗伊斯的解释哲学在某种程度上是把皮尔斯的指号学从对康德的实用主义化改造转化为对黑格尔的新唯心主义改造。无疑，这种解释学哲学达到了美国哲学与德国哲学解释学传统的亲和关系的极致”①。

罗伊斯晚期的解释学思想确实在哲学史上被忽视了。实际上，他在“皮尔斯化”后所阐释的三元性解释理论打破了传统认识论的二元结构，并以不断进行着解释、会话的“解释共同体”完成了一种特别的解释生存论，从而明确地反驳着笛卡尔的二元论、基础主义与表象主义。卡尔-奥托·阿佩尔在《哲学的改造》中，明确而详细地论述了罗伊斯与皮尔斯一道完成了对康德哲学中“先验主体”的改造，并阐发出被传统认识论所忽略的“沟通”维度（表现为主体间性）与历史维度。遗憾的是，罗伊斯的解释学洞见到了晚期才真正在《基督教的问题》中阐明清楚，这使得许多研究者和评论者在未全面审视他的思想进展前就在其早期著作的宗教式隐喻文本的解读中将他冷藏了。但不可回避的是，罗伊斯也需要为这种冷藏买单：他那宗教布道与说教般的行文风格以及“绝对”话语体系在十九世纪末、二十世纪初亟需诀别传统哲学、“改造哲学”的思想趋势之下确易成为众矢之的，他那宗教色彩极浓的长篇论述使很多人认为他在有名无实的东西上空耗时间，甚至认为他在借“上帝”之名进行着一种言语暴力。而实质上，罗伊斯远比当时的一些思想家思考得更为深刻：认识是由意识产生的，但意识提供的认识被圈在了意识的内在中，即意识自己判断自己。每一个个体意识都在自己的认识中是至高无上的，这是“错误的可能性”的一个悖谬（圈在自己意识内的自己无法判断自己的错误与否），使“错误”判断得以可能的就在于有超越个体意识而达到一种

---

① 卡尔-奥托·阿佩尔：《哲学的改造》，孙周兴、陆兴华译，上海：上海译文出版社，2005 年，第 133 页。

普遍性的存在(或更大的自己)中,这个普遍性的存在是一个“理想的”、“约定”与“信仰一致”的存在,这是个体意识可能性与有效性的前提条件。而我们会看到,主体间的“约定”因素、理想的“信仰一致”的共同体,这些元素都是皮尔斯所努力的,且也是罗伊斯以自己的方式发展了皮尔斯思想的地方。罗伊斯这种致力于主体间普遍沟通的社会哲学理论明确地超越了之前的哲学传统,并吸收了皮尔斯的符号解释学思想和黑格尔的关于自我知识依赖于他人承认的观点。这是美国哲学中独特的思想类型,他也为后来的米德的通过主体间交往的情境来揭示行动的互动主义和社会实用主义奠定了理论基础。

罗伊斯的“绝对”不仅负载着实用主义内核从而表现为“绝对实用主义”,而且以他独有的宗教情怀阐释了一种“忠诚哲学”。“绝对”在罗伊斯思想的中期表现为“忠诚于忠诚的事业”。忠诚所必然指向的“事业”对于罗伊斯由早期的“绝对心灵”转向“共同体”是一种过渡期的“表白”。实际上“事业”这个概念就是在浪漫主义的“表白主义”的影响之下的产物,罗伊斯借此而以一种融合了精神性与外在客观性的“更高的客观性”来响应十九世纪末二十世纪初道德哲学陷于个人主义、物质主义的有害趋向。忠诚伦理学以其独特的表述凸显了当时的行动欲望与世俗倾向,并以“事业”必然指出的“我们”代替了“我”而强调主体间维度的共同体生活观,实现了其从早期哲学向晚期思想的过渡,并给伦理思想史留下独特的“忠诚”遗产。

总之,罗伊斯带着德国古典哲学的精神熏陶回到美国本土时,美国哲学还尚未断了“哺乳期”——“美国哲学研究者还必须在欧洲的哲学当中获得他们思想的超越、对于哲学问题的感知,以及从欧洲哲学那里获得其哲学学科的训练”①。这使罗伊斯的哲学思想在术语体系、文本气

① George Herbert Mead, “The Philosophy of Royce, James and Dewey in Their American Setting”, *International Journal of Ethics*, Vol. 40, No. 2 (Jan., 1930), p. 221.

质上都带有浓厚的德国哲学特征，他师从洛采并在其影响之下使其思想烙上了康德的痕迹并融入康德之后的费希特、谢林、黑格尔对康德哲学中的困难的批判性发展的特征。但是，罗伊斯作为美国的本土哲学家且是在“淘金潮”中成长起来的美国人，使他的思想在强调整体时始终保留着对个体的肯定。并且，他在一种现实主义的立场上主张个体通过外在的“事业”这个“更高的客观性”来表现内在的“自我”，以对世界的“介入”之劳作来塑造“我们”的“伟大共同体”，这使他立足于人所在并创造着的意义世界，远离欧洲哲学传统“现象与实在”二分的静观世界，无疑，这与实用主义运动的主旨合流，又绝不满足于“当下审判”（如杜威的工具主义思想就有这种倾向）而不再远瞻终极的东西，论述了一种“绝对实用主义”。他的杰出之处在于从整体上去看事物，并且有勇气对存在做出一种解释，以确证世界的基本可理解性、意义性，并在其哲学思考中追寻人类生活的真髓，为人们的道德努力给出向导。

三、罗伊斯思想与美国哲学

（一）罗伊斯与美国哲学的“古典时期”

涂纪亮先生在其所著的《美国哲学史》中将美国哲学三百多年的发展历程分为三个阶段：“从殖民时期到19世纪末这两百多年中，美国哲学基本上处于依附于西欧哲学、特别是英国哲学的状态，这种依附关系在殖民时期最为明显，其后逐渐减弱。从19世纪末至第二次世界大战前夕，美国开始形成自己的、独立于西欧哲学的哲学体系，如实用主义、人格主义、自然主义等等，进入与西欧哲学并驾齐驱的局面。第二次世界大战后至20世纪末，美国哲学在逻辑哲学、语言哲学、科学哲学、心智哲学等领域内，在现代西方哲学中处于领先地位，成为现代西方哲学的一个重要中心。”[①]

罗伊斯的思想主要形成与发展于美国哲学的第二个阶段，他师从洛采（Rudolf Hermann Lotze，1817—1881）对谢林、黑格尔和叔本华进行研究，因而承袭了德国古典哲学的话语体系以及受到洛采的有神论的价值哲学影响，后来又在与皮尔斯、詹姆斯和杜威的哲学观念碰撞与融合中发展了自己的哲学主张，同时也影响了詹姆斯、杜威的哲学观点。事实上，涂纪亮先生所论的美国哲学“形成自己的、独立于西欧哲学的哲学体系”这个过程缺少不了罗伊斯的独特哲学贡献，这在美国本土哲学研究者的论述中逐渐得到一致性认同。

美国文明脱胎于欧洲的特性在罗伊斯哲学思想上也打下了烙印：一方面是美国文化对欧洲的模仿性从一开始就奠定美国本土学者对于欧陆文明在精神上的怀旧之情，并继而在许多问题上要回到母体文明去寻求滋养（尤其是美国哲学的“古典时期”，本土哲学家开始独立思考，但其哲学还未断了“哺乳期”[②]）。这一点在罗伊斯哲学中就有鲜明的表现，他的术语体系、论述手法有着浓重的德国哲学的精神气质。另一方面，美国文化对引入的思想形态却又是在“没有天敌”（没有历史负担）的美洲大陆上自由蔓生的，因而形成一种如尼采所描述的“近乎喘不过气来的”行动欲望，这种精神打破着古老的“凝视与沉思”的哲学传统，实用主义运动就是最鲜明的体现。在这种“双重特质”的铸造中，形成了别具一格的罗伊斯思想。但因其早期思想的表述方法和术语体系，使他的哲学思想被误读，哲学史对他的惯常定性是“新黑格尔主义者”。实际上，罗伊斯的思想论述以及他与詹姆斯、皮尔斯、杜威的思想碰撞所形成的

① 涂纪亮：《美国哲学史》（第一卷），北京：社会科学文献出版社，2007年，第7页。

② “美国哲学还必须在欧洲的哲学当中获得他们思想的超越、对于哲学问题的感知，以及从欧洲哲学那里获得哲学学科的训练。”Cf.，George Herbert Mead，“The Philosophy of Royce，James and Dewey in Their American Setting”，*International Journal of Ethics*，Vol. 40，No. 2（Jan.，1930），p. 221.

思想使其真正处于实用主义运动的中心，形成了“绝对实用主义”，并真正是美国哲学史上“黄金时期”不可缺少的思想贡献者。

首先，罗伊斯在美国哲学界是较早意识到传统认识论忽视语言维度的哲学家之一。

传统认识论之“真理符合论”的前提是在认知主体与认知对象的世界之间作出二分，并以人的认识（表现为语言性的判断）符合于客观世界（如其所是的实在）为校验标准。罗伊斯觉察到这两者之间的不对称性：人类的认知结论作为语言性的命题与非语言性的客观世界之间根本就没有可比较性，“符合”是成问题的。他最早的著作《哲学的宗教方面》中的“绝对”就是对于这个问题进行揭示的前奏——只有在判断主体与判断对象同为绝对意识内的同类项（此时都是语言性的）时，才能知晓判断的错误与否——这就是他有名的“错误的可能性分析”所揭示的问题。罗伊斯在分析“错误的可能性”时，因使用了“绝对意识”“无所不知者”这样的术语而遭受了广泛的误解，从而被归类到旧哲学思维的延续者行列中。实际上，罗伊斯要做的是揭示出存在于传统认识论中的认识主体与认识对象之间的非同类项性，即“真理符合论”是存在问题的。问题就在于，它忽视了所有的认识判断作为认识主体的思维结论都是语言性的命题，而认识对象却是非语言性的。所以“真理符合论”的成问题性就在于它忽视了“语言维度”以及相应的“沟通维度”。“错误的可能性分析”突显出了对“语言维度”的忽视，至于“沟通维度”，罗伊斯通过对“自我”这个传统认识论中的“基点”的考察看到了“社会性”对于个体性的优先性。故而，他借认识过程中的“错误现象”指出，判断者之间固有的沟通指向与认知过程中的协同性，即“约定性”是人的社会性的本质要求。罗伊斯所揭示的问题在他晚期的著作《基督教的问题》中得到明确阐释：世界是一个连续会话、解释的过程，在语言性命题的相互印证中，世界的实在结构得到揭示。伴随着对语言维度在传统认识论中的忽视的觉察，在查尔斯·皮尔斯的探究的共同体理论、符号理论与解释理论的引领下，罗伊斯对于主体间性的重视在“解释共同体”的思想中得到阐发。罗伊斯真正认识到了皮尔斯的努力，即自然科学家的探究共同体是一个符号解释的共同体，这种主体间的沟通是对实在世界的说明的可能性条件。罗伊斯在《基督教的问题》中就表明“实在的世界是解释的世界”，并以语言共同体的先在性作为解释的前提条件，从而真正将语言沟通所需要的主体间性作为对世界说明的前提条件。卡尔-奥托·阿佩尔就肯定了皮尔斯与罗伊斯共同完成了对于康德先验哲学的改造，即解释的共同体替换了康德那作为知识的“极点”的不变的先验结构，补充以一种历史的、主体间的维度。总之，沟通、会话、商谈这些哲学主题在当今哲学中讨论正酣，去发掘罗伊斯的思想对于这些主题的讨论会从他那里得到意外的思维宽度。

其次，罗伊斯的“绝对实用主义”证明了他并不是实用主义运动的意外造访者，他是真正沿袭着皮尔斯反基础主义的思路而前行的思想家。

如何界定实用主义从未有过一致的看法。如果从实用主义是对知识提出一种后基础主义的探讨这点来界定实用主义的话，皮尔斯和罗伊斯的论述就真正对这场运动起到决定性作用。皮尔斯对笛卡尔从心灵中获得确定性的观念并推向独立于心灵的外部世界这种认知模式进行否定，他认为这是对认知过程的虚假描述；他也拒绝了康德的知识结构模型——固定不变地整理各种杂多材料的模型，他认为康德的方案是一种捷径，其预设了通向所有知识的不变的先验结构。皮尔斯主张知识的获得是一个过程，恰当的探讨方法应是在操作过程中通过操作后果来认识对象，且这个过程中的每一步骤上的结论都可能包含着推理的缺陷。皮尔斯对笛卡尔基础主义的拒斥代表了他对实在的一种理解，实在是一种共同探究的结果，是一种经验一致：“注定要被所有进行探究的人最终同意的意见就是我们用‘真理’这个词来意指的东西，而在这个意见中被表达出来的对象就是实在。”据此，皮尔斯就将人的“主动作用”加入“实在”的知识当中，“实在”不再是传统哲学中排斥人的任何努力的、固定强加给人去符合的东西，从而提供了一种以实践为基础的知识探讨模式。詹姆斯和杜威确实是沿着皮尔斯的这种思路前进的。詹姆斯就瓦解了传统的“真理”是切中实在的标准的这种认识，而认为“真理”不过是在谈论行动指南的信念时的一个赞同语汇。杜威所要做的是要终结那种人与自然的假设分离，在经验中世界与人共同被塑造，并且这个过程一直在继续，所以那种最终的、固定的“基础”具有优越性的思维应予以摧毁。但詹姆斯与杜威的反基础主义思路只是对皮尔斯思想的选择性发展。皮尔斯思想的两个要点被他们抛弃了：一是探索在足够长的操作机制中会达成“一致意见”，这种意见会聚就指示出“实在”；二是推理过程中所揭示的思维所固有的逻辑必然性条件。

而罗伊斯却真正是在皮尔斯思路上论述实用主义。罗伊斯拒绝真理是我们须接受且外在于我们并对我们的认识进行塑造的东西，他认为我们只有参与到真理的产生并对其有贡献时，我们才能认识真理。他也与皮尔斯一样，认为真理的获得是一个过程，并且需要公共的努力，换言之，客观性必须在渐进的近似中实现出来。而且，罗伊斯抛弃了康德的“物自体”，这就消解掉了需要认识结论去对照与符合的、外在于认识活动的东西。以上诸点都决定性地使罗伊斯成为一个实用主义运动所致力于的“反基础主义者”。但他与詹姆斯和杜威的反基础主义不同的地方在于，他坚持了皮尔斯的思维要遵循某种逻辑必然性的主张，并且坚持主张知识具有公共基础与绝对永恒方面。第一，罗伊斯反对詹姆斯和杜威式的实用主义之毫无“内核”(基础)的真理观，他在其论述中确证了皮尔斯的观念、判断具有不变的逻辑前提的观点，通过强调经验在本质上具有心灵的主动构造作用来反驳杜威经验概念的含混性。第二，他肯定知识的社会性来保证皮尔斯的“意见会聚”观点的意义，即同样的对象的描述与判断要具有有效性，除了基于人的思维逻辑的共同性之外，还需要他人对于同一对象的判断的“意见会聚”，这样才能保证人类的任何共同事业(例如科学事业)得以可能。第三，罗伊斯通过强调观念的信用价值来保证知识的社会性与共同有效性。据此,罗伊斯提出了一种比工具主义更为严格的知识观,但同时也是一种比杜威、詹姆斯更具有逻辑推理严格性的实用主义思维。而且,他还在宗教方面对实用主义进行思想的扩充,以“一神的实用主义”来彰显“多神的实用主义”或“实用主义作为一种无神论”在宗教问题上的不充分性。

再次,理查德·罗蒂在复兴实用主义时并未对罗伊斯给予太多论述篇幅,但罗蒂的思想特征却意外地在罗伊斯那里早有表现。

在对实在的理解上,就罗蒂对真理符合论传统的背离而追求文化语言共同体的“一致意见”而言,罗伊斯的解释共同体通过不断进行的解释与会话活动而确立对于“实在”的理解与知识,更鲜明地表达了对于世界的实在性的理解;并且罗伊斯以一种三元性的解释生存论取代了传统哲学主客二分的二元论模式,这与罗蒂不以追求客观知识为目的、鼓励对话、不以任何外在“基础”来限制人的自由的解释学取代认识论的思想特征有相投之意趣。如果以理查德·罗蒂的思想作为当今美国哲学界正在讨论的问题的一个代表的话,哲学界也当然不能忽视罗伊斯这个先发声者的论述。

最后,罗伊斯的“绝对”作为一种假设是被虚化其本体论地位、转而强调其在伦理上的客观必然性,并以“忠诚于忠诚”的伦理学在哲学史上别具一格,这对于解决詹姆斯、杜威因主张多元主义、自然主义而带来的道德困境不失为一种解决努力。

(二) 罗伊斯在“哲学转向语言”运动中的意外馈赠

二十世纪哲学研究中对语言的重视促成了哲学研究中“语言的转向”的诞生。而在这场被认为是革命式的转向中,对语言的哲学研究从语形、语义转向语用以及从关注意义与真理的关系到关注语言的使用问题是一种总的趋势。这从维特根斯坦哲学前后期的变化以及奥斯汀的言语行为理论的论述可以反映出来。这场革命的发生起始于二十世纪前半叶的语义哲学，语用转向是在二十世纪七十年代，二十世纪末又通过强调讲话者的意向性、心理等因素形成认知哲学。从这个发展的时间节点来看，二十世纪初的罗伊斯思想中早已有了对语言背景的关注的思想，且他揭示的解释的“元维度”——我们在解释前已在解释中——的思想所包含的语言活动（解释）主体的共时、历时性意义交换对阐明世界实在结构的意义，这一点是超前的。而且，罗伊斯晚期所阐发的解释思想在诸观点上意外地与维特根斯坦“不谋而合”，两者观点的相近与相契被卡尔-奥托·阿佩尔在《哲学的改造》中明确地指出。阿佩尔还赞赏了罗伊斯与皮尔斯一道以解释的指号学完成了对康德先验哲学的改造。

罗伊斯通过其解释理论不但指出人只能在语言中把握世界——“世界就是它所呈现的问题的解释”——从而使语言负载了世界的实在结构以及人关于世界的总体经验，而且提出了一个语言活动的元问题，即我们如何就世界给予的材料达成一致理解？在提出这个问题时，主体间的沟通在罗伊斯的解释理论中就是一个首先需要阐明的问题。而这揭示了传统认识论中被忽略掉的“语言”维度以及“约定”维度。罗伊斯更进一步指出，这种“约定”因素其本质是对在语言历史中传承下来的词义的解释以及在共时性的语言活动中的解释交换。而“我们—世界”意味着人类的历史性共同体形成的习惯、制度等“生活方式”是主体进行任何言语活动的先在条件与背景基础，并且指示着有效性语言须取决于一种“我们”的一致统一性，沟通与约定一致就不可避免。不过，罗伊斯在探求作为语言基础的“共同体经验”时意识到了“经验—思想—语言”的复杂性，他也在解决“心灵—思想—语言”的关系时并未找到系统而明晰的思想出路。在他的思想中透露出这样的考量，即语言的使用是一个极度复杂的问题，因这涉及到对他人语言的解释，而在解释时，会把信念与意向归之于那个被解释者，这也就是人们在进行对话活动时共同的信念问题。信念和意向的性质关涉到心理状态，也就是语言活动依赖于思维过程与思维能力，而这种思维能力又直接与这个言说者的知识状态有关

（知识是关于实在的某种事实），故而，思想与实在的关系就被牵进对语言与思想关系的理解中来。据此，我们会看到二十世纪哲学关于语言与思想关系的复杂性。实质上，整个二十世纪哲学都将解决“思想—语言”的同一性问题作为一个哲学大问题之一，罗伊斯在二十世纪初的思考已经显示其思考与思想的时代进展的同步性。而如果要谓其“落伍”或“旧时代的古怪物复活”，这样指责实在无端。

罗伊斯关于“沟通”与“约定”维度的这种思考与维特根斯坦后期的思想实乃不谋相合。维特根斯坦在《哲学研究》中也对这种生活形式的先在以及由此而确定的对于“规则”的约定与接受的思想进行了表述。他驳斥“私人语言的不可能”就意在表明一种公共性的机制作为一种参照系、更是一种意义生成机体是语言行为有效性和有意义的必要条件，而这种公共性效力来自于语言游戏的参与者对于规则的约定与接受。而且后期维特根斯坦对语用维度的强调并不仅仅表明语言只有在语言情境中、与活动交织在一起时才能通达，更是在表明语言框架对于行为意义的更根本性。他通过分析“读”这种语言行为时就表明了这种立场——“当人们读的时候，这些口说的词简直可以说是溜进来的”（《哲学研究》§ 165）。他认为，这种“自行出现”是某种深层次作用下的先行语词的现身，这与罗伊斯的习得语法规则“并不是你意愿，而是被完成”的思想旨趣是一致的。在此我们看到罗伊斯在二十世纪初所阐释的语用思想与维特根斯坦遥相呼应，而且对于主体间历时、共时的意义交换融合的思想使罗伊斯具有了历史视野，这在当时是具有超前眼光的。

罗伊斯的解释理论将时间维度与伦理考量皆纳入其中而独具特色。对于时间维度的考量在他那里主要基于对于人类文明史的考量和在时间之中的恒常先验自我。对于伦理的考量的基础是：罗伊斯认为，解释得以展开的前提是承认他人与自我的同等性，从而一个解释者从一开始就担负着他人才开始解释行动。这与那种缺乏伦理关切的解释思想是有区别的。而且，罗伊斯的解释理论实质上早已包含了后来诠释学的“视界融合”思想的一些关键要素，而且他还在自己的解释理论中以一种“三元一体”的印证致力于解决因“融合”而对于被解释对象的可能曲解与过度主体化。

(三) 罗伊斯思想在其他方面的待发掘性

罗伊斯一生都致力于形而上学的“硬”问题上，但这并没有使其成为一个仅仅是“专业化的”哲学家。他一生的著作纵贯多学科，并致力于融合学科间的界限，且为社会公众问题提供了深刻的思考向度：

第一，罗伊斯对于“自我”问题的思考直接地影响了他的学生米德(George Herbert Mead)的社会心理学。罗伊斯对于记忆的本质以及其在自我识别中的“自传”作用的论述，以及模仿在自我发展中的核心作用直接被当今的神经科学的成果(例如“镜像神经元”的发现)所佐证。模仿作用在罗伊斯的心理学与哲学论述中的重要作用也使其将理论基础奠定在一种经验心理学的基础之上，而这使罗伊斯的思想免于将意志设定为一种本体论的“给予”的唯意志主义判定。其心理学著作将意志与个体都看作是社会的成就，这对于米德的社会心理学的影响是决定性的。而且，罗伊斯在“承认”概念上的论述又通过米德而影响到了霍耐特，这是值得研究的方面。

第二，罗伊斯的《心理学大纲》中论述了一种注意力的现象学，这对于讨论心灵的意向性理论有直接的贡献(已有研究者直接将其与约翰·塞尔的意向性理论进行比较)。而且罗伊斯论述的意志行为所包含的三个层面即注意力、承认和建构，形成其“意志的现象学”，这也表明罗伊斯就应成为当今现象学运动中的一员而受到关注。

第三，罗伊斯的思想对于当代现象学、解释学中的问题的启发。就如霍金(William Ernest Hocking)这位最早推动研究罗伊斯的哲学家所主张的，罗伊斯哲学预示了二十世纪存在主义和现象学的哲学运动。[①]杰奎琳·安·K.凯格利(Jacquelyn Ann K. Kegley)认为罗伊斯是现象学研究中被忽略的一位思想家，她在论文《罗伊斯与胡塞尔：思想的相似与相辅》中论述了罗伊斯早在1880年的论文《思想的目的》中就提出了“意向性”这个概念，比胡塞尔《逻辑研究》中的论述要早得多(关于此，本书行文中会作简明交代)。另外，关于“意向性”这个概念与指称的问题，学者斯鲁普斯克里斯(Ignas K. Skrupskelis)认为，罗伊斯在《哲学的宗教方面》和《世界与个体》中对“意向”和“意向性”概念是与当代的指称问题共鸣的，他与约翰·塞尔的意向性理论具有可比较性的研究价值。[②] 再者，在解释学方面，罗伊斯晚期的解释共同体的思想“提前矫正了在二十世纪解释学理论当中的一种很强的主体性倾向”[③]。罗伊斯的“三元一体”的解释理论对于解决解释的自我中心性提供了一个有益的思考路向和借鉴资源。

另外，霍金还指出研究罗伊斯的思想不应局限于其哲学，还应从科学和数学的兴趣与成果，以及他对文学尤其是诗歌的兴趣与影响来研究。这也指出了罗伊斯对于美国思想史中其他人的影响，他与W. E. B.杜波伊斯(W. E. B. Du. Bois)、T. S.艾略特(T. S. Eliot)以及E. E.卡明斯(E. E. Cummings)有着密切的联系。对此，克莱登宁(John Clendenning，罗伊斯最好的传记作家)在《罗伊斯的哲学和生活》中作了阐述。文森特·布瑞纳里(Vincent Buranelli，当代文艺评论家)就指出，

---

① William Ernest Hocking, “On Royce's Empiricism”, *The Journal of Philosophy*, Vol. 53, No. 3, pp. 57 - 63.

② Ignas K. Skrupskelis, “The Four Conception of Being and the Problem of Reference”, collected in *Josiah Royce for the Twenty-First Century: Historical, Ethical, and Religious Interpretations*, edited by Kelley A. Parker and Krzysztof Piotr Skowroński, Lexington Books, 2012.

③ Robert S. Corrington, “A Comparison of Royce's Key Notion of the Community of Interpretation with the Hermeneutics of Gadamer and Heidegger”, *Transactions of the Charles S. Peirce Society*, Summer 1984, Vol. 20, Issue 3, p. 297.

罗伊斯的文学批评需要对其进行进一步的研究。[①]

总之，理解一位思想家是一种艰难的尝试，而去理解他的一个概念是这种尝试的艰难开端。思想是一个隐秘的世界，而通过某些话语这个世界得以窥见。然而对话语的阐释除了对原作者的文本保持虔敬之情外，总是会混杂进时代所具有的某种热情或冷漠。罗伊斯的“绝对”所经历着这种热情与冷漠的交替，因为时代总有自己有主见的解释者。不过，作为研习思想史的探索者而言，不能因某种界定而就因循着这种界定而对某位思想者进行“定性”，保持探索与开放讨论也许是对原文本的最虔敬态度。

① 罗伊斯的完整的文学评论文章见于伊格纳斯 K. 斯可鲁普斯克里斯(Ignas K. Skrupskelis)“乔赛亚·罗伊斯出版作品的文献注释”，此文载于由约翰·麦克德莫特编的《乔赛亚·罗伊斯的基本著作选Ⅱ》。

第一章
罗伊斯的“绝对”概念

要让陨落于地的真理冉冉升起。
——乔赛亚·罗伊斯

与其说思想家们为我们提供了知识，不如说，他们为我们指出了思想旷野的全新路径。如果还原一个思想者的思想原貌与思想背景的意义只在于一种“哲学史”考察，那哲学史的思想痕迹在一定意义上连这个“还原”的任务都无法达成。对罗伊斯的“绝对”概念的理解存在着哲学史研究者们的一种惯性思维，并且只停留在一种轻信表面性的惯性思维，从而把他定义为“新黑格尔主义者”“绝对论者”，而如果一个哲学家决意用漫长的一生来完成对一个“隐喻”的渐次表白，这就注定会在最初的思想表述中引人误解，并且在一种研究氛围被最初确定之后，循着这种基调而走的后来研究者不自觉地以此为“文献”而给思想家定了性。不过，这也许是文本的生态，同时也许是为何后来者要不断地去开掘思想家未被发现的“另一副面孔”的兴趣所在。优秀传记作家约翰·克莱敦宁(John Clendenning)在他最为人所称道的《乔赛亚·罗伊斯的生活与思想》中就为我们去发掘“意料之外”的罗伊斯做出了提示。本章对罗伊斯的“绝对”的阐释会呈现哲学史惯常论述之外的另一副面孔。这另一副面孔或许会将罗伊斯重新界定为有着另一幅面孔的思想家。

在阐述罗伊斯的“绝对”之前，概览德国古典哲学论域内的“绝对”概念可作为理解罗伊斯的“绝对”概念之参照，而论述美国古典实用主义时期的经验概念之革命性是为罗伊斯的“绝对”概念阐明思想氛围基调，以及阐明古典实用主义者与黑格尔的纠缠是为表明黑格尔元素与实用主义具有的理论牵绊，至于论述罗伊斯的解释学理念与维特根斯坦的比较是为了标识出罗伊斯的“绝对”概念之内涵的时代性与前瞻性。借助于这几个维度，以厘清罗伊斯的“绝对”概念内涵的独特性。

一、作为参照：德国古典哲学论域内的“绝对”

（一）概说黑格尔哲学以“绝对”为核心的缘由

在对黑格尔的“绝对”概念进行阐明[①]之前，知晓为何黑格尔要在德国古典哲学的论域内提出他的以“绝对”概念为核心的哲学思想是必要的。概括来说，这个“为何”主要涉及以下方面：

首先，就整个西方哲学的思想发展趋势而言，古代哲学注重探讨本体问题，近代哲学转向认识论问题，而至德国古典哲学则把本体论与认识论结合起来进行研究。[②] 黑格尔作为结合本体论与认识论的德国古典哲学的收尾者，加之追求思维与存在的同一是其哲学的根本宗旨，“绝对”（既作本体论的表述如“第一因”，也可代表着意识哲学的绝对基础“我思”）占据黑格尔哲学的中心就很自然了。

其次，与黑格尔对其时代状况和自康德以来的德国古典哲学的诊断而做出的“治疗”努力有关：以“绝对”这个融合了主体和客体、调和了人与世界的概念来统一“分裂”——认识论上的主体与客体的分裂、现代性观念所带来人与自然、个体与整体的分裂等。可以说，黑格尔既是一个阐释了“现代性”的哲学家，也是一个批判“现代性”的批判者，他的“绝

① 黑格尔认为语言作为知性思维的产物是无法胜任对“绝对”的阐释的，海德格尔就认为任何语言都达不到绝对的高度与深度。在此所做的“阐明”只是一种试图去理解的理解、便于对其有清晰思路之阅读法。

② 康德哲学虽在哲学史上定论其产生“哥白尼革命”式的认识论转向，但其对认识论问题的探讨却也是自觉地与本体论探讨结合着的，“物自体”“世界”在其哲学探讨中一直是伴随着其对认识的“先验结构”的剖析的。

对”概念以其“主体—客体”的形态以及“不仅是实体，还是主体”的表述唤起因过度强调“主体”“主体性”而被遗落了的客体性(存在)，达到主体与客体的统一，以弥合“分裂”所带来的危机以及康德哲学遗留的“自我”与“众我”的关系的解决。而且，德国的宗教观从康德起就抛弃了自然神论里的上帝，而以“绝对”来代替(康德的表述不是直接的，而费希特、谢林、黑格尔则以“绝对”为其哲学的显著标志)。

最后也是最重要的一点，黑格尔本人的思想背景和哲学的出发点决定了其用“绝对”概念为哲学体系的核心：他早期的神学著作中“和解理性”(爱)和最早的哲学著作《费希特和谢林哲学体系的差别》中对“主体—客体”的寻求就反映出他建立一种统一性(人和神的统一、人与世界的统一)的哲学初衷。“哲学的任务在于把这些前提结合起来，把存在置于非存在之中作为变，把分裂置于绝对物之中作为绝对物的现象，把有限置于无限之中作为生命。”[①]这样，黑格尔哲学的三个关键概念“变”“现象”“生命”就得到了提示。这三个概念表明了对于一种运动的、有机的统一体来作为实在的哲学体系的诉求，他需要“绝对”这个最高和解者来建立一种整体性的生活：基督教人文主义的基础与对希腊城邦的整体生活的崇拜结合在“绝对”这个概念中。对此下文将进行分析。

这几个方面并非是泾渭分明的，因黑格尔哲学本就是西方哲学的一部分，它自身的发展自然体现着整个西方哲学的发展逻辑，但又以黑格尔自己的思维方式来表述而成为哲学的“黑格尔式”——绝对唯心主义。

(二) 黑格尔“绝对”概念的产生背景

1. “绝对”概念在德国古典哲学论域内的发展逻辑

“绝对”这个概念在德国古典哲学论域内的发展逻辑大致可概括为：

---

① 黑格尔：《费希特与谢林哲学体系的差别》，宋祖良、程志民译，北京：商务印书馆，1994年，第12页。

“我”（作为先验结构的“绝对”）和物自体的对立（康德的二元论）——“我是一切”（费希特的主观绝对化）——“一切具有我性”（谢林将“绝对”客观化）——调和主体与客体的绝对唯心主义（黑格尔的客观唯心主义、一元论）。其具体情况如下分析：

“绝对”这个概念，“可以说是德国唯心主义（费希特、谢林、黑格尔）最明显的标志性概念”[①]，但它的进入须从康德哲学开始。康德以前的哲学，人和世界是具有同质性的，那和世界对立的绝不是人，也不是意识，更不是主体，而是“超感觉的观念，或神”[②]。康德将具有构造性的先验结构的自我放到了人类思想史的中心，且这个“自我”（作为主体）不仅在认识论上是能动的，在实践上也是自律的、具有自己绝对目的的。通过康德的变革，使自我获得了与世界同位格的对立地位，因而将认知者与认知对象置于对立而形成二层世界观，并将认知者置于哲学中心，而开启了对于世界的“遗落”。对于康德来说，绝对的东西是物自体和主体的先验结构，物自体因不可知而被一笔带过，具有先验结构的主体实际上成为哲学讨论中的“绝对”，也即认抽象的自我意识为“绝对”。就黑格尔的分析来说，他认为先验哲学也是关于绝对的一种科学，如果“绝对”是“主体—客体”的话，先验哲学是“主观的主体—客体”的科学，它是一种“纯粹的即形式的理性”。[③]

康德之后，从建立了以自我为中心的哲学体系来说，费希特是康德哲学的真正后继者。他的“自我哲学”的变革之处在于将“物自体”取消，使一切“非我”都从超个体的“自我”（绝对自我）中导源出来，而作为从属于“自我”的设定。据此，费希特“完全击毙了自然”，自然只是作为界限

---

① 先刚：《永恒与时间——谢林哲学研究》，北京：商务印书馆，2008 年，第 106 页。

② 朱谦之编著：《黑格尔主义与孔德主义》，上海：上海民智书局，1933 年，第 167 页。

③ 黑格尔：《费希特与谢林哲学体系的差别》，宋祖良、程志民译，北京：商务印书馆，1994 年，第 72 页，第 82 页。

而存在，“我”取得了绝对优先权，唯心论成了“绝对唯心论”。[①]

先刚先生基于对谢林的研究而总结说，“谢林哲学无非就是这样一种努力，把握并且展开绝对者”[②]。不过他的“绝对”在不同时期有不同的名称。谢林哲学在德国古典哲学的发展中，实现了自康德、费希特之后的一种思想路向的扭转，即从主观向客观转变。他的“自然哲学”认为“有限的我”（主观）与自然（客观）是一样的，都是以“绝对的我”（绝对者）为同一基源。其名言“自然是看得见的精神，精神是看不见的自然”表明了自然的己立性，认为自然是在自己内的且具有精神性，自然是化成了石头的智慧。正因“绝对的我”作为本原已融汇了自然和精神，所以它既非主体亦非客体，既非意识亦非存在。他对费希特所实现的倒转可以表述为从“我是一切”到“一切都具有我性”，也即自然不再是惰性的，一切都具有精神性的自由。如海德格尔所分析的，在这两个命题的转换中，增加了“自由”作为补充。[③] 因为立于自身内的存在在本质上是自由的，谢林将自然凸现出来，将主观绝对唯心论向客观化扭转，同时又以自然具有“我性”而赋予自然以精神性，他将哲学思想发展为客观唯心主义。黑格尔的绝对唯心主义正是在谢林已经转向了的、客观的思想路向上发生和发展的，也即这个超个体的“我”（绝对者）已被客观化、世界化了。

黑格尔哲学作为“时代哲学的最高点”必然是个调和他之前的哲学思想的最高者，只有“绝对”这个具有总体性、本原性和超绝性的概念才能表述其哲学的核心主旨。黑格尔的“绝对”概念作为调和者不仅是德国古典哲学的发展沉淀，也是他自身思想发展的结果：黑格尔不满意于费希特的“绝对自我”的主体的绝对化，也不满意于谢林的“绝对”的无差

---

① 不过，黑格尔在《费希特和谢林哲学体系的差别》中却不赞同这种说法，他认为，费希特所设立的“自我统一非我”并不反对客体性，而是将主体性和客体性放到了同样层次的实在性和确定性之上，没有建立绝对统一的主体性哲学。

② 先刚：《永恒与时间——谢林哲学研究》，北京：商务印书馆，2008 年，第 106 页。

③ 海德格尔：《谢林论人类自由的本质》，薛华译，北京：中国法制出版社，2009 年，第 144 页。

别同一以及其把握绝对的方法；他当然更不满意康德的二元分裂。他所构建的“绝对”要以理性作为一体化的力量而重建整体的生活，从而以“绝对”作为最高的和解者调和主体与客体、教会与国家、个人要求与整体生活。

2. 黑格尔对德国古典哲学及其现代性的诊断：分裂

黑格尔哲学作为德国古典哲学“最晚出”的思想，意在于建立其“更高、更完备”的论述。这就要求对之前的哲学问题和对时代问题进行诊断。黑格尔将其时代总体诊断为“分裂”和“人生命中统一力量的消失”①。不仅“德国已不再是一个国家”，②而且思维领域当中主观与客观、精神与自然、意识与对象等呈现出普遍的分裂，已经是“分裂既是作为时代的教化，又是形态的不自由的已给予的方面”③。

黑格尔认为，“分裂”是知性思维方式横行于人的思维领域的结果，“分解活动就是知性的力量和工作，知性是一切势力中最惊人的和最伟大的，或者甚至可以说是绝对的势力”④。知性直接指向对象，而主体仅被归为“我思”，分裂从根本上就产生了。在此思维下，思维和存在（意识和对象）各自为自身而具有其坚固性，而且，“形式的知性并不深入于事物的内在内容，而永远站立在它所谈论的个别实际存在之上综观全体”⑤。这种认知者和认知对象的分离其本质就在于，认知者将它所认知的对象视之为一种与其本身完全不同的实在。

黑格尔认为，康德、费希特都是处在这种分裂中。康德在现象与物自体之间做出区分是基于一种信念：相信在认识与绝对（物自体）之间

① 黑格尔：《费希特与谢林哲学体系的差别》，宋祖良、程志民译，北京：商务印书馆，1994 年，第 10 页。
② 黑格尔：《黑格尔政治著作选》，薛华译，北京：中国法制出版社，2008 年，第 19 页。
③ 黑格尔：《费希特与谢林哲学体系的差别》，宋祖良、程志民译，北京：商务印书馆，1994 年，第 9 页。
④ 黑格尔：《精神现象学》（上），贺麟、王玖兴译，北京：商务印书馆，2013 年，第 23 页。
⑤ 同上书，第 40—41 页。

存在着一种天然区分两者的界限，所以康德从一开始就处在二元分裂当中，“绝对站在一边而认识站在另一边，认识是自为的与绝对不相关联的，却倒是真实的东西，换句话说，认识虽然是在绝对以外，当然也在真理之外”①。黑格尔因此而否定了康德为哲学或科学描画思考的前提条件的批判工作的审慎，且他不但批判康德哲学自身的二元分裂，而且还指出康德的“关于对象的知识”这种论述方式是他之后的哲学论述分裂的根源。

费希特作了克服康德“物自体”的最大努力，他用“自我”理论取消了“物自体”。黑格尔认为，费希特已经意识到“分裂”以及扬弃分离的需要，但他在其哲学中完成这个任务的方式仅是“消灭对立双方中的一方，而把另一方提高为某种无限的东西”②。让黑格尔不满意的是，费希特的“自我”被提高到能导源出一切，但对立仍然存在：因为“自我”只有在设立“非我”的活动中才能成为“自我”，“非我”就这样成为“自我”存在的条件（限制着“自我”）。因此，在费希特哲学当中，某种并不是由“我”产生的异在的东西始终固着在客体当中，致使这个客体并不是由自由的“我”所产生的。③ 克罗齐也认为费希特并未实现对分裂的综合，“费希特的‘自我’还保留着一种主观的意义，不能是主体和客体的真正统一，因此费希特对于与精神对立的自然，不能成功地加以说明，却像康德一样，在道德的抽象作用和信仰中结束他的学说。”④黑格尔就把费希特的“绝对自我”的综合只看作是一个“主观的主体—客体”，因此还需要补之以一个“客观的主体—客体”，才能达到真正的综合。总之，黑格尔认为

---

① 黑格尔：《精神现象学》（上），贺麟、王玖兴译，北京：商务印书馆，2013 年，第 59 页。

② 黑格尔：《费希特与谢林哲学体系的差别》，宋祖良、程志民译，北京：商务印书馆，1994 年，第 66 页。

③ David E. Klemm and Günter Zöller ed., *Figuring the Self: Subject, Absolute and Others in Classical German Philosophy*, State University of New York, 1997, p. 195.

④ 克罗齐：《黑格尔哲学中的活东西和死东西》，王衍孔译，北京：商务印书馆，1959 年，第 27 页。

费希特的哲学不能正确地调节自我与非我、思维与存在的关系，分裂依然存在。

谢林哲学中精神和自然都是绝对同一者的表现，因此他的哲学是以成为全体者为意归的哲学，这一点黑格尔是继承过来的，也即黑格尔认同谢林以“绝对”来表述对于统一、大全的追求。谢林哲学的“绝对同一者”超出了认识论而跃到了本体论，这一点对于黑格尔客观唯心主义的形成具有莫大的贡献。但黑格尔既不满意于谢林的在绝对中一切都是A=A的形式主义同一，也不满意于他把握到绝对的方法。就前一方面来说，黑格尔批评谢林的绝对只是同一理念的千篇一律的出现，只获得了一种形式主义的单调与抽象，并没有区别和规定。就谢林把握绝对的方法来说，黑格尔认为谢林“放弃了概念的严肃性和思想的清醒性”[①]。他批评谢林不是用概念，而是热衷于感受和直观，寻求对于绝对的启示，而这样得到的不是绝对概念，只是“对于绝对的感觉和直观”[②]。黑格尔则认为，只有概念才能把握绝对，且真正的知识是概念。因为只有概念才能把握全体，他所提出的“理性的具体概念”就是为了去把握多样统一的无限发展着的整体世界。

黑格尔在认识到康德哲学的缺陷——主体性原则导致主客分离以及理性内部的分化就意味着分裂，并在考察费希特和谢林哲学后，提出思维与存在同一于“绝对”的理性哲学体系。

黑格尔的“绝对”概念是作为时代的哲学要求而提出来的，那是十八世纪末十九世纪初。这时，启蒙运动和法国大革命已将进步、革命、时代精神等概念注入了思想的主流。自此，现代思想已经表明自身不愿再从其他时代借用自身的发展和效准规则，而是自己为自己制定规范，这就为思想提出了自我理解、自我确证的问题。哈贝马斯认为，黑格尔是第

---

① 黑格尔：《哲学史讲演录》（第四卷），贺麟、王太庆译，上海：上海人民出版社，2013年，第374页。

② 黑格尔：《精神现象学》（上），贺麟、王玖兴译，北京：商务印书馆，2013年，第5页。

一个将“现代性要求确证自己的问题”作为哲学基本问题进行探讨的思想家，且也是第一个清楚地阐释现代概念的哲学家[①]。

在描绘“现代”或“现代世界”的外观时，黑格尔所给出的图像是：现代社会是一个进步与异化精神共存的主体性世界。他认为现代世界的原则是主体性原则，而“反思”和“自由”是解释“主体性”的核心概念。[②]黑格尔严格区分了“反思”与“思辨”，这是他整个精神现象学的基础。他认为这两者的区别可以从拉丁词源中看出：“反思”(reflexio，reflectere)是“折回”“返回或反转”；“思辨”(specio，specere)是“刺探”“看穿”。反思性思维的典型形态是，主体进展到宾词，然后仅是转回主词，这个过程并没有发生辩证的转变过程。在思辨性命题中，从主词到宾词的运动是在返回时“识透”(seen into)了主词的本性的东西，并保持宾词与它自身的关系，不再是原初的同一个主词。[③] 反思为知性服务，它所能给予的仅是事物的外在秩序，而不提供给我们事物的内在形式。知性的特性就在于认知者将它所认知的对象视之为一种完全不同于他自身的实在，由此，认知者与认知对象就分离了。[④] 现代社会在将思维界定为“反思”时，主体与客体的对立就固化了。在法国启蒙运动(卢梭、伏尔泰等的自由民主思想)的影响下，“自由”观念从一开始就成为现代的主导观念。在要求“自由”(体现为个人主义、批判的权利、行动自由和自我意识的把握，这是哈贝马斯对黑格尔主体性自由的总结)的催化之下，主体就压倒性地覆盖了客体，现代社会的“主体性原则”就此膨大了“人”(作为主体)的形象，而将“自然”(作为客体)视为可作用的对象或满足主体的工具。

---

① 于尔根·哈贝马斯：《现代性的哲学话语》，曹卫东等译，南京：译林出版社，2004 年，第 5 页。

② 同上书，第 20 页。

③ Donald Phillip Verene, *Hegel's Absolute: An Introduction to Reading the Phenomenology of Spirit*, State University of New York Press, 2007, pp. 10 - 11.

④ 而思辨作为理性的运动形式，要求将对象作为具有内在生活的主体而不是实体来处理，所以它使“静止的主体自身趋于崩溃。它深入于各种区别和内容”(《精神现象学》，序言，第 60 段)，在这种积极关系中，主体与客体的对立被调和。

人之外的世界在失去主体的位格的时候，分裂（作为危机）就诞生了。这种分裂所导致的是，自身之外的世界是异己的，就算是主体通过劳作对世界进行加工的成果也是异己的他在，这样，主体就成为“在现存世界的异在对自己成为异己者”。就像黑格尔在荷尔德林和浪漫派的命运中所看到的那样：“在世界中不能‘发现自身’（find oneself，李秋零译本译为“适应”）和感到‘安身立命’（at home），这不仅仅是个人的不幸，而是不真实的最残酷的‘无命运的命运’。”①这就是黑格尔所刻画的现代的命运。而且，这种“碎片性”（体现为个体性）的现代社会将个体要求等同于道德标准，而这使个体所要求的自由变为“绝对自由”并进而成为“绝对恐怖”，法国大革命已对此作了注释。

3. 黑格尔的思想起源和哲学出发点

黑格尔青年时代的危机经验（即一切都处在分裂中）使他的哲学致力于去构建一个人们能够在其中与自身同在的统一世界，即重建一种整体性的生活，这使他的哲学必然追求能够整合所有的对立于自身“绝对”这个最高的和解者。② 而且，黑格尔的世界观立足于基督教的人文主

---

① Karl Löwith, *From Hegel to Nietzsche*, trans. by David E. Green, Columbia University Press, New York, 1964, p. 163.（译文参考李秋零的中译本，部分文字有改动。）

② 其实，黑格尔并不一开始就持调和的立场的，他早期还经历过一段激烈的批判立场：1802年以前，基于分裂现状（内在生活与外在生活、私人生活与公共生活的普遍的不协调）的分析，黑格尔得出了变化的必然结论，即人们已经意识到并能设想和造就一个更好的“现状”的时代已经来临。在这种基调下，对“现存的东西”（现实性）的理解指向的是批判和改变。他改革的热情和必要性体现在以下言辞中：“就国家大厦现在还存在的情况来说，它是不能维持的……人们不应当立意放弃那种本身不能维持的东西吗？……制度、法制和法律与人们的伦理、需要和意见不再相合，精神已然从其中悄然离去。”（黑格尔：《黑格尔政治著作选》，薛华译，北京：中国法制出版社，2008年，第11页）他认为改革是必然的，并且反对在变革时死保自己占有的一切。但他的改革热情以“正义是独一无二的尺度”（同上书，第11页），这种乐观主义精神带着幻想的色彩；他甚至还认为“蒙受不法的人一定会要求加以消除，而拥有不正当占有的人，也一定会自愿牺牲”（同上书，第12页）。这反映出他所代表的德国资产阶级的幼稚和软弱性。他的这种批判意图反映在他对“现存的东西”（现实性）的理解中：“存在的东西”只不过还现存的东西，即一个没有真正现实性的东西。（Karl Löwith, *From Hegel to Nietzsche*, trans. by David E. Green, Columbia University Press, New York, 1964, p. 165.）到了1802年，在一篇关于德国法制的文章中，他明确（转下页）

义，再加上辩证法对于"扬弃"的信仰——一切都会作为某个环节悄悄地活在最终的东西里，这使他对于世界的观察的断言有了封闭性，即总会终止在最高者（绝对，上帝）那里，也就是学者们所说的黑格尔的"终极史构想"。而他对于希腊文化中的整体生活的强烈崇拜使他笃信实体性整体和理性的统一性力量，从而将哲学理性与基督教十字架统一起来，如洛维特(Karl Löwith)所总结——"黑格尔哲学是建立在基督教的逻各斯立场之上的哲学，它从根本上是一种哲理神学"①。黑格尔哲学这种立足于基督宗教的历史根底之上且又力图去构建人能够在其中与自身同在的完整世界之意图，其采纳"绝对"这个融合了神性与人性的概念作为其哲学思想的核心就不足为奇了。

（三）黑格尔的"绝对"概念

基于以上的分析，黑格尔提出了"绝对"的概念，对他而言，这是时代的需要（"分裂是哲学需要的源泉"②），是哲学的当代事业。

1. "绝对"(the Absolute)作为对立的和解者

基于黑格尔对时代及其思想的诊断认定——"分裂"，黑格尔的"绝对"概念必然要能够让所有的对立面和解，于是，古老的"一即全"的思想在黑格尔的"绝对"概念里得到全面复活。黑格尔反对亚里士多德那种

（接上页）表露出他最终要做的是和解，所以他要把握现实。"这篇著作包含的思想……只是促进理解存在的东西，因而只是促进平心静气的考察，促进这种考察在言论方面以及触及现实方面适当得到容纳。"（黑格尔：《黑格尔政治著作选》，薛华译，北京：中国法制出版社，2008 年，第 21 页）他开始减锐批判现实力道，并给实际存在充分地位。通过对现存世界的这种容忍，即便人们"在其中找不到自己"，黑格尔也已经找到走出他年轻时代革命批判的道路。从这时起，思辨的调和就成为他批判的标准。（Karl Löwith, *From Hegel to Nietzsche*, trans. by David E. Green, Columbia University Press, New York, 1964, p. 172.）

① Karl Löwith, *From Hegel to Nietzsche*, trans. by David E. Green, Columbia University Press, New York, 1964, p. 16.

② 黑格尔：《费希特与谢林哲学体系的差别》，宋祖良、程志民译，北京：商务印书馆，1994 年，第 9 页。

把相反理解为完全相异的思想，他追求的是对立面的调和。除了赫拉克利特①，黑格尔对于思想史上所提供的关于对立面的思想方案（比如库萨的尼古拉的博学的愚昧才能认识到的最高调和者、笛卡尔的思维和广延在上帝中的调和、斯宾诺莎所持的思维和广延作为属性在实体中的连合、雅柯比在直观中与绝对一体的神秘主义以及谢林在理智直观中自然和精神达到纯粹同一等）都是不满意的，他认为这些方案要么是以不可理解的方式而作的调和，要么缺乏逻辑而并不构成一种辩证的综合，他要的是一本与万殊的辩证的运动，是基于事物自身的否定性运动而完成的统一与综合。他的调和是要经过分裂激起痛苦的矛盾运动过程而完成的和解，所以对黑格尔来说，分裂是统一的前提、对立是和解的条件。

第一，“主体—客体”。

黑格尔的“实体即主体”的观点改变了整个哲学史上二元论的观念。他认为以往抽象的、非辩证的思维导致产生出了二元论的两个端点：感性与超感性、现象与本质、有限与无限、自然与精神、多与一等截然二分的两端。这是知性法则所导致的对立，而在哲学的最高法则——理性争取自由②的行动中，所有的对立就通过辩证运动而扬弃在“绝对”当中。理性是世界的灵魂，而自然界只是一个没有意识的思想体系。③ 所以主观世界和客观世界都是“主体—客体”，都统一于理性。换言之，“理性使自身生产为自然和理智，而且在它们之中认识自身”④。理性在自身内活动的同时是包含宇宙于自身的，并将它转变为理智世界，所以在概念

① 黑格尔认为，赫拉克利特不仅把绝对了解为辩证法本身，而且他的“变”的范畴，是第一个具体者，是统一对立者在自身中的绝对。见黑格尔：《哲学史讲演录》（第一卷），贺麟、王太庆译，上海：上海人民出版社，2013 年，第 294 页。

② 黑格尔认为理性的天性就在于自由，而且自由的理性和它的行动是一回事，它的行动就是它自身的纯粹表现。见黑格尔：《费希特和谢林哲学体系的差别》，宋祖良、程志民译，北京：商务印书馆，1994 年，第 29 页。

③ 黑格尔：《小逻辑》，贺麟译，北京：商务印书馆，2010 年，第 80 页。

④ 黑格尔：《费希特与谢林哲学体系的差别》，宋祖良、程志民译，北京：商务印书馆，1994 年，第 71 页。

性思维的理智世界中，精神和自然（主体和客体）融合为一个整体。也就是，通过人的意识（以概念的形式）的中介，自在的“主体—客体”成为自为的“主体—客体”。因此，“绝对”才在主体和客体的统一里、在思想自身内认识了自身。

黑格尔的“绝对”是能动的实体，这与斯宾诺莎的“自因”概念的启发有一定的联系：“自因是产生作用、分离出一个他物的原因；而它所产生出来的东西就是它自身。”因此，“自因是一切思辨概念中最根本的概念”①。“绝对”是自因的，所以其运动变化是基于它自身内的否定性环节决定的，它外化为自然再返回精神阶段都是在自身内。主观理性与客观理性是同一的，都是“绝对”自身的内容。

这个“主体—客体”也就是理念。② 理念是具体的统一，它在自身内区分并分离开同一与差别、主体与客体、有限与无限、灵魂与肉体，并在这些区分中得到自己的全部规定性，从而认识到自己才是真正的共体，回复到统一。这个过程就是所谓的黑格尔的概念辩证法。在这个否定的统一过程中，主体、无限、思维是作为统摄方。③ 有限、个体、差别等在这个过程中的存在意义就在于它在全体当中的位置，作为体系的一部分而存在。而全体才是真理。这样，黑格尔就认为自己解决了以往哲学史上二元分裂的种种问题。

第二，哲学和宗教的调和。

黑格尔在早期的神学著作表明了他从基督教那里找到了“和解理性”这个对他的哲学来说重要的观念，“在（爱的）和解当中……获得了真正无限的收获”④。“和解”这个概念奠定了黑格尔哲学的基石，即黑格

---

① 黑格尔：《哲学史讲演录》（第四卷），贺麟、王太庆译，上海：上海人民出版社，2013 年，第 108 页。

② “理念可以理解为理性（即哲学上真正意义的理性），也可以理解为主体—客体。”（黑格尔：《小逻辑》，贺麟译，北京：商务印书馆，2010 年，第 400 页）

③ 参见《小逻辑》中的分析，第 215 节[说明]部分有详细的分析。

④ 黑格尔：《黑格尔早期神学著作》，贺麟译，上海：上海人民出版社，2012 年，第 301 页。

尔在基督教中发现了他对分裂时代进行“治疗”的原则之一。而且，黑格尔从基督教义中得到了构造体系的启发。黑格尔的体系不无笃信地表现这一点：基督身上聚集了从问题到解决的关键——无限与有限、在世界的征程中将万有包容于一身、人和神的和解（精神实体在一个历史的个体人当中成为主体，人性和神性和解），以及与“堕落”的和解（即基督教对生命的拯救中接纳了表面上与生活抵触的东西，将可憎的视为具有神性的）。但黑格尔对于分裂的“治疗”并未采纳宗教所发挥的一体化力量，因为启蒙的反思文化已使宗教力量衰退，而信仰与知识的分离是启蒙自身无法克服的。这使黑格尔用理性来复兴宗教的一体化（统一）力量。因为“理性是世界的共性”，“是世界内在的、固有的、深邃本性”。[①]他选择了“绝对”这个概念作为哲学与宗教的结合点。借助“绝对”概念，哲学才真正证明理性是一体化的力量，也就是说，上帝在黑格尔那里变为哲学的绝对理念。所以，黑格尔本体论基本概念（“绝对”）中有两个方面的基本规定性：希腊的逻各斯和基督教的逻各斯。他把基督教扬弃在理性中，理性就是基督教的逻各斯，就是“绝对”。就如洛维特（Karl Löwith）对黑格尔哲学的发现：“（对黑格尔来说）真正的哲学本身就是对上帝的崇拜，只不过是以一种‘独特的方式’：历史哲学是一种神正论；国家哲学是对人世间属神事物的一种理解；逻辑学是在纯思维的要素中对上帝的一种表达。”[②]基于此，尼采曾评价黑格尔哲学是一种“阴险的神学”。但无论如何，可以说，黑格尔的绝对体系是通过哲学而对基督教的完成。而且，启蒙运动严重地冲击了宗教信仰，宗教生活失去了其普遍性而理性取而代之时，在概念中为信仰辩白就成为需要。当宗教的真理必须在思维面前证明自己时，思维着的精神就超越了直接的信仰，这种理性思维赋予宗教情感和表象以概念实存，由此，概念的科学

① 黑格尔：《小逻辑》，贺麟译，北京：商务印书馆，2010 年，第 80 页。

② Karl Löwith, *From Hegel to Nietzsche*, trans. by David E. Green, Columbia University Press, New York, 1964, p. 41.

(哲学)就成为真正的精神崇拜。宗教就扬弃在了哲学当中。

黑格尔对哲学和宗教的调和会导致的追问是:他的哲学的上帝("绝对")与传统神学和自然神论的上帝有何不同?自然神论与传统神学都有一个超在的神,而黑格尔则认为上帝并不脱离世界而超在,他是内在于世界的理性,是一种非人格的客观思想体系,要在世界历史的实际征程当中见诸自身。黑格尔的上帝也不是斯宾诺莎式的抽掉一切特殊规定性的、单纯同一的无限实体,黑格尔的"绝对"是主体(能动的实体),主体把自身实现于实在和价值的各个层次的秩序中,而不像斯宾诺莎那样"世界、自然没入、消失于神之中"从而成为"无世界论"。①

第三,良心与善的调和。

虽然黑格尔和康德一样都是基于理性与共相以建立道德,但黑格尔的共相不是抽象空洞的共相,而是具体的共相——伦理实体。它是"绝对"概念实现在民族的合伦理的公共生活当中。黑格尔区分了道德(moralität)和社会伦理(sittlichkeit)。黑格尔将"道德"仅用于表达意志的内在状态,它排斥有关家庭、社会、国家等的一切客观制度所加诸的义务,仅是主观权利宣称自己为绝对自决(良心的态度)。黑格尔反对任何纯主观的东西,他要求良心与善的同一。善是道德领域的客观性的一面(善与良心的主观性相对立),但它也是一抽象的客观而需要现实性。良心与善在它们各自的否定性中——"善没有了主观性和规定,决定者即主观性没有了自在的存在的东西"(第 141 节,附释)②——扬弃为环节,两者具体的统一为社会伦理,即包括了家庭、社会、国家的主观和客观统一的伦理制度。在这种整体的伦理生活中,道德性就并不仅仅是康德的

① 黑格尔:《哲学史讲演录》(第四卷),贺麟、王太庆译,上海:上海人民出版社,2013 年,第 102、103 页。

② 黑格尔:《法哲学原理》,范扬、张企泰译,北京:商务印书馆,2010 年,第 161 页。

以道德律的纯粹形式将冲动和激情简单地排除在外[①]的苦行主义和抽象律令，而是调和了道德与冲动和激情的、和他人一起生活在伦理共同体中。

第四，个人与国家的调和。

与卢梭心怀忧惧地想引导人们回到原初的平等不同，黑格尔要将普鲁士国家提高到哲学的实存而成为“绝对”。为此他就要将市民社会的个人主义与国家的普遍性相调和。他认为卢梭没有认清国家和社会的关系，从而没有解决“众意”与“公意”之间的矛盾，因此国家的统一在卢梭那里就成为单纯的社会契约，最终交托于单个人的任意赞许。古希腊城邦国家成了黑格尔批判市民社会个人主义的样板。在城邦国家中，个人为城邦而活就是为自己而活。但黑格尔并未简单地否定市民社会，而是从基督教这个源泉中得到了每一个人“无限自由的人格性”。古代城邦国家的实体普遍性与基督教个人自由的和解就是黑格尔的现代国家理念，对黑格尔来说，当时的普鲁士国家就是他的国家理念的现实。在他的国家理念中，市民和公民的对立、市民生活与政治生活的对立被整体性的国家所调和。

总之，对黑格尔来说，对立（矛盾）并不是阻碍事物成为真实的因素，就像他在早期的神学著作中所指出的那样，“他（耶稣）需要的只是世界对他的反对，他在世界对他的反对里奠定他自己反对世界的依据”[②]。每一事物的本质都是由它的对立面所规定的，只有在他物中认识到自身，自身又成为他物，这样的统一体才是对事物本质的真正认识。所以，“对立是绝对的形式，绝对运动的本质环节”[③]。

---

① 黑格尔认为：“冲动和激情不是别的，而只是主体自己据以确立其目的和实现这个目的的活力。”见黑格尔：《精神哲学》，杨祖陶译，北京：人民出版社，2006 年，第 307 页。

② 黑格尔：《黑格尔早期神学著作》，贺麟译，上海：上海人民出版社，2012 年，第 371 页。

③ 黑格尔：《哲学史讲演录》（第四卷），贺麟、王太庆译，上海：上海人民出版社，2013 年，第 381 页。

2. “绝对”是自我关联的“绝对主体”

黑格尔的“绝对”所要表达的一个方面是：自足的东西才是最高的东西，也就是不假于自身之外的任何外在而达到自我的完成，这即是“绝对主体”。他的《哲学百科全书》所通贯的观点是，作为完成形态的东西是自我关联(self-related)的。[①] 因此“绝对”必然要经历克服对立方的过程：(1)在“绝对知识”中克服主体客体的对立——成为意识着自身的自我意识。(2)在“绝对理念”中包含了所有的其他范畴而没有其他范畴再能够包含它。这显示出“绝对”(absolutum)的古典特性，即不能通过任何外在于它的规定性来把握它。(3)在“绝对精神”这个最高表达中，通过艺术、宗教和哲学，绝对理念成为具体的、现实的、活生生的自我关联的无限意识，并最终在自我知识的最高形式——哲学中达到完成。

“绝对主体”的提出与黑格尔的哲学主旨——“用主体哲学的手段来克服以主体为中心的理性”[②]有关，即主体从自身的本质中获得自我意识，成为一种“自我关系”——将自身作为客体的主体关系[③]，这个主体就是无限主体。这样“对象性”和“自我活动”就达到了一种统一，“对象性”与“自我生产”就是一回事。这个“绝对主体”也就是绝对精神，它是以往所有精神努力的结果，是精神认识自己历程的终点。黑格尔以“认识的勇气”在自己的哲学里(作为最后的、也是最新的哲学形态)以“绝对”结束了精神的自我认识史、概念的教养史。

有必要注意的是，“绝对是主体”与“主体的绝对性”这两者之间的区别。“绝对是主体”明确地表述在《精神现象学》的序言中，“不仅把真实的东西或真理理解和表述为实体，而且同样理解和表述为主体”[④]。在

---

① 这与前文所提及的斯宾诺莎的“自因”概念相关。

② 于尔根·哈贝马斯：《现代性的哲学话语》，曹卫东等译，南京：译林出版社，2004 年，第 40 页。

③ 同上书，第 33 页。

④ 黑格尔：《精神现象学》(上)，贺麟、王玖兴译，北京：商务印书馆，2013 年，第 12 页。

此表述之前，黑格尔所持的观点是，像费希特那样具有绝对性的主体并不是哲学的合适表达，因为主体的绝对性将自由观念扭曲为“最高的独裁”。一些学者将黑格尔的这种“反对主体的绝对性”到后来的“绝对不仅是实体，还同样是主体”理解“耶拿转变”即从实体到主体的转变。但“绝对是主体”与反对主体的绝对性差别还是显著的。①

“绝对”只是通过它自身的发展而完成自身的存在，它是一种它自身的“生成”，因此它是“主体”。“绝对”是一种自我产生的运动，因而是一种自我关联；这种生成运动并不以直线式的方式发展，而是以圆圈式的方式发展，所以终点就是完成了的开端。这种自我关联在“科学”（即哲学）中，真正成为思维性的自我关联，成为“绝对主体”。“绝对主体”并不凌驾于世界之上而与世界对立，而是通过它自己与它自身的异在相调和而成为和解者。

3. “绝对”是一部精神历史

黑格尔的体系是以回忆的方式揭开精神发展的每一阶段的内容，让它们显现出来，并厘清各种精神力量之间的关系，找到支配历史发展的决定力量。所以“绝对”这部精神的历史既是自然哲学，也是历史哲学、宗教哲学和国家哲学。这些都是作为“绝对”的精神为认识自己而具有的形态。这些形态自由地、偶然地表现出来时，就是历史；而作为被理解从而是被意识组织的对象而言，就是认知的科学——精神的历史科学（哲学）。如果没有这些表现形态，“绝对”精神就会是无言的、无生命的。精神，“它有世界历史作为它的舞台、它的财产和它的实现场合”②。

黑格尔认为自己的哲学是先前哲学的积极综合，他将各种哲学理论在其体系当中具体化为要素，并保持它们的连续性和系统性。他的辩证法本就是普遍联系的逻辑，超越分裂又不断发展。黑格尔理论对完整性

---

① David E. Klemm and Günter Zöller eds., *Figuring the Self: Subject, Absolute and Others in Classical German Philosophy*, State University of New York, 1997, p. 197.

② 黑格尔：《历史哲学》，王造时译，上海：上海书店出版社，2006 年，第 50 页。

的追求使他将至他为止的各种哲学片断综合成一部“哲学史”，且就这部“哲学史”自身而言，它也经历一个完整的圆圈式发展过程（从“创世之前上帝的思想”——《逻辑学》到“神明创造世界之后的存在物”——《自然哲学》，再到人的概念重新征服自然，将它还给理念，世界精神在“绝对”中找到归宿——《精神哲学》），从而是自足的、全体性的。所以“绝对”又是“绝对推论”，它是最高的三一体，是逻辑理念、自然和精神的统一。（《小逻辑》，§187）

“绝对”作为一部精神史会引起的张力是：历史意识（历史性思维）与有开端与结尾的一部历史（一个体系）之间的紧张。狄尔泰将这种张力表述为历史事实的相对性（历史意识）与绝对体系的封闭性之间的矛盾。一种可能的合理解释是：黑格尔将哲学视为时代的思想，而“现在”永远处于以往历史的最顶端而作为总结，作为对“现在”（时代）的最高意识的哲学就是对以往精神历程的最高表达和收尾者。而且黑格尔也将历史的角度与体系的角度融为一体来化解这种张力：每个体系都具有自己的历史，具有自己历史的体系又历史地作为一个更高体系的环节而表现其自身为一个历史要素，这个表现的总过程就是绝对体系，即观念的历史、精神的历史。不得不说，黑格尔哲学的这种将哲学置于生活之流（时代中）而产生的暂时性（历史相对性）与其实体性的内容（绝对精神的贯注）相结合使他的哲学具有持久的重要性，简单说来，变与不变的把握即是哲学本身。

总之，一种无分裂的整体性生活的建设意图使黑格尔用“绝对”概念阐释了他的整个体系。他在辩证运动中以“绝对”调和所调和的一切（主体和客体、思与有、市民社会与国家、国家与基督教等）在1840年左右被终结了。除了青年黑格尔派之外，最具代表性的克尔凯廓尔和马克思共同构成了反叛其“绝对”调和的两个路向上的同道中人：马克思从实践的——社会的经济生活——所表现出的人的“类本质”出发，来开展资本主义革命，克尔凯廓尔则以“情欲”和“激情”为选择基础的个人来进行与基督教世界的斗争。黑格尔的调和努力被马克思和克尔凯廓尔以不同路向分裂开了,但无论这两者的区别有多大,他们又都在对世俗与神圣的彻底分裂中证明了他们的共同性[①],也证明了只有真正整体才能够从中分裂出各具完整性的部分而单独发展。

就建立人能够在其中有家园感的整体生活而言,黑格尔以"绝对"理念为轴心所阐释的思想方案对现代也许也会是一个可以参考的方案。就像法国当代哲学家阿多(Pierre Hadot)所持的哲学观那样,真正的智慧不仅让我们知,还使我们以不同的方式在。[②] "爱智慧"(*philosophia*)从根本上来说,就是一种知与在相统一的整体性生活之道。

(四) 黑格尔之后对"绝对"的瓦解

后黑格尔哲学时代哲学的一个总的思想氛围是对传统认识论的颠覆。无论是尼采、克尔凯廓尔、马克思乃至后来的实用主义运动和分析哲学运动都分别以各自的方式瓦解着传统的哲学模式,而黑格尔哲学在这个瓦解过程中被认为是一种向新的思想世界形态行进的过渡体。黑格尔的"绝对"已是理性哲学的顶点,并且也是近代认识论传统的最高总结,因此他的哲学就代表着时代要求下的被批判检验对象[③]。青年黑格尔派的反动终结了黑格尔的"绝对"作为"哲理神学"中的神,尤其是费尔巴哈将黑格尔的绝对精神定义为是已故的神学精神,从而要求将这个幽灵拖回到人的本质中;而且,"利益""需求"和"欲望"分别在费尔巴哈、马克思和克尔凯廓尔那里对黑格尔的唯心主义进行颠覆,简言之,一种现

---

① Karl Löwith, *From Hegel to Nietzsche*, trans. by David E. New York: Green, Columbia University Press, 1964, p. 162.

② Pierre Hadot, *Philosophy as a Way of Life*, edited with an introduction by Arnold I. Davidson, trans. by Michael Chase, Blackwell Publishers Ltd., 1995, p. 265.

③ 在哈贝马斯的理解中,黑格尔甚至是清晰阐释现代概念的哲学家,他虽然借"绝对"概念来证明理性是一体化的力量,但他力图在主体哲学范围内来克服主体性,这在哈贝马斯看来是走在现代哲学的道路上。参见于尔根·哈贝马斯,《现代性的哲学话语》,曹卫东等译,南京:译林出版社,2004 年。

实的“生活关系”成了时代的主旋律。加之，在十九世纪占据思想舞台的“进化”观念对“绝对”之终结史的排斥也加剧着黑格尔哲学体系的解体。

罗伊斯的哲学正是处在这个十九世纪向二十世纪过渡的思想变革时期，如果说整个二十世纪“是方法论的时代，是意义分析、语言和符号的时代，尤其好像是反形而上学的时代”[1]，那么罗伊斯哲学思想活动的时间正是向这样一个时代转变的时期。这个时期的整体思想氛围已逐渐转向科学的发展成就所示范的方法论，并且在科学知识所描述的世界图景面前，对大规模的宇宙论思辨、人类命运的终极境界等“大叙事”已经开始失去兴趣与信仰，所以批判传统哲学尤其是近代哲学绝对化了的理性成为一种思想发展走向。这种批判将理性的职能限定，而辅之以经验与实验，从而得出关于世界的知识和行动的指南。罗伊斯对黑格尔哲学的吸收与拒斥就是在上述的思想氛围中开始的，并在“回到康德”的新康德主义召唤中开始他的哲学论述。那个时代已对科学为样板的探究世界的方式形成了普遍认证的态度，对于世界，人们已不再固持一种“旁观者”姿态，而要求人们对世界的深入介入，实用主义运动就是这种要求的表达之一。

另外，“反对形而上学”的方针被实证主义者们用来作为超越唯物主义与唯心主义之争的主要原则，这种反形而上学立场经休谟、孔德、马赫之后再由逻辑实证主义者继承下来，认为一切形而上学的命题都是没有认识意义的，并主张要“通过对语言的逻辑分析来清除形而上学”。这种立场营造的时代氛围最终将分析哲学培育成时代主流，也在当时将主导着英国哲学界的布拉德雷(F. Bradley)、鲍桑葵(B. Bosanguet)、麦克塔加特(J. McTaggart)等受黑格尔哲学影响的绝对唯心主义挤下了主导

---

① 艾肯(Henry Aiken)：《二十世纪哲学的命运》，载《现代外国哲学社会科学文摘》，1963 年 5 月，第 2 页。

地位。与此相呼应的，在美国，威廉·詹姆斯成为使黑格尔主义在美国受到阻击的主导人物。他基于多元论的立场，拒斥黑格尔在当时的追随者如乔赛亚·罗伊斯所持的一元论。詹姆斯虽然在道德和宗教上承认罗伊斯证明了对绝对的信仰是有道理的，但他认定那种“包罗一切的宇宙以及其确实可靠、本身完美无瑕的绝对”窒息了他，他钟爱世界的多样性，反对任何与实际经验分割开来的实在观。因此，他在《实用主义》中激烈地批判了罗伊斯式的绝对。

后黑格尔哲学时期还有另外一种重要思想倾向开始兴盛，即将超越历史性的理性“镶嵌于某个语言秩序中来思考世界之图景”[①]，这就决定性地将以往一直所致力的寻求基础或某个阿基米德点来解释我们的世界及意识本身的哲学意图彻底斥之为不合法，从而将一种穿透意识的内在性的路径贯穿其中。通过论述语言的结构、意义、主体间性等，语言维度将历史性经验呈现出来，并且如曼弗莱德·弗兰克在《什么是新结构主义?》中所说的“使意识哲学的范式向着符号哲学的范式转变”[②]。阿佩尔在《哲学的改造》中称这种转变为从“意识分析”向“语言分析”的转向。在他看来，就是在这种语言是人类知识的可能性和有效性的决定性条件的共识之下，解释学哲学、符号哲学、语言分析哲学和皮尔斯的实用主义思想才共同出现并开始呼应、合流。在这样的思想背景之下，对皮尔斯深为敬慕的罗伊斯对于绝对、心灵、自我意识的思考不再会只是停留在黑格尔时代的哲学范式中，最可能地对他思想的解释就是：他对这些术语的使用只是一种术语策略。在阿佩尔的观察中，罗伊斯是接过皮尔斯思想而从根本上完成了“解释共同体”观念的思想家，并影响了诸如C. I. 刘易斯、米德、莫里斯等人的思想发展。这样的时代思想氛围之下，罗伊斯对“绝对”的论证已不可能固守其哲学只是由有限而致的错误现

---

① Manfred Frank, *What is Neostructuralism?*, translated by Sabine Wilke and Richard Gray, Minneapolis: University of Minnesota Press, 1989, p. 7.

② Ibid., p. 217.

象而推论无所不知者"绝对"这样的哲学立意了。[①] 他摒弃传统的这两条"归同"与"分异"之路，而逐渐立足于人所参与其中的"意义世界"。人对世界的意向与赋予意义使罗伊斯的哲学论证与传统哲学渐行渐远，并最终在皮尔斯的三元性解释理论的启发下形成了以解释共同体为表现形态的"解释生存论"，从而远离了传统哲学的"旁观"哲学。

而且，后黑格尔哲学时代将世界图景镶嵌于语言中的思想格局标识了自十九世纪末开始的一种哲学面向的转变：将思想与实在的关系这个传统哲学问题转变成语言与实在的关系问题，这个转变实质上包含着许多待阐明的问题，其中核心问题是："心灵—思想—语言"如何实现在谈论时的同一性？当然，将思想与实在之间的关系转变为语言与实在的关系是十九世纪末二十世纪初思想界的共同旨趣之一，这种旨趣也就形塑出了二十世纪哲学的几个基本问题面：语言与实在的关系面、语言与思想的关系面、思想与实在的关系面。这几个基本问题面，心灵受到了排挤，甚至是，心灵何去何从？因此，寻找心灵的位置对于理解二十世纪哲学至关重要，而阐明"语言—思想"的关系就成为解锁之匙。对于这把钥匙的寻找使这个时期的思想界面貌表现为哲学、语言学（语义、语用、语境维度的递次发展与交错）和认知心理学的交汇。这种对于解锁之匙的寻找也深刻地表现在罗伊斯的哲学努力中，但他又力图通过自己的思想论述而恢复传统哲学中心灵所具有的深度。在罗伊斯的思考中，这种深度表现在，语言在将一个心灵的某种思想传递（或翻译）给另一个心灵时，传递（或翻译）的机制（中介）是一个非常复杂的问题，它会涉及前语言或元语言的问题，这绝不是共同约定语言的所指及语法结构的共同遵守问题，它涉及人类共同的生活经验，而共同体经验将经验概念牵出来的时候，为了阐明经验，"心灵"就出场了。所以在罗伊斯那里，心灵的出

---

① 正如皮尔斯所论的那样，罗伊斯对于归纳推理并不信赖。Cf., Charles Peirce, *Collected Papers of Charles Sanders Peirce*, *Vol.* Ⅷ, edited by Arthur W. Burks, p. 44.

场必然不仅是通过科学色彩极浓的心理学的“意识”“自我意识”分析所能解决的，只能回到黑格尔式的“精神”概念以及“精神进展史”范畴。故而，“语言—思想—心灵”的关系的思考这个相对于十九世纪末二十世纪初“时髦”的新问题的思考在罗伊斯思想中是找得到明确佐证的，只是思考结果却是使他回到了旧哲学对于“心灵”“经验”和“精神”之深度的重视，据此，他的哲学有了“过时”的术语范式。然而，他在《基督教的问题》中却用“解释的共同体”“解释的三元结构”实现了对皮尔斯开创的思想进路的合流，并将“经验”“心灵”和“精神”概念融进了“解释共同体”概念之中，完成了他对于传统哲学的改造。总之，“绝对”概念在这样的哲学背景中，它成了一个隐退的概念，然而，我们在罗伊斯那里却找到它在面具之下的存在。

二、作为基调：古典实用主义的经验概念革命

实用主义虽然是一种充满生命力的当代哲学，但它强烈的美国色彩还是使其不断被曲解。“新实用主义者”们从分析传统出发来理解实用主义，这种分析传统一定程度上错失了古典实用主义特有的构架从而也就未能反映出其最具特色的东西。实质上，自古典实用主义起，它所关注的哲学基本问题不仅是哲学史上由来已久的大问题，而且它还为这些大问题的解决提出了自己深刻的洞见。不过，批评者们虽然承认实用主义运动曾提出过一系列富有启发性的观念，却还是把其当成各种观念，甚至是相互冲突观念组成的大杂烩，或者质疑“实用主义”这个称谓之下是否构得成统一的哲学运动。这些批评与质疑，我们在阐明古典实用主义的经验概念时就能得到澄清。对古典实用主义的经验概念的阐述，能使我们把握住实用主义的真谛，也因此才能够阐明罗伊斯作为实用主义运动中的一员在论述“绝对”概念时的思想意图。而且，从古典实用主义的经验概念中，我们会看到黑格尔之后哲学发展与分化的基本趋势。据

此，可以说古典实用主义的经验概念是表现着实用主义运动要旨的首要概念。

(一) 古典实用主义的经验革命

各种各样的“转向”从二十世纪初就出现在哲学史的话语之中，它们意味着旧思想轨迹上新的开端。“实用主义转向”在哲学思想史的发展中也同样贡献了它所带来的做哲学的新颖架构。这种研究哲学的新颖架构不仅打破了传统哲学所赖以存在的基础思维模式，而且它营造了全新的哲学术语背景，从而革新了传统哲学中的关键概念与言说方式。“经验”概念就是其中最重要的核心概念。

陈亚军教授在其著作《超越经验主义与理性主义》中描述了实用主义的“语言”与“经验”的双重变奏。他认为，古典实用主义如果基于皮尔斯的“语言转向”而问缘于世，那么，通过詹姆斯与杜威的经验主义学说则形成了实用主义的内核。也就是说，“经验”而非“语言”才是古典实用主义的核心观念。[①] S. 罗森塔尔在《古典实用主义在当代美国哲学中的地位》一文中也强调“经验概念构成了所有古典实用主义哲学家的典型特征”[②]。研究者罗斯(Robert J. Roth)在《英国经验主义与美国实用主义》的比较研究中也指出：“经验主义与实用主义之间的相似与差异比较的关键就是经验。”[③]尚新建甚至说“实用主义的整个目的就在于阐述一种经验概念”[④]。但如果将古典实用主义的经验当作是对传统经验主义的延续，这将构成对美国古典实用主义运动最大的误解。经验，这一概

---

① 陈亚军：《超越经验主义与理性主义——实用主义叙事的当代转换及效应》，南京：江苏人民出版社，2014 年，第 64 页。

② S. 罗森塔尔：《古典实用主义在当代美国哲学中的地位》，载《哲学译丛》1989 年第 5 期，第 57 页。

③ Robert J. Roth, *British Empiricism and American Pragmatism*, New York: Fordham University Press, 1993, p. 1.

④ 尚新建：《经验概念是威廉・詹姆斯哲学的基石》，载赵敦华主编：《外国哲学》第 28 辑，北京：商务印书馆，2014 年，第 100 页。

念在古典实用主义这里已发生革命性的根本变化。

1. 古典实用主义将经验概念拓展到存在论的层面，认识论意义上的经验被改为"存在论"认识观[①]

传统的经验概念是在认识论意义上来谈论的，洛克是第一个把认识论问题作为自己研究核心的哲学家，他的《人类理解论》所要确证的就是"人类的知识是建立在经验的基础之上，并且最终是导源于经验的"[②]。由洛克开始，哲学研究正式转向了认识论为中心。英国经验主义者们皆把经验作为知识的来源并奉为其知识论的第一原则，休谟就据此将经验主义推至其逻辑顶点。但实质上，整个经验主义谱系都未对"经验"下过一个确切的定义，并且一直深陷于经验是否等同于纯粹感觉的问题，而这直接决定着知识是否得到捍卫。经验主义者认为经验具有"直接性"的品格，通过感官直接感知外界对象，能保证知识的确定性和可靠性，故而经验构成了主体与对象沟通的渠道。但正如黑格尔批评洛克所指出的那样："这就意味着我们从经验、感性存在或知觉里取得真理或抽出真理，这就是最浅薄、最错误的思想，因为这就不把经验看成全体中的一个环节，而是把它看成真理的本质了。"[③]黑格尔所指出的经验主义者的经验概念与知识关系之成问题的方面，也恰是休谟哲学最终所表现的经验主义者结局：无法从经验的直接性中构造出知识的观念范畴性，而经验主义者从"观念"层面来思考经验即将经验观念化必然走向不可知论或怀疑论，而这直接引起了康德哲学观念论对此问题的解决与回答，英国经验论者在休谟这里就走到了顶点。

---

① 关于"存在论"的认识观(existential view of epistemology)是S. 罗森塔尔所论述的术语，罗森塔尔赋予这个术语的意义是"指一种把存在看作为一切知识之根本基础的认识观"。参见S. 罗森塔尔：《古典实用主义在当代美国哲学中的地位》，载《哲学译丛》1989年第5期，第56页。

② John Locke, *An Essay Concerning Human Understanding*, The Pennsylvania State University, 1999, p. 87.

③ 黑格尔：《哲学史讲演录》(第四卷)，贺麟、王太庆等译，上海：上海人民出版社，2013年，第142页。

古典实用主义者却在经验主义传统的困难处发现了走出整个认识论传统哲学的要点：传统经验主义的重点在于坚持经验是知识的来源，实质上是重视经验具有的直接性品格，经验的直接性使其与人的实践活动联系在一起，经验者本人的“体验”使人置身于活生生的事件过程中去直接接触从而直觉到某种东西。而传统经验主义的缺陷在于忽视了那个活生生的经验过程、参与过程，而只是从静态、结果来表述经验的直接性，从而产生了自身理论的困境。而在古典实用主义这里，恰恰是传统经验主义者忽视掉的“经验过程”本身才应是所谓的经验的直接性。传统经验论者所重视的作为知识基础的感觉结果(洛克的“观念”、休谟的“印象”等)被囿于个别化、零散化的静态“印象”“观念”中，没有以动态性的、过程性的角度去运思经验概念，才导致传统经验主义者的理论困难，也才导致经验在休谟那里丧失了作为知识论基础的可能性。故而，古典实用主义者要致力于超越传统经验主义哲学的认识论范式，转而从存在论的角度来考察知识问题以及人的处境问题。

在古典实用主义者看来，传统的经验主义认识论因囚禁于静态的“印象”“观念”的直接性当中，既造成了认识主体与认识对象之间的分离(经验在向认识者提供世界景象的时候实质上只是担当了一个中介者的角色，即片断“表象”，但需要证实精神图像是对外在对象的真实表现。且在这种表现论下会直接将经验主义导向贝克莱所说的唯心主义。故而，主客体形成二元对立，由此便产生出数不清的哲学困境)，也造成了认识者自身的分裂(就像休谟所说的“自我”认同的困难)和感觉的原子主义。而如果深入生活经验之活生生的流动性当中，并且把存在看作是一切知识的根本基础，这一系列的困难就迎刃而解。詹姆斯就认为，真正的“直接性”并不是作为经验结果的“印象”“观念”，而是活生生的经验过程中经验者所体验到的事物本来的样子，是经验者本人的直觉过程，在这个过程中经验者将自己融入对象，去体会对象之所是。因此，对詹姆斯而言，经验是亲历，是亲身的遭遇与激情。[①] 对杜威而言，“经验是做(doings)和遭受(sufferings)的同步发生”[②]。而且，“当经验与生命过程相配合而感觉被视为重新调节的起点时，有关感觉的所谓原子主义就全然消失了”[③]。也就是说，古典实用主义者是从我们的存在方式和存在结构去考察经验概念，它深入生活的经历中，并通过行动过程来形成经验的内容和意义，从而揭示出知识的更深层次的原初基础，同时也展示出人在环境中的存在活动才是一切知识最本原性基础与来源。实质上，在对黑格尔的经验概念的解释中，海德格尔就言明他对经验的本质的理解：“经验乃是一种在场方式，也即一种存在方式。”[④]杜威与詹姆斯都深受德国哲学观念论的影响，而黑格尔的对意识的经验的解释，必定构成对古典实用主义者对经验本质的思考引导。甚至在罗伊斯的解读中，黑格尔的思想与实用主义的思想具有相通的交叠点。所以，不难想象古典实用主义对于经验的存在论解读中有黑格尔的遗产。总之，古典实用主义者宣称自己的经验主义是一种“彻底的经验主义”，因为它通过存在论的阐释不但避免了传统经验论的二元分立问题，而且通过行动进程获得了传统经验主义所没有的丰富的存在性内容。按古典实用主义的存在论经验，人活在世界之中，与所遭际的事物保持着复杂的具体关系，事物在经验中的呈现并不是一个简单的、理智被动的“所予”，而是一种整体的、综合的生存体验，它包含着经验者介入世界之中的复杂联动性，也揭示着生存优先于认知的本源性。所以，生存经验先于认识，并成为认识的基础；经验是存在体验与行动。

---

① 尚新建：《经验概念是威廉·詹姆斯哲学的基石》，载赵敦华主编：《外国哲学》第28辑，北京：商务印书馆，2014年，第108页。

② 杜威：《杜威全集·中期著作》(第十卷)，王成兵、林建武译，上海：华东师范大学出版社，2011年，第7页。

③ 杜威：《杜威全集·中期著作》(第十二卷)，刘华初等译，上海：华东师范大学出版社，2011年，第104页。

④ 海德格尔：《林中路》，孙周兴译，北京：商务印书馆，2016年，第212页。

2. 古典实用主义在对经验概念进行阐释时秉持一种彻底的时间主义，以过程哲学的有机性、整体性完成对传统经验主义的机械性、原子性的超越

英国经验主义传统与近代的机械论自然科学相互呼应，当时的自然科学已逐渐脱离宗教、经院哲学的束缚，反对演绎而主张归纳，注重从观察事实入手，形成的思想风气是注重事实经验、注重简单性。如化学讲求"原子主义"、物理学注重分子、生物学注重细胞和纤维，总体特征表现为注重个体性而忽视全体性；反映在心理学上，就表现为从单个的心理出发（联想主义就是因为讲单个心理如"印象""观念"故而需要将单位联结起来）；反映在道德上，主张以个人的情感和冲动作为道德之依据（如莎夫茨伯里）或是以个人良心为道德基础（如哈奇森）。洛克、贝克莱、休谟这些经验主义谱系上的思想者大多是在这样的思想背景中阐述自己关于经验的主张的。经验在英国经验主义传统中总体表现为个体式的、原子式的感官知觉片断，它抽掉了作为感觉之"我"的整体性和时间绵延性。虽然"心理的联想主义"在当时作为缝合"此时之我"与"彼时之我"的同一性的需要而出现，但仅仅是空间上的并存和时间上的继起还是流于机械性。经验，在英国经验主义传统中被理解成一束束的当下刹那、一连串彼此没有联系而彼此分割的知觉片断。而且，经验主义传统为了保证知识取自于感官直接性的"可靠性和明确性"，即以强调感知的"被动性"来保证经验对世界的映射性、原本性，经验主义者们一般都反对理性在这个感知过程中的贸然介入或"设计指导"。而这种经验主义的思维最终就形成了片断的、凌乱的"知觉废墟"，甚至在转瞬即逝的、个别的经验中，作为认识主体的"我"逸散在休谟的自我认同困难中。

古典实用主义者认为经验不能是机械性、原子式的知觉片断，而是表现为绵延不断的经验流，因此经验是时间性的，并且本质上是有机的、整体的。美国实用主义发端之时，达尔文的进化论学说已将一幅动态的宇宙观介绍进哲学思想。就如杜威在《达尔文主义对哲学的影响》一文

中所表述的那样,"固定的东西和最终的东西具有优越性"这样的静态的存在秩序的观念将会被"发生"和"实验"的观念所取代,也就是说,时间性必然是经验的必要维度,且时间中的增长性也会使经验趋向新的成长。在海德格尔对黑格尔的经验概念的解读中,他也阐释了经验的这种时间结构:"经验乃是意识——就意识的存在而言——驶向其概念的方式。"[①]"驶向"表明了经验的过程性,"经验乃是伸展着和通达着的到达——显现就是作为这种到达而自行显现的"[②]。在海德格尔看来,经验的这种运动是为实现意识的在场,而"经验的本质就是现象学的本质"[③]。这就不难理解,为什么罗森塔尔要说"实用主义由于把时间性与存在密切联系起来,因而它实际上已经达到了与现象学相同的对时间性的理解"。[④] 古典实用主义在经验概念中所包含的时间结构与现象学所强调的时间性一致之处在于:现时持留着过去,并将未来呈现在现时的预展中。这种时间观与那种用时钟分割成一连串的瞬间的时间观是截然不同的。在古典实用主义者看来,人的实践活动造就的时间乃是如此连绵不绝的经验之流。经验者在介入复杂世界并处理与具体情境的关系中经历到了这种时间性,它并不是纯粹的主观的东西,而是在我们的生存结构中比认知更原始的体验结构,是一种"已经在世界中"的一种活性。"在世界中"的时间性所强调的是经验本质上是一种生活过程,它绵延着生长,与具体的生活处境在经验过程中交缠互渗。经验不会再是心理的、主观的、由支离破碎的知觉材料组成,而是一个有机的增长整体,在它之中并没有理性与感觉的分工与对立。在詹姆斯那里,经验是始源性的存在,是前反思的生活过程,而主体—客体、知者—所知、感觉—概

① 海德格尔:《林中路》,孙周兴译,北京:商务印书馆,2016年,第212页。
② 同上书,第219页。
③ 同上书,第231页。
④ S.罗森塔尔:《古典实用主义在当代美国哲学中的地位》,载《哲学译丛》1989年第5期,第57页。

念之类的区分，则是次生的实在。[1] 而传统的经验主义正是在这些静态的区分中使经验失去生机性、整体性的。传统经验主义失足的地方还在于经验被当作是对于对象发现的感觉信息的被动记录，这种机械的表象性特征造成了传统经验主义数不清的困境，并最终在休谟那里走到了彻底的怀疑论，使经验丧失了作为知识基础的可能性。杜威的经验概念从生命体与环境的互动事件来理解，这是对达尔文主义的一种哲学表述，在这种经验陈述中，经验不再是对于外在世界的一种被动记录，而更关注的是一种主动介入（黑格尔留给杜威的永恒思想财产），对环境的改造与对未来环境的规划结合在行动者的行动事件当前，其中的时间结构正是人的生命的存在结构。罗伊斯的哲学思想一般不被认为是带有经验主义特征的，但他的思想宗旨与古典实用主义运动的运思实质是殊途同归，反映在对经验概念的理解上，罗伊斯如詹姆斯、杜威一样以经验的时间结构或者更确切地说，以“经验的现象学”来说明了这种时间性。在下文中，我们将专门论述罗伊斯关于经验的时间结构，在此就不赘述。但我们需要持有的观念为，罗伊斯以一种“先行者”[2]身份来开拓论述“自我”以及“经验”的现象学，这与詹姆斯和杜威将时间性与存在结合起来开拓新的哲学方式并超越传统哲学的旧架构目的是一致的，而且在罗伊斯那里，他成为一个“综合”的古典实用主义者，综合了皮尔斯的实用主义特质与詹姆斯、杜威的经验现象学。总而言之，古典实用主义者用过程哲学的时间性来言说经验之具有的最本原的层次——连绵不绝的意识流动源发于人类的实践活动中，并在现时持存着过去内容继而筹划决定着可能的未来——从而矫正传统哲学对时间的机械性理解以及对经

---

① 尚新建：《经验概念是威廉·詹姆斯哲学的基石》，载赵敦华主编：《外国哲学》第 28 辑，北京：商务印书馆，2014 年，第 118 页。

② 研究罗伊斯的学者 Jacquelyn Ann K. Kegley 赋给罗伊斯的称谓，Kegley 认为，罗伊斯关于时间和外在世界的知识的思想不但早于胡塞尔和海德格尔，而且预示着现象学研究开始。Cf. Jacquelyn Ann K. Kegley, *Josiah Royce in Focus*, Indiana University Press, p. 15.

验所进行的支离破碎的论述。

3. 古典实用主义在阐释经验概念时重置了身体的位置，并以凸显"身体经验"的原初性地位来弥合传统经验主义所产生的二元鸿沟

笛卡尔主义传统所预设的心身二元论图景导致了无数的哲学理论困境，就像黑格尔所分析的，"灵魂和身体的对立必然会造成"①，因为两者的协同性问题必定会成为一个魔咒。英国经验主义的经验概念将作为知识来源的经验当作经验的唯一内涵，窄化了经验概念，且其实质上是将我们对外界的知识限制在主观之内的知识论上的主观主义，正如海德格尔所言，因为"它不再维系于对象，以便在这种维系中拥有真理。认识脱离了与对象的关系"②。并且，近代经验主义在谈论经验时没有将身体纳入经验的讨论中，因此，自笛卡尔以来，经验窄化了，身体旁落了，甚至身体所在的物质世界也动摇了。所以对经验概念的"误解"是近代以来的哲学的最大缺陷，康德之后的哲学家都力图恢复经验的本来含义，而"重置身体"对改造经验的重要性在诸多哲学家中形成共同主题。

海德格尔重新赋予经验概念内涵的方式在于找回"事实性的生命经验"的根本性和源初性，并证明作为知识来源的经验的派生性和次要（"认识只是在世的一种存在方式"，"认识本身先行地奠基于'已经寓于世界的存在'中"③）。这种对活生生的生命经验的理解的需求使海德格尔抛弃了近代经验主义狭窄的经验观，且使其吸收了胡塞尔的意向性理论——经验指向外物，并在经验过程中经验着自身。故而，海德格尔从"事实性的生命经验"出发去阐明"此在的在世存在"，而这就将此在的居所——身体——隐秘地牵引出来。海德格尔的存在主义使梅洛-庞蒂有了身体的存在视野，而且梅洛-庞蒂最终以身体现象学发展了胡塞尔晚期所思考的身体、主体间性、生活世界等主题，意图以"现象学—存在主

---

① 黑格尔：《精神哲学》，杨祖陶译，北京：人民出版社，2012 年，第 44 页。
② 海德格尔：《林中路》，孙周兴译，北京：商务印书馆，2015 年，第 151 页。
③ 海德格尔：《存在与时间》，陈嘉映、王庆节译，北京：商务印书馆，2016 年，第 90、91 页。

义”的人本主义思潮来否定身心分离并恢复身体的位置以达到对人的存在的全面阐释。在梅洛-庞蒂那里,主体是有身体的。而当代的心灵哲学则力图证明具身化对于认知经验的不可或缺性,强调被体验的身体的本原性,以反笛卡尔主义的方式与梅洛-庞蒂的身体现象学形成呼应。

而以经验概念改造为思想中心的古典实用主义运动更早地将身体概念凸显出来。在詹姆斯看来,心理现象是离不开有生命的身体的,身体现实地经历了整个经验过程。“世界经验(或称其为意识的领域)始终伴随着作为它的中心的身体,这个中心是视野的中心、行动的中心、兴趣的中心。……思想和感觉是活动的,但是它们的活动性终止在身体的活动性中,只有唤起身体的活动,思想和感觉才能够开始去改变身体之外的世界。身体是风暴的中心,是坐标的原点,是经验之链当中的固定着力点。”[①]就如尚新建教授所言,对詹姆斯而言,“心灵”或“自我”不过是具活生生的、具有气息的身体。[②] 正是这个活生生的、具有气息的身体的活动构筑起存在的经验结构。据此,詹姆斯的经验是前反思的、具有源初性的东西,它以身体为据点先于所有的以往认识论上的二元区分,所以他主张他对经验概念的阐释是坚持“彻底经验主义”的立场的结果,这种立场将詹姆斯导向生活世界的始源性,而身体在这个生活世界中在经验所具有的选择性、意向性的激动之下冲动并行动,以不停歇的意识之流来拓宽经验之河、奔向新的生活场域。

在杜威的经验改造当中,身体具有重要的地位,因为身体概念是对他的哲学的两个核心概念“经验”和“自然”进行完整说明的重要环节,且缺失身体概念,“经验”和“自然”的连续性也无法得到阐明。杜威的经验哲学中,身体位置的安放是克服笛卡尔以来身心二元论的关键,故而他

---

① William James, *Writings 1902 - 1910*, Literary Classics of the United States, Inc., 1987, p. 803, footnote.

② 尚新建:《经验概念是威廉·詹姆斯哲学的基石》,载赵敦华主编:《外国哲学》第 28 辑,北京:商务印书馆,2014 年,第 117 页。

反对在心灵的对立面意义上来谈论身体，他更愿意用"心理—生理"（the psycho-physical）来描述身体，以弥合"心灵—身体—自然"三者，"心灵和物质双方面所从属的东西，乃是构成自然的那些复杂的事情的混合体"①。所以，在杜威那里经验是生命与共同环境中的其他要素之间进行互动的连续过程，"经验变成首先是做事情。有机体决不待在那儿，像米考伯一样等着什么事情发生。它并不是被动、无生气地等待外界有什么东西给它打上印记。生物体按照自己或繁或简的机体构造作用于环境。作为结果，环境中所产生的变化又反作用于这个有机体及其活动。这个生物经历、感受它自己行为的结果。这个做（doing）和受（suffering）或遭受（undergoing）的密切关系，就形成了我们所谓的经验"②。"做"和"受"或"遭受"（体现为倾向、习惯、目的和行为）综合在身体中、被整合在身体中或者说通过身体而得到整合，这使得分散的经验因具有身体而具有完整性和连续性："身体成为经验得以可能的条件和源泉，而且是经验及其统一性和连续性的体现者。"③而在当代，理查德·舒斯特曼对实用主义运动的解读"坚定地支持身体维度的而非命题维度的经验"④。杜威的《艺术即经验》对舒斯特曼的身体美学的影响显而易见。杜威的"身体是艺术经验的'第一自然'"的观点反映出他坚持身体是艺术的原形和根源，故他认为脱离身体经验很难对艺术做出完整的理解。而舒斯特曼通过对杜威的"直接性经验"的解读将"身体经验"提炼为他的"新实用主义美学"对经验回归的承诺。

总而言之，古典实用主义的经验概念的革命对于整个古典实用主义

① 杜威：《杜威全集·晚期著作》（第一卷），傅统先等译，上海：华东师范大学出版社，2013年，第56页。

② 杜威：《杜威全集·中期著作》（第十二卷），刘华初等译，上海：华东师范大学出版社，2011年，第102页。

③ 汪堂家：《多重经验中的身体——试论身体对于杜威哲学的意义》，载《复旦学报》（社会科学版）2012年第4期，第4页。

④ 吉海勒：《拓展经验：论舒斯特曼在当前实用主义中的地位》，王辉译，载《世界哲学》2011年第6期，第49页。

运动的思想意旨的完成至关重要，一定程度上我们可以说，透过对经验概念的解释，我们就可以把握到实用主义运动的真正实质。在这个改造经验的过程，无论是“存在论的经验概念阐释”，还是“彻底的时间主义的经验”，抑或是“重置身体以安放经验”，都是为完成对于传统旧哲学范式的超越而搭建一种新的哲学架构，以开创一种全新的、摆脱传统哲学困境的新局面。

（二）康德和黑格尔传统的综合改造者：罗伊斯的经验概念

古典实用主义的经验概念革命意在于建立一种全新的哲学思考架构，经验概念在这个运动中所表现出来的三个特质（“存在论的经验改造”“彻底的时间主义的经验”以及“重置身体以安放经验”）虽然并不一一对应地体现在罗伊斯的经验概念中，但是，罗伊斯对此概念的论述所体现的哲学革新精神却是与古典实用主义运动的追求殊途同归，故罗伊斯自己都称谓自己为“绝对实用主义者”[①]。正是在这种意义上，我们主张罗伊斯作为古典实用主义运动的一员。在当今美国的实用主义研究者中，Randall E. Auxier 坚定地称罗伊斯是实用主义的一员，他在参与“实用主义的剑桥学派”系列丛书的罗伊斯卷的编辑中，在前言中就对此做出表述：“罗伊斯一直是处于实用主义发展的中心位置的一个人物，并且，他本人也称自己是一个实用主义者。”[②]但是，在什么意义上论断罗伊斯是一个实用主义者呢？如果按照陈亚军教授表述的“实用主义内部一直存在着康德路径与黑格尔路径的分歧”的话，那罗伊斯是走在康德的路径上抑或是黑格尔的路径上？通过研读罗伊斯的文献，我们会发现，把罗伊斯的思想非此即彼的断言为是承续康德路径或是拥抱黑格尔都失之

---

① Josiah Royce, *The Problem of Christianity*, Washington D. C. : The Catholic University of America Press, 2001, p. 279.

② John R Shook & André De Tienne ed. , *The Cambridge School of Pragmatism*, *Vol. 3*, New York: Continuum International Publishing Group, 2006, p. ix.

于简单，在知识理论上，他既没有抛弃康德的框架，也没有放弃黑格尔的社会性方案。通过罗伊斯的经验概念的分析，这个论断就会明晰起来。

罗伊斯以论述“自我”的结构来说明经验的基础，这得从康德哲学的影响说起。近代以来的英国经验主义在知识论上陷于主观主义，后发展至休谟坠入怀疑主义后，才引起康德哲学对主观/客观的重构，康德以先验论的形式表述了人类理性本身先天的思维范畴的普遍必然性，从而驱逐了休谟的怀疑主义，奠定了知识的基础，为世界的存在在经验中进行了奠基。康德为经验找到得以可能的主体依据，是理智的先天范畴对感性经验材料的加工改造，而感性材料需要的刺激物正是一个必然存在着的世界。这种确证虽然延续了二元论的麻烦，也招致了黑格尔批评康德脱离了认识过程来研究认识能力，但康德将主体能动性置于知识、经验讨论的中心地位，这在经验史上具有革命意义。康德在《纯粹理性批判》中所要解决的不仅是知识问题，还涉及对象，而这两者都和“经验”有关：知识是关于对象的经验知识，对象是经验到的对象（不是物自身）。也就是说，康德将传统哲学的心物二元问题变成了“经验范围内”知识与对象的关系，并通过对经验结构的探究而得出先验形式构造出经验对象及经验本身，从而保证了经验的客观性（普遍必然性）。据此，康德哲学在经验问题上走到了现象学的门前。“经验”在康德这里就是：经验是个“复合物”，它是“构造”而成，这个构造物中既有经验者自身的经验结构，也涉及“被构造”的对象。也就是后来胡塞尔的先验现象学关于“意识”以及作为它的意向相关项和构造结果的“世界”。

从延续经验是知识的来源和基础这点来说，罗伊斯也是个经验主义者。“我所知道的是，除经验的真理之外并无其他真理。”[1]这表明了罗伊斯的经验主义立场。但是罗伊斯与康德一样，都认为以休谟为代表的

① Josiah Royce, *The World and the Individual*, New York: The Macmillan Company, 1920, p. 362.

经验主义的方案对于阐明经验的真相而言是不够的，因为“它没有充分地分析经验这个术语所意味的东西。且它没有考虑人类理性与经验的相伴相生性并统一在经验中是能够起更具构建性的作用的，而不仅仅是经验事实的记录”①。据此可以看出，罗伊斯对知识结构的分析走在康德的路上。罗伊斯早期的经验概念就是从康德的思想方案出发，甚至可以说打上了康德哲学的深刻烙印，“简单的接受并不能给予我们任何超越于当前时刻的知识。只有在时间中自发地构造这个世界”②。罗伊斯在1880年写给詹姆斯的信中表露了他在分析经验或知识时对康德框架的继承，而他在另一篇论文中如是表述：外在于我的事物只有在进入我的意识中时，我才能认识它。当我假装认识一颗很遥远的星星时，我所知道的东西也只是我自己的状态、我的经验，或者是我的思想，再无其他。我不能超越意识。意识就是我的意识，或者至少一直会被视之为是属于我的。就如康德所言，“‘我思’必须能够伴随着我的一切表象”③。如其他研究经验的哲学家一样，罗伊斯将经验的据点“意识”作为研究经验的开端，而“意识”的归宿自然是“自我”。恰如康德对“先验自我”的分析得出对经验的构造，罗伊斯亦通过对“自我意识”的剖析来论述经验。他与康德相同的地方在于，肯定意识的“构造”能力，而与康德不同的地方在于这个“构造着的意识”首先是一个社会性的存在。

就意识“构造”而言，罗伊斯将其分为三个阶段：注意力(attention)、识别(recognizing)和构建(constructing)。注意力本身就是一个主动的过程，它使涌向我们的内容更确定和更少杂乱，一定程度上

① Josiah Royce, *Lectures on Modern Idealism*, New Haven: Yale University Press, 1919, p. 9.

② Josiah Royce, *Letters of Josiah Royce*, edited with an Introduction by John Clendenning, The University of Chicago Press, 1970, p. 88.

③ Josiah Royce, "Self-Consciousness, Social Consciousness and Nature I", *The Philosophical Review*, Vol. 4, No. 5 (Sep., 1895), pp. 465 - 485, p. 475.

包含着选择性，所以类似于我们称之为意志的这种东西。[①] 识别一直伴随着注意力的运行，它“包含着心灵对外来印象的一种活生生的作用。……识别完成了注意力所发起的东西”[②]。在识别这个阶段，意识对意识内容向着简单性和确定性这个方向修改，从而使意识内容更少杂乱、更多统一，它不但使注意力所聚焦的内容的强度得以改变，而且使意识内容的基本性质呈现出有序性。然后，意识的工作在“构建”这个阶段表现出其复杂性，从本质上来说，它通过赋予涌向我们的材料（mind-stuff）以意义的方式使给予我们的东西最终转变成关于世界实在的符号系列。“在涌向我们的东西之外，我们构建出过去和未来的观念，以及我们关于这个世界的实在性的观念。给予我们的仅是僵死的印象。我们通过我们的行动将它们转变为关于一个实在的世界的符号系列。我们因此持续地影响和作用于给予我们的东西，并且我们不仅是修改它们，且还赋予其意义。”[③]从注意力到构建的整个过程，表达出人的意识的根本兴趣，它会呈现意识通过“外在意义”而使“内在意义”得到满足的过程。故而，罗伊斯得出的结论是“所有的认知都是行动；本质上，它就是反应和创造（reacting and creating）”[④]。在这里我们看到，罗伊斯的“内在意义”被“外在意义”充实的过程中，对象把世界携带出场，这表现出罗伊斯思想对认识论的经验主义传统的克服努力；但同时，也表明罗伊斯早期思想的观念论传统特质——将主客体整体关系中的客体划入主体的范围。这种思想特质在其早期的论文《现象与实在》（1882）中表述得很清楚：“外在的世界，是被当前意识主动接受而作为符号化或指示化的东西，而不是作为被给予到当前意识的东西。简而言之，对于外在世界

① Cf. Josiah Royce, *The Religious Aspect of Philosophy*, New York: Harper & Brothers Publishers, 1958, pp. 313 - 314.

② Ibid., p. 318.

③ Ibid., p. 321.

④ Ibid., p. 322.

的每一个确证，都是作为对超越当前意识材料的东西的确证，它必然发源于不仅仅是把当前的意识内容还原到某种秩序结构的判断活动。这样的一个确证必然是对一个非意识材料的主动构造。”①

但我们不能据此就将罗伊斯视为一个康德主义者。在罗伊斯的意识分析中，已不仅限于受到康德哲学的影响，他的整个思想思路已经与胡塞尔“回溯到先验自我的‘意义给予’以寻求真正的开端”的现象学之路同道。施皮格伯格在其《现象学运动》中充分确证了罗伊斯的思想对胡塞尔的影响。② 但与胡塞尔早期的先验自我分析不同，罗伊斯对“自我意识”的分析并不如胡塞尔般放弃或中止自然意识的“出世”，他从一开始就意识到“自我”是无法摆脱如海德格尔所说的“在世存在”。“我并不是先有自我意识，其次才意识到我的同胞们。相反，我之所以意识到我自己，完全是因为我与某个真实的或理想的同胞共同体的关联，具有对我的同胞们的意识之后，我才产生出了自我意识的习惯和状态。”③故而，罗伊斯作为经验构造基础的“自我意识”一开始就交缠着“社会意识”，更准确地说，社会意识先于自我意识而在。这也使得罗伊斯从一开始就没有陷在缺少主体间性的、缺少历史维度的原子式自我当中，从而使他的经验概念内涵保持了取自于生活世界的生长的可能性。就如施皮格伯格所分析的那样：“罗伊斯的作为目的的、可由‘现实性’充实的意义理论，或如罗伊斯对不同个体之间意义的同一性的关心（这种同一性是他的社会自身理论的基础）也与胡塞尔的意向性现象学有相似之处。同时，罗伊斯的社会唯心主义及其坚决主张个人在绝对之中的作用也与胡塞尔后期的主体间性理论以及他的超验单子共同体的思想符合。”④

---

① Josiah Royce, “Mind and Reality”, *Mind*, Vol. 7, No. 25 (Jan., 1882), p. 43.

② 参见赫伯特·施皮格伯格：《现象学运动》，王炳文、张金言译，北京：商务印书馆，2011 年，第 189—197 页。

③ Josiah Royce, “Self-Consciousness, Social Consciousness and Nature I”, *The Philosophical Review*, Vol. 4, No. 5 (Sep., 1895), pp. 465 - 485, p. 468.

④ 赫伯特·施皮尔伯格：《现象学运动》，王炳文、张金言译，北京：商务印书馆，第 191 页。

罗伊斯哲学思想的主体间维度在其晚期著作《基督教的问题》中得到系统阐述与完成。在《基督教的问题》中，每个个体（或自我）是作为解释者、解释对象和被解释者这三个角色的个体统一体，即一个自我是处在不断进行着的解释活动中的、轮换着作为解释者、解释对象和被解释者这样具有三元结构的个体共同体。这作为三个不同自身的个体通过解释的涉他活动、公共进展活动而成为独特的自身。罗伊斯引入了解释过程中的个体的"三元一体"结构，这明显是受皮尔斯的符号的三元结构的影响。其中"解释者"在罗伊斯那里作为中介者、主导者的关键性作用也是受皮尔斯的符号之"第三性"的理论的决定性影响。这个"解释者"只有通过在一个时间中展开的共同体中持续地进行着符号意义的转译活动才能完成他/她的内在意义和外在意义的明晰性。通过这个"解释的共同体"中的诸解释之间的详尽比较，罗伊斯在他的时代就提前"矫正了二十世纪解释学理论当中一个很强的主体主义倾向"[①]，也就是说，这个解释者作为经验主体已不再是康德或胡塞尔意义上的纯粹意识本身，而是一个处在无限进展着的共同体中、进行着解释性交换的"主体间的我"。换言之，罗伊斯不但如皮尔斯在符号学中反映的那样跳出了在"主体—客体"关系维度中思考认识问题，而且是在"人与自然的知觉性认知是以人与人之间的解释性认知交换为前提"这样的思考模式中来处理认识问题的。这就将语言这个被"主体—客体"认知关系中被忽视的维度凸显了出来：它作为人类认知过程中的"中介化维度"在人类的认知与经验过程中起到了主体间沟通的决定性作用，而这个"主体间沟通"的完成同时也是主体间认同的完成，而这是一切客观知识可能性和有效性的先决条件。故而阿佩尔才确定性地说，"对这种主体间'沟通'，皮尔斯已

① Robert S. Corrington, "A Comparison of Royce's Key Notion of the Community of Interpretation with the Hermeneutics of Gadamer and Heidegger", *Transactions of the Charles S. Peirce Society*, Summer 1984, Vol. 20, Issue 3, pp. 279 - 310, p. 297.

有了含蓄的表达，而罗伊斯则予以明确的概念化表达”①。

总而言之，罗伊斯的对康德“先验自我”的改造思想推进了皮尔斯通过对语言维度的强调而提出的符号解释运动以及无限共同体思想，并把皮尔斯对符号关系的三元逻辑分析运用到具有意向性的人身上，这就以现象学的方式阐释了人作为意义符号运载者的三元结构运动方式，从而将人的存在性维度命名为“解释共同体”（每一个自我都是一个最小的解释共同体），这就将人的社会关系世界呈现出来，经验也呈现为社会性的经验。“从形而上学来看，解释的世界是这样的一个世界——如果我们确能解释的话——在其中，我们得以了解我们同类的存在和内心生活；在其中理解到时间性经验之构造，以及其意义行为的无限积累序列。在这个我们已瞥见其最普遍结构的解释的世界中，不同的自我和共同体获得了存在，过去和未来得以界定，精神的王国找到了它的地盘，它既不是贫乏的概念，亦不是以往曾鲜明嘈杂的互渗感知之流。”②

在这里我们看到了古典实用主义者之后哲学发展分化的基本走向的两个方面：通过意向性所表述的现象学运动和通过对知识、语言起源的追溯而强调的社会性维度（比如维特根斯坦通过“语言游戏”强调的生活情境、胡塞尔转向“生活世界”的努力），而古典实用主义者杜威则直接强调“情境”对经验的根本性决定。据此，罗伊斯哲学思想的洞见性足以使其位列现代哲学思想局面的“拓荒者”之列，并在美国哲学的古典时期以一种综合者的身份既没有放弃康德的框架，也没有完全抛弃黑格尔的社会性方案。

---

① 卡尔-奥托·阿佩尔：《哲学的改造》，孙周兴、陆兴华译，上海：上海译文出版社，2005 年，第 129 页。

② Josiah Royce, *The Problem of Christianity*, Washington D. C.: The Catholic University of America Press, 2001, p. 294.

三、作为元素：古典实用主义的黑格尔纽结

黑格尔对美国哲学的影响是深刻而持久的，正如英国学者 D. 沃森在考察了美国的新黑格尔主义传统后得出结论：“美国哲学正是通过黑格尔才达到今天的水平。”[①]而美国当代学者艾伦・汉斯《实用主义作为自然化的黑格尔主义：战胜先验哲学》的论文中就直言：“从初创之日起，实用主义就同黑格尔主义具有某种爱恨交加的关系。”[②]黑格尔的影响实质上一直沿袭在实用主义的发展当中，甚至可以说通过最早的黑格尔主义者圣路易斯学派的思想活动为美国实用主义的产生做了主要的思想奠基。[③] 就如理查德・伯恩斯坦在其著作《实用主义的转向》中所表述的那样，黑格尔在美国的哲学思想发展中成为启发者和讨论核心的一个源泉，可以划分为三个时间段：19 世纪后半叶——二十世纪中叶——当前。[④] 从伯恩斯坦对此的观察中，可以看到黑格尔作为一个思想源泉从未断过对实用主义的给养。伯恩斯坦还以《黑格尔与实用主义》为章节主题对实用主义传统中的黑格尔影响及其表现形态进行描述，他的论述清晰而又令人印象深刻地勾勒出黑格尔在整个实用主义谱系中的形象及其实用主义化过程。而在艾伦・汉斯的观察中，黑格尔哲学的重要旨趣贯穿在实用主义谱系的关键人物当中：从詹姆斯、杜威到奎因和罗蒂，实用主义者都非常熟悉黑格尔哲学的某些重要旨趣。在这些旨趣当中，最重要的有：对于无论是以唯理论形式还是经验论形式出现的近代表象主义知识论的深刻怀疑；最好根据生产、制作和行动去给

---

① D. 沃森：《美国的新黑格尔主义传统》，载《美国研究杂志》，1980 年第 14 卷第 2 期，第 1 页。

② 海尔曼・J. 萨特康普编：《罗蒂和实用主义——哲学家对批评家的回应》，张国清译，北京：商务印书馆，2002 年，第 136 页。

③ Cf. Cheryl Misak, *The American Pragmatists*, Oxford University Press, 2013, p. 7.

④ Richard J. Bernstein, *The Pragmatic Turn*, Polty Press, 2010, p. 89.

予理解的，作为一种实践形式的智慧(intelligence)观念；以及就我们关于世界的信念而言，致力于一种非还原主义的整体论理解(它导致对二元论思维的普遍怀疑)。在这份清单上，罗蒂还加上了理解黑格尔把哲学事业视为后思(Nachdenken)，视为一种教化性总结的观念。[①] 正如有学者所疑问的：英国的经验主义与进化论的科学实验思想是实用主义起源的两个明确的源泉，难道不能说黑格尔的唯心主义就是实用主义第三个更具包容性的来源?[②] 故而，我们在探究古典实用主义者们聚力而成的美国实用主义运动的真正意旨时，需要我们来考量他们与黑格尔这位"思想巨灵"的思想交谈，这也许才能真正呈现出实用主义运动的思想意义。

(一) 杜威的实用主义与黑格尔

黑格尔哲学的非知识论特征使其与康德的先验哲学划开界限，也就如罗伯特·皮平所论断的那样，"黑格尔的最终立场是，我们的概念框架与世界之间并不存在可能的对立"[③]，据此，黑格尔并不仅仅是简单地抛弃了康德的物自体概念所代表的东西，他用一种整体图式超越了康德所作的感性和知性的区分、物自体和现象的二元区分。通过对康德先验哲学的剖析与批判，黑格尔对整个传统哲学对世界与思想范畴之关系的思考模式提出了质疑，并力图打破这种错误的关系定位。在这点上，黑格尔不仅不是近代认识论传统的最高者，反而是与致力于反对传统哲学认识论而进行哲学改造的古典实用主义者志同道合。正是基于黑格尔哲学的这种本质旨趣，才有杜威的"自然化了的黑格尔主义"[④](罗蒂对杜

---

① 海尔曼·J. 萨特康普编：《罗蒂和实用主义——哲学家对批评家的回应》，张国清译，北京：商务印书馆，2002 年，第 136 页。

② Burleigh Taylor Wilkins, "James, Dewey, and Hegelian Idealism", *Journal of the History of Ideas*, Vol. 17, No. 3 (Jun., 1956), pp. 332 - 346, p. 334.

③ Robert B. Pippin, *Hegel's Idealism: The Satisfaction of Self-Consciousness*, Cambridge University Press, 1989, p. 91.

④ Cf. Richard Rorty, *Philosophical Papers Set: Objectivity, Relativism and Truth*, Cambridge University Press, 1991, p. 90.

威的描述）。杜威的所要做的就是改造传统哲学中“思想”（心灵、主体）与“世界”（物质、对象）的对立模式即黑格尔所说的“分裂”。只是在治愈这种“分裂”所选择的路径上，他与黑格尔表现出不同的思想外貌。杜威用经验所反映的生存性维度、实践的活动本质来完成这种对二元分立的抛弃，而黑格尔则是用辩证逻辑赋予思想无限性，从而使心灵之外无他者。但不能据此就将黑格尔打入分析哲学家们所认为的“唯心主义”之列，这些分析哲学家们在批驳“唯心主义”时所泼给唯心主义的所有脏水成分中大多是带着对唯心主义的一知半解。如果只是根据黑格尔对康德先验直观的批判而形成的思辨唯心主义就认为黑格尔哲学没有像杜威那样将眼光落在现实或世俗世界，那也是对黑格尔的极大误解。杜威就对这种误解给出过明确的论述：“从历史上看，黑格尔的体系可以视为近代现世主义和实证主义在实质内容上的胜利。这个体系是一种对于此时此地的赞颂，指出了包含在现实制度与艺术中的具体意义与价值。它劝导人们去精通已经包含在此时此地的生命与世界中的东西，而不要去猎求渺茫的理想，徒然抱怨那种理想不能见之于实现。”[①]卡尔·洛维特（Karl Löwith）在《从黑格尔到尼采》中论述了造成对将黑格尔思想打上“消极”“非现实”烙印的德国观念论的最后一个事件——谢林对黑格尔的误导性解说使一大批著名听众以各种方式来共同曲解黑格尔的“思辨唯心性”：“青年黑格尔学派对黑格尔体系的多方面攻击受到了晚期谢林 1841 年在柏林所做的哲学讲演的促进。在他的听众中聚集了各种各样的同时代人，诸如克尔凯廓尔、巴枯宁、F. 恩格斯以及布克哈特。谢林以自己的“积极”哲学直接针对黑格尔的‘消极’哲学本体论，这种‘消极’哲学仅能够把握可能存在，而不能把握显现给思维的现实存在。随着德国古典哲学的存在论，开始了马克思与克尔凯廓尔分别以外在的和

① 《杜威全集·晚期著作》（第四卷），刘放桐主编，傅统先译，上海：华东师范大学出版社，2013 年，第 40—41 页。

内在的路向来反对黑格尔哲学的'存在论哲学'。"[①]从哲学史的发展过程来看,这些著名的听众(马克思、克尔凯廓尔、恩格斯、布克哈特等)都让黑格尔的唯心主义这一词项蒙受太多不白之冤。

黑格尔对"分裂"的统一,对种种二元的弥合方案恰是年轻的杜威在黑格尔那里发现其最吸引自己的地方。在《从绝对主义到实验主义》的文章中,杜威就表达了黑格尔哲学对自己的吸引:"黑格尔思想之所以吸引我,也有'主观'原因:它满足了我对统一的需求,而这种需求无疑是一种强烈的情感渴望,同时也是一种只有学理化了的主题才能满足的渴望。我很难,或者说我不可能去再现自己早年的那种心境,但我认为,对新英格兰文化的继承让我认识到了这种分离与分裂——自我与世界的分离、心灵与肉体的分离、自然与上帝的分离——这些分离给我带来了一种痛苦的压抑感,或者毋宁说,这些分离是一种内心的撕裂。我早期的哲学学习是一种思想训练。但是,黑格尔哲学中主体与客体的统一、物质与精神的统一以及神与人的统一并不只是给我提供了一个思想公式,而是让我获得了巨大的解脱与解放。黑格尔对人类文化、制度与艺术的论述也同样消除了这些领域中坚固的隔离之墙,对我有一种特殊的吸引力。"[②]

实质上,就如伯恩斯坦所言,黑格尔不仅仅是对年轻的杜威具有特殊的吸引力,而且黑格尔留给他的教益成为杜威思想的恒久积淀。黑格尔的"生命的那种动态性和相互作用性、它的有机品质以及在其中所有哲学的差异、分裂都被融合和理解为是经验内容中起作用的特性,这些都是杜威在黑格尔那里发现并力图融合到他的自然主义和实用主义当

---

① Karl Löwith, *From Hegel to Nietzsche*, translated by David E. Green, Columbia University Press, 1964, p. 115.

② 《杜威全集·晚期著作》(第五卷),孙有中、占晓峰等译,上海:华东师范大学出版社,2013年,第116页。

中"[1]。对杜威的整个哲学而言,黑格尔提供给他哲学的总体方向,而不仅仅是所谓"早期的黑格尔时期"对黑格尔思想的一度兴趣。杜威思想当中的有机性范畴并不仅仅是对达尔文生物进化思想的接受与吸收,更来自于黑格尔对人类生活多样性、经验的巨大多样性的深刻洞察的启示。这直接决定了杜威经验概念的动态性、生长性;甚至决定杜威在理解人类活动时的切入方式,即以一种复杂的、动态互动的方式深入到对人的考察中。据此,杜威哲学追求的那种整体性存在使其有了整体论的追求。虽然杜威非常明确地表明,黑格尔哲学的体系整体图式"太不自然"[2],但杜威还是有了追求整体的希冀,他在《从绝对主义到实验主义》的论文中作此表述:"我不指望自己在有生之年看到一种真正、非强制性的、非人为的思想统一。但是,只要不是过于以自我为中心而缺乏耐心,我们就可以相信,真正的思想统一会在适当的时候出现。"[3]按罗蒂的分析,整体论并不憎恨自然主义,一个人既可以像戴维森那样自然同时可以像泰勒那样是一个谨慎的整体论者。在这种意义上,作为一个自然主义者就是某种反本质主义者,就如杜威,他就洞察到对于新的刺激而带来的调整的不断增长的复杂性结构体系是没有止境的。[4] 所以,杜威这个自然主义者,仍然可以拥有一个整体主义者的视野,而这点上,我们不能说没有黑格尔的影响。正如杜威在写给詹姆斯的信中曾明确表述过,黑格尔和解观念以及过程概念持续地影响着他,并为他在一元主义与多元主义之间提供了一个统一的基础。[5]

---

① Richard J. Bernstein, *Praxis and Action*, University of Pennsylvania Press, 1971, pp. 167 - 168.

② 《杜威全集·晚期著作》(第五卷),孙有中等译,上海:华东师范大学出版社,2013 年,第 117 页。

③ 同上书,第 121 页。

④ Richard Rorty, *Philosophical Papers Set: Objectivity, Relativism and Truth*, Cambridge University Press, 1991, p. 109.

⑤ "A letter Dewey replied to William James in March 27, 1903", in Ralph Barton Perry, *Thought and Character of William James II*, Oxford University Press, 1996, p. 522.

而且,杜威是确定地分享了黑格尔对表象主义知识论的深刻怀疑与批判和超越的。表象主义知识论将思想还原为心理事件、主观状态,并且预设了具有某种功能的"心灵"。为了防止滑入主观唯心主义,表象主义的知识论会将世界默许地当作是脱离了心灵而自在存在的东西。黑格尔认为,这是一个错误的默许和错误的假定,要克服这种错误,只有把思想理解为就是事物本身的本质,且思维之所以是思维,就在于它能超出自身而存在。在黑格尔的理解中,这并不是静观的理论态度,而是指思维是有目的的活动,能通过实践而给予自身以外在的现实形式。对此黑格尔在《逻辑学》中就表述道:"目的活动不是指向自身,以便把一个已给予的规定纳入自身并使其为己有,而不如说是要建立自己的规定,借扬弃外在世界的规定,给自身以外在现实形式中的实在。"[①]也就是说,黑格尔反对那种传统的认识论,将思维仅仅搁置在知识的产生中,如康德所做的那样,结果就是用主观性囚禁了思维。而黑格尔认为,思维不仅仅是主观的,还具有客观性,还应当实现出来转化为客观性,所以"实践"是黑格尔思辨的最高表现形式。杜威实质上也如黑格尔一样指出了康德哲学保留了经院哲学的"思想"概念,并指出"康德似乎是结合了经验论与唯理论的弱点"[②],"康德发现形式思想不能给予知识,这与独断论的唯理论相对立;他也发现互不相关的感觉不能给予知识,这与怀疑论者相对立"[③]。在杜威的分析中,康德不仅使思想属于一个独立存在于外部世界的心灵,而且使思想有一种特殊的、独立的职能,它不断地通过综合而拉紧经验,以防止经验坍塌。杜威认为,这种观点比黑格尔更加"先验",而这违背了科学;相反,黑格尔却被杜威视为是科学精神的典

---

① 黑格尔:《逻辑学》(下卷),杨一之译,北京:商务印书馆,2011 年,第 523 页。

②《杜威全集·早期著作》(第三卷),吴新文、邵强进译,上海:华东师范大学出版社,2010 年,第 112 页。

③ 同上书,第 111 页。

型[1]，因为“他（黑格尔）不仅否认有可能从某种形式的、独立的思想中获得真理，而且他还否认思想有不同于事实自身表达的任何职能”[2]。而且，在杜威的理解中，黑格尔已部分预见到了科学运动的实际结果，即把世界设想成一个有意义的关系与内容的有机体。[3] 据此，我们可以勾勒出杜威的黑格尔“基因”：思想的力量只有释放到世界之中时才是思想，即思想及时地给予它所在的世界以意义时才是思想的真正现实性，而实现这种现实性，就是黑格尔所说的“实践”。

论及实践概念，虽然黑格尔与杜威论述的表现形式会有不同，但两者都意在于表明“实践”的活动性及由此而带来的知与行、心灵与世界的彼此联系、不可分割。杜威哲学“从不同的角度明确地把实践的观点当作其整个哲学的基本观点”[4]。他是要“用实践的手段追求安全的方法去代替以往通过理性的手段去寻求绝对的确定性的方法”来改造哲学。[5] 而这种要求改变哲学研究方向的以杜威为代表的实用主义运动，自动地与马克思这位“黑格尔的学生”的“实践转向”所意指的哲学研究范式的革新站在同一战线。对于杜威来说，理智性的筹划的首要性就是去改变这个世界，使其更好地适应于生存；对马克思来说，实践成为统一人与自然的唯一出路，并成为人本质的存在方式。从这两位黑格尔的学生分别以自己的方式来阐释与发展黑格尔的哲学精神，并代表着哲学转型的主要力量来看，黑格尔哲学作为现代哲学转型的共同根源，它向不同的哲学提供着营养，而它本身就代表着这种营养源头的丰富性。

---

① 《杜威全集·早期著作》（第三卷），吴新文、邵强进译，上海：华东师范大学出版社，2010 年，第 111 页。

② 同上书，第 114 页。

③ 同上书，第 115 页。

④ 刘放桐：《再论重新评价实用主义》，载《天津社会科学》2014 年第 2 期，第 5 页。

⑤ 《杜威全集·晚期著作》（第四卷），傅统先译，童世骏校，上海：华东师范大学出版社，2013 年，第 16 页。

（二）詹姆斯与黑格尔哲学的关系

詹姆斯对黑格尔"绝对"概念的大加挞伐是众所周知的。就如伯恩斯坦的描述：詹姆斯对德国哲学尤其是黑格尔哲学具有反感甚至是敌视态度，他认为黑格尔哲学给美国的和英国的绝对唯心主义带来了有害的影响。从《多元的宇宙》中所描画的黑格尔图像简直就是一幅讽刺漫画；黑格尔所代表的是理智主义、晦涩玄妙（借深刻之名作其外衣）、脱离现实生活本身、致力于去打造"一个封闭的一元宇宙"[①]。其实，正如洛夫乔伊（A. O. Lovejoy）的研究结论：在实用主义内部存在着多元主义和一元主义两种不同的哲学气质的固有分歧。[②] 正是这种多元主义的哲学气质使詹姆斯不仅激烈地批判黑格尔的绝对唯心主义，而且在使美国以及英国哲学家们远离黑格尔哲学的"有害影响"上，他可谓是不遗余力。就如《多元的宇宙》就是根据他去英国所作的讲座整理而成，而他去英国讲学的目的当中就有要将英国的哲学家们从绝对唯心主义的"歧途"上"救赎"出来的愿望。[③] 詹姆斯对多元性的钟爱的激进态度使其必然要对一元主义产生极度反感与攻击，甚至如杜威在 1903 年 3 月在将他自己的《逻辑理论的研究》的复制本寄给詹姆斯时，在附写的信中所言，詹姆斯的多元主义的美学性质多于符合逻辑性。所以，杜威虽然分享了詹姆斯的许多理论基本原则，但在激进的多元主义这一点上，杜威是持保留态度的。甚至如前文所论的那样，杜威对一种统一性的希冀和渴望是明确的，所以在哲学精神的最终归属上，杜威显露的是指向"共同体"，而詹姆斯的思想则指向"个体"。从杜威对詹姆斯多元主义的保留态度以及詹姆斯自身的意识分析与黑格尔在《精神现象学》的意识分析的相似性，我们可以看出詹姆斯的多元主义立场对黑格尔哲学的强烈拒

---

① Richard J. Bernstein, *Praxis and Action*, University of Pennsylvania Press, 1971, p. 166.

② Arthur O. Lovejoy, *The Great Chain of Being*, Harvard University Press, 1936, pp. 10 - 14.

③ Richard J. Bernstein, *Praxis and Action*, University of Pennsylvania Press, 1971, p. 166.

斥也许是不公正的，或者至少说，他对黑格尔的理解也许存在着“过于詹姆斯化”。

也许我们在分析实用主义者们的思想的同与异的时候，应当如詹姆斯本人所讲的那样，要考虑一下思想者的思想起源。詹姆斯在一封写给杜威的信中就表达了对这种起源的理解：“我的思想意趣取决于我思想开始的地方。您作为芝加哥的实用主义者思想来源是黑格尔，故而您的哲学术语也会是黑格尔式的，而我的思想来自于经验主义，所以我们的思想虽然指向相同的目标，但至少在思想的表面上却表现出非常不同的特征。”[①]但是从杜威四天后的回信可以看出，这两位的思想差异也许不仅仅是如詹姆斯所表述的那样是“表面的”：“也许是黑格尔思想中那种对立面的和解的因素在持续地影响着我，使我感到过程的概念给了我统一多元主义与一元主义真理以及必然性与自发性的一个基础。”[②]从这两位古典实用主义的灵魂人物的思想往来，我们也许应当如本节开头所提及的——考察实用主义是否也应当将黑格尔的唯心主义作为其更具包容性的思想来源？——这个问题的前提下来思考实用主义谱系的发展及关键概念与命题，这样或许才能真正阐释出实用主义运动的思想深度。

正如伯恩斯坦所言，也许詹姆斯是在反对“他所认为的黑格尔”，实质上他比自己所认为的要接近于黑格尔，尤其是黑格尔在《精神现象学》中对意识形式的细致分析确实与詹姆斯对意识所进行的卓越的知觉性处理有理论上的诸多相似之处。[③] 关于意识的研究，詹姆斯有着“意识研究之父”的称誉，他两卷本的《心理学原理》放置到现今也是科学家和

---

① "A Letter from William James to Dewey in March 23, 1903", in Ralph Barton Perry, *Thought and Character of William James* Ⅱ, Oxford University Press, 1996, pp. 521-522.

② Ibid., p. 522.

③ Richard J. Bernstein, *Praxis and Action*, University of Pennsylvania Press, 1971, pp. 166-167.

哲学家研究意识的最好材料之一。詹姆斯在其中所要做的是完成思想和感受以及相应的现象世界的关系论述，并且通过神经心理学的实证科学研究确立各种思想和感受与脑这个身体条件之间的实证性关系。在《心理学原理》中完成了对“心—脑”关系的现象学描述和科学实证考察并立于“意识流”的精神基础之上，詹姆斯又通过“彻底经验主义”来从哲学上完成心—身、心—物二元论的回应与解决努力。他的彻底经验主义所要表明的是反思型的意识体验（概念性的思维活动）并不是原初的，只有“纯粹经验”才具有原初性，“我把直接的生活之流叫做‘纯粹经验’”[①]，它是一种存在性质的、物我一体的浑然性。故而詹姆斯反对康德以及康德学派那种意识是“任何事情都不能发生在它身上”“完全没有人格性”[②]，这种意识把经验结构中的二元论当作其必要条件，这在詹姆斯看来是不可接受的。而如果詹姆斯认真地阅读过黑格尔，就会知道黑格尔在《精神现象学》中对这种二分不遗余力地进行批判，并致力于寻找到解决之道。实质上，黑格尔早在《费希特与谢林哲学体系的差别》中就预告了他的追求的“主体—客体”模式以弥合二元分裂带来的困难。詹姆斯在《彻底经验主义》中剖析经验时就认为，经验不存在二重性（即把经验分成意识和内容），同一段经验既可以在一套结构中扮演知者的角色、精神状态的角色，也可以在另一套结构中扮演所知的物的角色、一个客观的内容的角色，“而且由它能够在两组里同时表现，我们就完全有权把它说成同时既是主观的，又是客观的”[③]。詹姆斯所论述的“纯粹经验”是混沌的、原初的、包含着“关系”的丰富、鲜活而巨大的始料，“我的论点是：如果我们首先假定世界上只有一种原始素材或质料，一切事物都由这种素材构成，如果我们把这种素材叫做‘纯粹经验’，那么我们就不难把认知作用解释成为纯粹经验的各个组成部分相互之间可以发生

---

① 詹姆斯：《彻底经验主义》，庞景仁译，上海：上海人民出版社，2006 年，第 65 页。

② 同上书，第 4 页。

③ 同上书，第 6—7 页。

的一种特殊关系。这种关系本身就是纯粹经验的一部分；它的一端变成知识的主体或担负者——知者，另一端变成所知的客体”[①]。所以，意识是在进展过程中的、连续的、边缘模糊的关系体。而实质上，詹姆斯的纯粹经验成了一个在日常经验当中几乎不可能体验到的东西，所以詹姆斯用“当前的瞬间场”(instant field of the present)来对这种纯粹经验进行解释：“当前的瞬间场是在‘纯粹’状态中的经验，是平实无华的未经限定的现实性，是一个单纯的这，还未分别成事物和思想……”[②]我们会看到，詹姆斯对意识这种“生命”活动的分析在某种程度上陷在一种理性无法说清而唯有进入生命当中才能达到对其理解的方法中，这与黑格尔在方法上和理论效果上都类似。黑格尔在论述生命与自我意识的关系时就表明，有生命之物并不是那种从外在可以达到对其理解的东西，也即，通过理性范畴和法则将其规定为意识对象是无法真正认识它的，唯一的出路就是内在于它。据此，我们会发现詹姆斯与黑格尔甚至可以说是在理论方法上“惺惺相惜”，他们对待生命的基本立场、解释方法具有极大相似性。而且，黑格尔明确表述过的意识的辩证结构、存在性结构也与詹姆斯的纯粹经验具有理论共同旨趣：黑格尔曾表述，意识一方面是关于对象的意识，另一方面又是关于它自己的意识，而且意识本身也会出现在它与各种意识环节的关系中，与为意识而存以及作为一个他物而存在的东西纠缠在一起。[③] 简言之，意识的经验是一种“主观—客观”的东西。(“意识对它自身——既对它的知识又对它的对象——所实行的这种辩证运动，就其替意识产生出新的真实对象这一点而言，恰恰就是人们称之为经验的那种东西。”[④])最后，黑格尔对经验的分析反映了意识经验的主要特征，即具有历史性、否定性和自我检视性，这与詹姆斯在

① 詹姆斯：《彻底经验主义》，庞景仁译，上海：上海人民出版社，2006年，第3页。
② 同上书，第51页。
③ 黑格尔：《精神现象学》(上卷)，贺麟、王玖兴译，北京：商务印书馆，2013年，第64—70页。
④ 同上书，第67—68页。

《心理学原理》中表述的思想的五个特征[①]所追求的思想精神也并不异质，这种比较并不是一种牵强的捆绑，而是要表明两位思想家在思想的精神实质上并不是如詹姆斯单方面所表述的那样"与黑格尔的绝对唯心主义截然不同"。

（三）皮尔斯的黑格尔情结

显然，我们会认为皮尔斯的思想之形成受到康德的影响，但我们在接近这位美国最深刻的思想家的时候勿忘记他自己曾将黑格尔引为同路人。虽然皮尔斯的现象学研究开始于康德而并不是黑格尔的影响，但他发现他的结论与黑格尔的结论并不是截然不同，却反倒是殊途同归，在《规范科学的关系》文章中他作如下论述：

> 黑格尔在主张将范畴或根本模式说出来并使其清晰是科学的事务这一点上是正确的。黑格尔同样正确的是，他主张这些范畴具有两种类型：普遍的范畴是能应用于所有事物的；以及由进化的各个阶段构成的范畴序列。……关于三个普遍范畴，情况也非常不同，黑格尔完全不将其看作范畴，或至少他没有如此称谓它们，而是将其当作是思维的三个阶段。关于这些，对我而言，黑格尔接近于是正确的，我自己的学说也许恰恰就是黑格尔主义的一个变种，虽然曾经一度我对待黑格尔主义的态度也是轻蔑的，那时在我思维当中一直所具有的决意是我是与黑格尔不同的。除了它是一种超出我的视野之外的某种神秘的思想这一点外，黑格尔并没有对我产生其他影响；但如果说存在着一种神秘影响的话，那就是它使我尽其所能地为本质真理这个学说去进行论证，而这恰是我与黑格尔以非

---

① 威廉·詹姆斯：《心理学原理》（上卷），田平译，北京：中国城市出版社，2010 年，第 146 页。

常不同的路径却在本质上追求相同的结果的巧合。[①]

皮尔斯的思想特征与黑格尔的哲学旨趣相近的地方恰是传统认识论走向瓦解的地方。传统认识论在黑格尔那里受到的检视的要点之一是就是认识的静态性，而黑格尔用过程性、有机性、生存整体性来代替；皮尔斯则用探究的连续性、参与性、共同体性以及反对"旁观者"的认识者来完成对传统认识论哲学的静态性反对。黑格尔的最终立场是表明概念并不与世界之间存在着根本对立，因为认识者就是在世界中进行着认识的；静态范畴与世界的割裂、知性范畴造成的分裂都造成存在的扭曲与不真。黑格尔并不像罗蒂所判断的那样被囚禁在近代知识论当中，他对物自体的抛弃实质上就使其哲学成为某种形式的现象主义，在黑格尔那里，自在之物根本不是思想的他者。虽然正如罗蒂所言，他对自在之物的抛弃使其唯心主义成为实在论攻击的目标[②]，但黑格尔的"主体—客体"的整体论不但与二元图式的传统认识论哲学划清界限，还缔造了后来生存哲学、实践哲学的先行思想基础。所以艾伦·汉斯才在与罗蒂的对话中评述"由于黑格尔，先验转折没有产生把真理看作是社会让我们去说的东西的那种漫不经心的实用主义。相反，它导致对于某个现象学本体论的精心构划"[③]。所以可以说，黑格尔对意识哲学的反对与实用主义意趣一致。皮尔斯对笛卡尔式意识哲学的反对也是态度明确而激烈的。他认为笛卡尔为代表的那种哲学范式是具有某种"基础"信仰的哲学（皮尔斯称为"基础隐喻"），也即有一个起支撑作用的底部基础，哲学家们的探究任务就是找到这个基础是什么或应当是什么（"基

---

① Charles S. Peirce, *Collected Papers of Charles Sanders Peirce*, *Vol. V*, edited by Charles Hartshorne and Paul Weiss, The Belknap Press of Harvard University Press, 1934, p. 27 (5.38).

② Richard Rorty, *Consequences of Pragmatism*, University of Minnesota Press, 1982, p. 16.

③ 海尔曼·J. 萨特康普编：《罗蒂和实用主义——哲学家对批评家的回应》，张国清译，北京：商务印书馆，2002年，第145页。

础”会以印象、感觉材料、心灵、先天、普遍形式等面貌出现），然后在这个基础预设之上才能去论证这个基础之上的知识体系。而在这样的“基础隐喻”之下，知识的合法性是以这个“基础”为坐标来判断的，并且这种哲学范式都会默许具有一定功能的基础结构来作为知识得以建立的前提条件。皮尔斯认为这样的一种知识观简直是误入歧途：首先因为，知识的探究根本不需要这样一种基础；其次，任何知识都应当放到一个理性批判的空间和时间中去进行连续性的修正。所以在皮尔斯那里，知识不是一次性完成的具有静态结构的东西，而是具有可错性同时又具有成长本质的，它须放置到理性批判面前去接受公共的检验和确证。在皮尔斯的认知范式中，知识的每一个阶段的可错性并不是其缺陷，反而表明知识本质上的社会性与开放性，它需要在多主体间的探究进程中固定其真正的内涵和意义，这也导致了皮尔斯非常独特的实在观，阿佩尔在《哲学的改造》中就赞同肯普斯基对于皮尔斯的“客观唯心主义”的标识。综上所述，皮尔斯的哲学新范式探索就显现出如他自己所言的那样“我与黑格尔以非常不同的路径却在本质上追求相同的结果”①。

另外，皮尔斯的第一性、第二性、第三性的符号三元性结构会使很多研究者自然而然地想到黑格尔的“正—反—合”的辩证法三段式结构，但皮尔斯本人认为，虽然实效主义从本质上来说是主张三元关系的学说，且比黑格尔哲学更加具有这种三元性，不过，实效主义认为第三性范畴虽然是实在的本质性构成成分，但其本身却并不能自足、构成实在。按皮尔斯的说法，这就使其与黑格尔的绝对唯心主义区分开来：

> 事实上，实效主义与黑格尔的绝对唯心主义有密切的联系，只不过，由于实效主义坚决否认第三位范畴（黑格尔把它贬低为思想

---

① Charles S. Peirce, *Collected Papers of Charles Sanders Peirce*, *Vol. V*, edited by Charles Hartshorne and Paul Weiss, The Belknap Press of Harvard University Press, 1934, p. 27 (5.38).

本身发展的一个阶段)足以构成世界，甚至否认它的自足性，从而与绝对唯心主义分离开来。如果黑格尔没有以轻视的态度对待头两个阶段，坚持把它们看作是三位一体的实在的独立的或独特的要素[1]，实效主义者可能把他看作他们的真理的伟大辩护者(当然，他的学说的那些外在装饰物只有在某些场合下才有意义)。因为实效主义从本质上说属于哲学学说中的那些主张三元关系的那一类，比黑格尔学说更加在本质上如此(的确，黑格尔至少在一个段落中把他的三段式表达方式说成是一种时髦的外衣)。[2]

最终，皮尔斯称自己的实用主义为“有条件的唯心主义”(conditional idealism)，这种唯心主义的要旨在于主张真理是充分的探究将最终会导向的“预定结果”(pre-destined result)[3]。皮尔斯用他独特的真理观来表明他与黑格尔的同与异。他首先承认实在具有不依赖于人的客观性，“我们可以将实在定义为不依赖于任何思想将其思考为的那种东西”[4]，“那种独立于你和我认为之外的东西就是外部实在”[5]。从这可以看出皮尔斯具有唯物主义倾向。其次，皮尔斯认为，实在不仅是客观实在的，它还是事物的存在模式，通过其而决定着现实事物的呈现的样子。[6] 因此，真理是独立于人们的看法之外的东西，但真理可能通过现实的表达命题表达出来，只不过，这些负载着真理性的表达性命

---

① *Collected Papers of Charles Sanders Peirce*, *Vol. 5*, edited by Charles Hartshorne and Paul Weiss, The Belknap Press of Harvard University Press, 1935, p. 291 (Vol. 5,436). (译文参照涂纪亮先生所编的《皮尔斯文集》，北京：社会科学文献出版社，2006 年，个别译句有所不同。)

② Ibid., p. 292(Vol. 5. 436).

③ Ibid., pp. 343 - 344(Vol. 5. 494).

④ Ibid., p. 266 (Vol. 5. 406).

⑤ Ibid., p. 265 (Vol. 5. 405).

⑥ *Collected Papers of Charles Sanders Peirce*, *Vol. 5*, edited by Charles Hartshorne and Paul Weiss, The Belknap Press of Harvard University Press, 1935, p. 395 (Vol. 5. 565).

题是可错的，“实际上，我主张我们应当假定所有的知识都包含着错误在其中，就算是我们关于存在着某种实在的东西的知识亦然”①。这种知识的可错论的见解肯定了错误在认识过程中的意义和作用，以及因此而带来知识发展的动力，这种哲学精神与黑格尔整个哲学体系所表现出来的哲学精神实质上一致的。黑格尔就在精神的进展过程中留给错误以重要的地位，就如罗伊斯在对黑格尔的《精神现象学》解读中就言及“《精神现象学》的第一条结论于研究黑格尔成熟系统有关的，就是认为人类的错误与缺憾实为表现绝对真理之所必须”②。在黑格尔哲学中，和解使一切概念具有活生生的丰富性，从而收获真正的无限。这种思想精髓一定就是皮尔斯自己所称的自己与黑格尔殊途同归的地方。实质上，不唯皮尔斯的可错论烙上了黑格尔立基于“和解”的哲学精神，杜威也明确表述过，黑格尔的和解使他与詹姆斯的激进多元论保持了距离，并使他含蓄地批判了詹姆斯的多元论“更多的是有美学的特质而不是符合逻辑的”③。综合地来看，皮尔斯的学说中包含着真理的绝对性与相对性的矛盾，这招致很多批评，但从梳理他的实在观及其表述中所体现的精神，我们会看到他的哲学中是渗透着黑格尔哲学的影响的。皮尔斯虽然不似杜威提出“实践”这个明显的黑格尔痕迹，但他提供的“探究”这个新概念不仅深刻地影响了杜威，而且在其内在精神上也表达了他对于黑格尔反对直接知识和直觉知识的赞同。皮尔斯根据科学共同体探究精神而表达的无限探究共同体、符号的三元解释关系，都直接反对了直接知识与直觉知识，这与黑格尔哲学所寻求的哲学目标是一致的。

就如当代哲学家罗伯特·布兰顿所言，实用主义和唯心主义都是包

---

① *Collected Papers of Charles Sanders Peirce*, *Vol. 2*, edited by Charles Hartshorne and Paul Weiss, The Belknap Press of Harvard University Press, 1932, p. 322 (Vol. 2. 532).

② 开尔德、鲁一士：《黑格尔　黑格尔学述》，贺麟编译，上海：上海人民出版社，2012 年，第 255 页。

③ “A Letter Dewey replied to William James in March 27, 1903”, in Ralph Barton Perry, *Thought and Character of William James II*, Oxford University Press, 1996, pp. 522.

含性很强的概念，它们各自都包含着许多相互区别的主题。[①] 当黑格尔主义进入具有实用主义者视域的思想家头脑中时，二者的“联姻”点就会异常丰富，甚至会让人无法严格地辨清该思想家应归属于实用主义者还是黑格尔主义者。罗伊斯就是这样一个“联姻”的范例。不过，他曾在《基督教的问题》中提及他自己被错误地划分为一个黑格尔主义者，并且主张应当放弃很长时间以来对“黑格尔主义”这个形容词的那种松散而不公允的用法。[②] 实质上，罗伊斯只是拒绝给他安一个纯粹的“黑格尔主义者”的标签（不过哲学史上大多数思想家都拒绝别人给自己安一个“主义”的标签），他的哲学思想中可以说渗透了黑格尔哲学的一些主要精神。对此，伯恩斯坦在《实践与行动》中进行回溯黑格尔对美国哲学影响的历史时，就特别指出，罗伊斯当然是美国哲学思想史上对德国哲学和绝对唯心主义最著名的转化者，他的晚期思想试着将皮尔斯的洞见与“共同体”的本质融合进他自己的唯心主义中，更进一步地表明实用主义与黑格尔主义的亲和性。[③] 而罗伊斯在这个“古典实用主义中的黑格尔谱系”上，起到一个关键性的作用，这种作用表现为罗伊斯与皮尔斯、詹姆斯和杜威的观念碰撞与生活交集，在这种碰撞与交集中，罗伊斯为思想史呈现了一个独特的实用主义式的唯心论。对于罗伊斯将黑格尔主义与实用主义的结合，通过此书的整体已进行表达，在此就不赘述。但有一点是罗伊斯反复强调也是应引起我们注意的是，哲学界的哲学范畴虽是学术界的通用货币，但还是要结合时代情境“兑换”其现实价值。

---

① Robert B. Bandom, "Some Pragmatist Themes in Hegel's Idealism: Negotiation and Administration in Hegel's Acccount of the Structure and Content of Conceptual Norms", *European Journal of Philosophy*, 7: 2,2002, p. 164.

② Josiah Royce, *The Problem of Christianity*, Washington D. C. : The Catholic University of America Press, 2001, p. 39.

③ Richard J. Bernstein, *Praxis and Action*, University of Pennsylvania Press, 1971, p. 171. footnote5.

四、罗伊斯的“绝对”之两副面孔

罗伊斯的哲学是在欧洲哲学的框架中开始的，所以他的思想起点不会脱离西方哲学传统对于终极性的追问，加之他开始进行哲学思考时美国国内的研究黑格尔的学术氛围，使其从“绝对”这个概念开始。

“绝对”这个概念包含着罗伊斯对当时的时代思想氛围的判断，他认为那个时代的精神缺乏古代人产生形而上学追求与宗教感的天真的态度，而普遍地采取怀疑的立场；在他看来，这种天真态度构成宗教信仰与形而上学的基础。当然，罗伊斯也明白科学的进展提供了一种示范作用，各学科的精确性、可证实性加强了人们的怀疑精神；另外，“哲学的进步在哪里？”这个问题也催生了哲学观念在历史上的相对性的认识。但罗伊斯并不认为这些足以否定掉形而上学，他认为康德已经为一切实证科学的基础找到了“它们可能性的条件”——先验综合判断。而罗伊斯在皮尔斯的符号学的遗产上更进一步推进了先验哲学，首先是对陈述话语的逻辑固有结构在经验科学中的重要性作了论证（用“是”或“否”判断句作出时思维所具有的逻辑必然性来论证[①]），接着是将康德的先验主体通过符号解释运动放置到沟通得以可能的“元解释共同体”中，克服了康德先验主体的主体间性与历史性的问题。而“主体间性沟通的元科学问题与科学的认知问题密切相关”，换言之，“人类与自然之间的认知性

① 罗伊斯的这种思路中皮尔斯的影响非常明显，皮尔斯就主张“普遍性确实是实在的一个不可或缺的部分，因为如果没有任何规律性，纯粹的个体存在或现实性就是一种虚无”（见《皮尔斯文选》，涂纪亮编，北京：社会科学文献出版社，2006 年，第 19 页）。而且他直接反驳那种持“与思想相关的东西不可能是实在的”这样一种观念。这反映出皮尔斯认为概念的理性内涵、形式是实在的、普遍的，也即在实效主义者看来，思维具有的规范性质是普遍而有效的，而这种普遍性具有语词性或指号性，所以，作为思维结果的命题性陈述中就“事先注定的”（destined）（《皮尔斯文选》，第 17 页）地包含着具有普遍性的思维的形式。故而，在罗伊斯这里，命题性陈述的逻辑固有结构就反映着思想者的先验结构的固有性，这样的观点就是对皮尔斯的致敬。

交换是以人与人之间的解释性认知交换为前提的”①。据此，罗伊斯认为，时代所带来的经验科学知识的增长与其科学方法的示范并不能否定掉元知识问题，并且也不能否定掉绝对知识的存在。从以上可以看出，罗伊斯对“绝对”的思考完全使他具有了语言分析哲学家的视野，如果批评者一定要用是否对形而上学的清除来评断的话，罗伊斯的形而上学已不是古典本体论意义上的形而上学，而是逻辑的形而上学。这是他深受康德、皮尔斯影响的表现。当然，康德和皮尔斯都会反对一种思辨的、超科学的形而上学，那种逃离了观察和实验证明的理智直观是他们所批判的，康德所做的是将人类思维中的普遍和必然的原则揭示出来作为一切科学探究的先验条件，而皮尔斯则张二十世纪语言哲学的目，将语言及语言共同体在先验条件中的位阶提示出来，并通过语言符号意义的运动而将康德“孤独的先验个体”拯救出来。从而完成了认识论和科学理论有效性的改造。罗伊斯的“解释共同体”思想所指向的“绝对”就是康德和皮尔斯遗产上的“绝对”。

上述罗伊斯在康德、皮尔斯遗产意义上的“绝对”是他思想晚期的思想论述的面向，在其思想的早期，对这个“绝对”的论述是沿袭着认识论的话语结构即认识者—认识对象—认识结论的结构，因对认识结论的错误意识而将认识者的意识（心灵）拉向思考的中心：有限意识在多大程度上能够得出对于认识对象的正确性描述？这种思考实质上已显示出其“康德式”的思路，并且走在了皮尔斯对理智直观的“清楚明白”的怀疑之路上，当然皮尔斯拒绝笛卡尔的“无端怀疑”的方式使他不仅具有历史眼光（认知者是在一定社会条件下），而且使他的思维中深植下了正在进行的观察和实验的个体之间如何达成一致性沟通的思考维度。据此，皮尔斯的“无限共同体”和语言沟通的意义形成机制的符号逻辑就形成了

---

① 卡尔-奥托·阿佩尔：《哲学的改造》，孙周兴、陆兴华译，上海：上海译文出版社，2005年，第125—126页。

对笛卡尔时代认识论的颠覆。而罗伊斯的早期思想反映出皮尔斯的思想在那时并没有吸引他的全部注意力，故而在思想的论述策略上仍然是德国唯心主义式的“绝对”“心灵”的术语体系。但毋庸置疑的是，罗伊斯早期的“绝对”已是对当时哲学思想总体发展趋势的一个先声，这个趋势代表着罗伊斯走在实用主义（准确地说是皮尔斯式的实用主义）的思想主旨上：他要用“绝对”（或绝对心灵、绝对意识）来反证在有限认知者的认知结构中存在着一个不可能的符合（认知结论与认知对象本身），因为认知者的认知结论是最终表现为语言性陈述命题的“判断”，它与非语言性存在的认知对象本身是不存在符合性比较的基础的。（在罗伊斯早期的论文《心灵与实在》中，他就明确批判了这种“符合论”是极成问题的。[①]）而如果要做到所谓的“符合”，那只有在“绝对意识”或“绝对心灵”中了。照此来看，如果摘除罗伊斯的“错误可能性分析”中的“绝对心灵”、大绝对的表述方式，实质上他理应是一个彻底反叛笛卡尔认识论传统的哲学家，而且他的这种反叛中，反映出他是较早地将“判断”这种语言性陈述的命题与思想的同一性放进思考中，皮尔斯就正是在这种同一性上开始其实用主义哲学图景的构造的，最明显就是反映在他的那句“我的语言就是我的全部”[②]。

而我们都知道，十九世纪末开始，现代思想中出现了一个主要的思想旨趣是传统哲学的思想与实在的关系问题逐渐地被语言与实在的关系所替换。这种替换的思想旨趣也就形塑出二十世纪哲学的几个问题面：思想与实在的关系问题、语言与实在的关系问题以及思想与语言的关系问题。而在这几个基本问题面中，思想与语言的关系实质上是其他问题面的先决思考条件，也就是说，思想与语言具有同一性这个作为语

---

① Cf. Josiah Royce, “Mind and Reality”, *Mind*, Vol. 7, No. 25 (Jan., 1882), pp. 30 - 54, p. 30.

② Charles Peirce, *Collected Papers of Charles Sanders Peirce*, *Vol. V*, edited by Charles Hartshorne and Paul Weiss, The Belknap Press of Harvard University Press, 1934, p. 314.

言哲学分析问题的基本假设是否成立？皮尔斯首先认为语言与思想同步发生，至少能够被公共讨论的思想只能是语言，语言之外的思想是神秘而无可思索的。罗伊斯虽然在其早期思想中并未如皮尔斯一样明确地用语言来“替换”思想，但他通过对认识中错误现象得以发生的分析，将某个人意识中所下的结论（即思想）以语言性陈述或命题（即判断）来表述与讨论，实质上就暗含了思想无外乎语言陈述，或者更准确地说，思想就是表现为命题性思想或语言。据此，我们要讨论罗伊斯的“绝对”，须得透过他的文本（尤其是早期文本）的表面性来思考他的思考主题，若还是将他嵌在旧哲学范式中且循着他的术语的表面性去理解他的思想，他的“绝对”概念将蒙受曲解。

罗伊斯的“绝对”总体来说有以下几个特点：第一，在神圣与世俗之二元解体的思想主旋律下，他的“绝对”术语从最初的具有神性特征的“无所不知者”发展为世俗的“忠诚的事业”、解释的共同体的范畴，“绝对”并不负载着传统形而上学的追求的“不动的推动者”。第二，罗伊斯的“绝对”作为一个假设被虚化其本体论地位，转而强调伦理上的作为道德客观性之“绝对”的实在性，从而产生一种“虚构的本体论”。第三，罗伊斯的“绝对”既要脱离内在性的诱惑而指向外在经验，但又总是在反思下把外在经验引入到内在性的维度。其“绝对”因此而借助着浪漫主义的“表白主义”来完成内、外关系的论述，对此的最显著标识是以“事业”这个“更高的客观性”来统一内在的精神与外在的行动成果的结合。第四，在皮尔斯的解释理论所引领的“语言转向”[①]的影响下，他的“绝对”从最初的绝对心灵、绝对意识被置换为不断进行着解释、发展着符号与

① 关于皮尔斯的思想作为所谓“语言转向”的弗雷格传统之外的一个先声，陈亚军教授在其论文《古典实用主义的分野及其当代效应》中进行了详细分析，该文载于《中国社会科学》2014年第5期中。

观念意义的个体心灵共同构成的解释共同体[①]，通过在这样的共同体中个体作为解释符号而形成的连续会话序列而预示了“对话”“意见一致”等哲学探讨模式对于传统真理符合论、主体—客体探讨模式的替换，由此，罗伊斯在晚期“表白”了他早期所假设的“绝对”之真正的内涵。

（一）作为“无所不知”的“绝对”

罗伊斯的“绝对”最初是作为一个无所不知的“知者”，“绝对”被定义为“思想”。这位哲学家的兴趣被认知所占据。他在《哲学的宗教方面》（1885）中的“错误之可能性”一章中最初确立“绝对”作为一个无所不知者后，他一生的著作多次回到这个论证[②]，足见其对这个论证的重视。罗伊斯从错误现象的存在觉察到一个关于“绝对”的形而上学，也就是康德式的追问——错误现象的必要前提是什么？常识中所谓的错误，其标准乃在于判断没有符合于它的对象。而罗伊斯认为，常识关于错误的标准只会使错误现象根本不可能发生。因为判断的对象是完全独立于和外在于我们对它们的判断的，而我们的判断永远只是我们的判断，即我们的观念只能停留在我们自身内，这是无所谓对与错的。罗伊斯的结论是，常识未能阐明一个判断与外在于它的对象之间的意向关系怎样足以

---

① 罗伊斯对于“绝对”的理解与论述的发展变化的具体分期，研究者各有执词，最普遍的说法是他在《基督教的问题》中表述的成熟时期的思想由于“皮尔斯化”而与先前的思想异质。而他自己则主张他一直坚持着最初的精神初衷，他认为《基督教的问题》“从根本上来说与早先的以各种形式表述过的哲学唯心主义是相融合的……”Cf.，Josiah Royce，*The Problem of Christianity*，Washington D. C.：The Catholic University of America Press，2001，p. 38. 本书对于罗伊斯“绝对”概念的发展变化上的观点，则在些许“当局者迷，或许旁观者清”的“自恃”之下认为，罗伊斯成熟前后的思想表述的变化即反映了其思想侧重点与内涵的变化，但其精神实质未变化。据于此，在论述“绝对”概念时也对其进行了分期，并按不同的思想发展期来分别论述“绝对”的内涵与表述形态。

② 这个论证出现的著作与章节：《哲学的宗教方面》（1885）第十一章，《近代哲学的精神》（1892）第十一章，《善与恶的研究》（1898）之“自我意识的内涵”，《上帝的概念》（1897）第一部分；《世界与个体》两卷本，多处出现。他在《世界与个体》第一卷的前言中主张他从未抛弃这个论证。Cf.，Josiah Royce，*The World and the Individual*，First Series，New York：The Macmillan company 1920，p. viii.

构成一个错误。罗伊斯引用了奥利弗·温德尔·霍尔姆兹在其《早餐桌上的独裁者》中关于约翰与托马斯两者正在交谈的例子来说明这种困境：当他们两者在交谈时，需要区分四个人：真正的托马斯、真正的约翰，托马斯所认为的约翰，以及约翰所认为的托马斯。罗伊斯的问题是：在什么样的情况下，约翰关于托马斯的判断能够是错误的呢？"关于他所认为的托马斯吗？不，他认识得很好。约翰关于托马斯的概念是约翰自己的概念，人所主张的东西对他来说就是这样的。关于真正的托马斯吗？不，根据常识之所见，在他的思想中，关于真正的托马斯他什么都不具有，因为真正的托马斯从未成为他思想的一部分。"[1]

在罗伊斯看来，走出这种困境的方法是，假定这样一个存在，对这个存在而言，关于真正的托马斯的认识和约翰关于托马斯的判断都是直接呈现的。这样，在这个"第三者"的意识中，他能够比较约翰关于托马斯的观念与真正的托马斯是否相符。[2] 这个假定的"存在"要是一个具有全体知识的"无所不知者"，他是一个意识，就是"绝对"。作为在"绝对"之意识内的观念——真正的托马斯在"绝对"的意识内也是作为观念——对于"绝对"来说是直接而透明的。这直接的材料作为"绝对"的内在事实就逃脱出外在意识的对象的不透明性、不可入性。[3] 故而"绝对"当然能够知道判断是否是错误的。据此可以看出，"绝对"是以无所不知的知者的面目出现。我们在这里看到黑格尔对罗伊斯的决定性影响。《精神现象学》的导论中黑格尔如是说："只有绝对是真的，或只有真

① Josiah Royce, *The Religious Aspect of Philosophy*, New York: Harper & Brothers Publishers, 1958, p. 408.

② 不过，在皮尔斯对于罗伊斯论证的评述中，他认为罗伊斯在此处忽略了一个根本性的问题：罗伊斯认为通过一个共同的术语（比如"约翰"这个称谓）就能将你正在谈论的东西与其他事物区分开来，这在逻辑上是不严谨的。Cf., Charles Peirce, *Collected Papers of Charles Sanders Peirce*, *Vol. VIII*, edited by Arthur W. Burks, p. 42.

③ 在此处，我们会觉察到罗伊斯思想中未言明却必定包含着的观点，即作为语言命题的判断与非语言的判断对象根本不具有可符合与否的基础，故而传统的真理符合论之"对照逻辑"是不成立的。

理是绝对的。"[①]这两个命题并不是任意的断言[②],它包含着只有"绝对"是自在自为的论断,因为它是主体[③],它包含着知识在它自身中的直接性,这种直接性是扬弃了笛卡尔主体性哲学之认识脱离了对象的分裂性而建立起来"自身同一性或在他物中的自身反映"[④]。我们会看到罗伊斯的"绝对"追求的判断与判断对象即心灵与世界的同一性,这是延续了黑格尔对"分裂"的克服和对整体性的重建的思想宗旨的,而且将统一交给一个精神性的"绝对"也是黑格尔式的思想路数,罗伊斯以"绝对心灵"来弥合自近代哲学以来一直存在的"知之知识"与"知外世界"之间的分立二元,这种思想路径与黑格尔所要完成的统一确实一致。但在此,我们绝不能轻易断言罗伊斯的思想就是对黑格尔思想的一个转述。罗伊斯虽然接续了黑格尔的弥合"分裂"的思想状况的任务,但他却创造性地将"判断"这个知的事情之"语言性"的维度引进了对认知者与认知对象的"符合"描述中。

罗伊斯在《哲学的宗教方面》中通过"错误的可能性"分析呈现这个传统哲学中"符合"存在问题时,最常用的是"判断"这个术语来表述认知。"判断"表述的是命题性的认知结果,它是思想之语言表达方式。罗伊斯在这里就隐设并接受了现代哲学(尤其是分析哲学)的一个前提性认知:思想和语言的同一性(这也是语言哲学的一个重要假定)。罗伊斯在这里所指的"思想"是一种高度复杂的思想,它表现为"命题性思想",即具有逻辑特征的观念的组合。这使罗伊斯走在他所在的时代的思想前沿,并与皮尔斯一道构成美国古典哲学关注思想与语言关系的"敏感"哲学家。这种"敏感"表现成他对传统哲学预设的"认知结论与认知对象的符合与否"作为判断真与假、对与错的思路的思考,即如果不考

---

① 黑格尔:《精神现象学》(上卷),贺麟、王玖兴译,北京:商务印书馆,2013年,第59页。
② 海德格尔:《林中路》,孙周兴译,北京:商务印书馆,2016年,第151页。
③ 黑格尔:《精神现象学》(上卷),贺麟、王玖兴译,北京:商务印书馆,2013年,第12页。
④ 同上书,第13页。

虑认知结论的语言性维度以及语言与思维之间的关系维度，那"符合"是极成问题的。所以，罗伊斯用了一种思想阐述策略：外在世界的秩序是外在于我们意识世界内在的秩序的，它本身并不是这个内在秩序。因此为了解释"符合"于外在世界的本质就需要作一个可能的假设来进行。[①]即先接受传统认识论的"符合"，这种"符合"的成立是因为对于某位知者来说，世界(作为认识对象)对于"他"的心灵是通透无碍的，心灵的思想(表现为语言性命题)与世界是同质的即语言与实在是同质的，这样的"某位知者"被罗伊斯称之为全知全能的"绝对心灵"。罗伊斯在其早期论文《心灵与实在》(1882)中就明确地言明，这种"符合"的假设只是一个试验性的(tentative)说法，其间是存在着无数的疑问的。[②] 所以，罗伊斯在这里采取了"迂回加隐喻"的思想表达策略。

故而，两个概念提示着对罗伊斯"全知者绝对"的理解须谨慎："假设"(the Postulates)和"可能"。"假设"，罗伊斯用来指那些可起作用的观念，但在当前不可证实或还未被证实。"可能"则是面向未来的一种当前归因，它确立了一种可进行下去的当前确信，但这种当前确信是逻辑的东西。罗伊斯认为心灵有一种固有的动机，即希望事物发生在因果秩序中，也就是心灵具有"运用统一性的假定到我们混乱的现实经验中的常有的和普遍的愿望"[③]。基于此种信念，我们才开始具有关于外在世界的知识。但关于外在世界的性质，一开始心灵只能具有假设。[④] 外部世界并不是一个基础。而这样的一个假设并不是作为一个直接的和永恒的真理，只是作为一个不断被推进的东西。这样的假设对于具有局限性和错误倾向的人类认知来说是必要的，因为对于意识来说，超出于当

① Josiah Royce, "Mind and Reality", *Mind*, Vol. 7, No. 25 (Jan., 1882), pp. 30－54, p. 31.

② Ibid., p. 30.

③ Josiah Royce, *The Religious Aspect of Philosophy*, New York: Harper & Brothers Publishers, 1958, p. 365.

④ Josiah Royce, "Mind and Reality", *Mind*, Vol. 7, No. 25(Jan., 1882), p. 6.

前的有效性是观念以及知识建立的前提。而且,可能性对于归纳和科学方法来说都是重要的基础。但可能性只有结合假定时才能释放出其对于知识的支撑以及形成信念的作用。这两者的结合就是“可能的实在性”。

可能的实在性是一个重要的概念,因为它引起罗伊斯的绝对唯心主义的设定。首先,外在的实在性是假定的;其次,我们将超出于当前的一种有效性的假设归属给意识,而这种有效性归属构成了我们关于外在世界的整个知识;再次,外在的实在性一直被认为是观念的对应物,但外在世界的全部实在性对于有限意识来说只能是作为可能的而不是现实的,因为有限意识的认知经验是有限的。综合起来,尤其是最后一点,指示这样一个结论:需要一个认知着的意识主体,他的意识内容就是作为外在的世界,这个外在世界是这个意识之“所有过去、现在和未来的可能的和实际的意识内容”①。这个意识主体就是认知着的“绝对”。其实,罗伊斯的这种论证思路与身体和灵魂的协同性论证这个年代久远的哲学问题有相似性。就像黑格尔所分析的那样,身体和灵魂的协同性在很长的时间内是被当作事实接受了下来的,但对这个事实的理解是神秘的。因为灵魂和身体彼此是异质而不可穿透的,因此彼此是绝对独立的,要将两者协同起来、联系起来只能求助于神。在黑格尔的分析中,笛卡尔、马勒伯朗士、斯宾诺莎、莱布尼茨全都提出神作为这种联系,且神是被理解为它们两者的唯一真实的同一性。② 也就是说,罗伊斯所假设(postulates)的“绝对”作为“无所不知者”“绝对心灵”,一定程度上也是要达到对于异质的不透明性的刺穿,即判断(作为心灵)与对象(作为世界)的真正同一性。这种追求统一、弥合二元分立的思想愿景不得不说具有黑格尔思想的印记,同时也反映着时代思想的进展,罗伊斯的哲学

① Josiah Royce, *The Religious Aspect of Philosophy*, New York: Harper & Brothers Publishers, 1958, p. 362.

② 黑格尔:《精神哲学》,杨祖陶译,北京:人民出版社,2012 年,第 40 页。

思想目的在此与古典实用主义者反对二元分立的追求目标一致。只是罗伊斯着手的问题场域是对传统认识论问题的解剖，所以他从“判断”之错误这种认知现象开始他的思想进程。而且，“绝对”作为“绝对心灵”的精神属性也表明了黑格尔的影响：在黑格尔那里，只有精神能达到绝对自为的存在，达到与自己完全符合的形式，因为它以内在的方式把在实体中还是简单的区别发展成为一个现实的区别并把这区别引回到统一。[①] 罗伊斯在黑格尔的哲学中感受到这种统一的力量，所以以“绝对”之名来喻指这个能将所有判断与所有对象（心灵与世界）都在其内在性中保持着透明性的“神”，而实质上，这位“神”只是表明了罗伊斯的问题意识。就像他在《近代哲学的精神》中所表达的：它（意识）曾宣称为属于自己的东西最终变成是外在于它的东西。它曾宣称是最离它遥不可及的、并且就是一个非我的东西最终变成是它自己活生生的构成部分。在它最具体特殊的形式当中，道成肉身的世界精神消失不见。但它给了事物的本质一种丰富的表达，它不过是采取了一种新的意识形式。[②] 罗伊斯用“绝对”所喻指的这个“无所不知者”实质上只是他要完成的心灵与世界的二元分立的统合的表达，或者可以说是他对于二元世界观的一种批判及寻求解决方案的表达。

（二）作为虚构本体论词项的“绝对”

1. “绝对”只是作为“意识透明性”理想的虚构词项

西方哲学的基本话语是论证，它追求的是一种“背后的”“基础的”“永恒的”东西，以解释、判断现象世界中“变化的”“偶然的”东西。这就形成了一种占主导的标准：真理符合论。这种观点包含着一种双重的二分：实在世界与人所在的现象世界的二分、人借理性进行着的认知与

---

① 黑格尔：《精神哲学》，杨祖陶译，北京：人民出版社，2012年，第41页。

② Josiah Royce, *Lectures on Modern Idealism*, New Haven: Yale University Press, 1919, p. 153.

“在那里”的具有自身实在的世界的二分。而所谓真理就借认知与实在的符合程度而得到界定。因人的认知的有限性，所以整个认知史就只是对于实在世界的不断逼近的历史。这种传统所造成的后果是认知与人的生存、生活的脱离，“在那里”而一直不变的实在世界于人而言坚固而惰性，认知与实在世界的符合程度并未对人怎样与世界打交道提供裨益，而且认知活动也呈现为一种个体化的活动——因为认知结果的标准是与实在的相符，并无需参照他人的判断——最终在这种思想模式下形成的是一种“杂乱的各抒己见”，并且因没有任何人能刺透到实在的世界中(康德哲学就道出这种困难)，故而并不可能产生真正的“相符”。罗伊斯是觉察到这种困难的，从这种意义上说，他已走在反对基础主义、真理符合论的路上，正如他在一篇论文中所言，“真理不能被理解为是我们被动接受的外在对象，并且塑造我们的认识”[①]。

首先要厘清罗伊斯对于“错误”之理解。在罗伊斯那里，“错误”实质上是不同层级意识的“判断”之比较结果。他批判常识关于错误是判断命题与判断对象的不符合的观点，他认为这两者之间无法进行比较：判断命题是语言性的命题(表现为思想、意识物)，而判断的对象是非语言的存在，两者根本没有相符与不相符的基础，所以“一个判断只有在它是一个思想有机体的一部分时，这个判断才能具有判断的对象并且因没有去符合它(而产生所谓错误)。与思想有机体分离的判断作为一个独立事实是无法具有可理解的对象的”[②]。也就是说，罗伊斯在这里意识到，我们在对世界做出认知性判断而得出知识或真理时，所依靠的并不是认知性的判断与实在世界的符合，而是认知性判断系列构成的思想有机体

① Josiah Royce, “The Eternal and the Practical”, *The Cambridge School of Pragmatism*, Edited and Introduced by John R. Shook and André De Tienne, Vol. 3, Thoemmes, 2006, p. 6.

② Josiah Royce, *The Religious Aspect of Philosophy*, New York: Harper & Brothers Publishers, 1958, p. 393.

在支撑着作认知性判断的信念。这一点也是罗蒂在消解传统的真理观时所强调的观点，即传统的真理符合论持有一种世界对我们的认知具有一种强制作用的观点，我们的判断是因为“对应了”世界而为真，然而事实是“我们无法拿一个命题和一个非语言的世界来比较以确定它们是否相互符合”[①]。而这种常识符合论代表了传统的真理符合论的传统，罗伊斯对其的批判意味着他自己与这种传统划开界限，并且表明其意识到要打开传统认识论的这种“符合”谬误，只有预设一个所有判断都会在其中呈现的“绝对意识”，在其中具有着所有判断比较的通透性，也即同类质判断的符合可能性。罗伊斯的这种思路与黑格尔弥合所有“分裂”而采取的方案一致，或者更准确地说，是受到黑格尔“绝对”所实现的调和方案的决定性影响。黑格尔基于诊断时代的思想总体状况而提出重返整体的方案就是在“绝对精神”的自在自为中实现物质与精神、主体与客体、灵魂和身体之分裂的弥合。罗伊斯通过“错误的可能性”论证“绝对心灵”的存在需要，他所在进行的实际是将“绝对心灵”作为在其中所有事物都实现“意识透明性”的一种预设。[②] 黑格尔在《精神现象学》中表明过像“绝对”“认识”这样的词汇，它们都假定着一种意义，而这种意义则正是现在才应该去努力获取的。[③] 黑格尔在这里用“假定”这词指了“绝对”所指示的某种高度和深度，就如海德格尔在《林中路》中所阐述的那样，任何关于绝对者的现象陈述都会陷入绝望，因为无法企及到绝对

---

① 陈亚军：《形而上学与社会希望：罗蒂哲学研究》，南京：江苏人民出版社，2009 年，第 98 页。

② 这种隐喻的标记是，对于这个最高的“绝对”的论述，罗伊斯总是伴随着“假设”（postulate）、“理想”（ideal）来论述，“意见达成完全一致”只能是一种理想状态（就像卢梭就困在“众意”不可能等同于“公意”），故用“绝对”这个词项来喻指。对此详见于《哲学的宗教方面》这部论述了“错误之可能性”的著作。而且，这个隐喻的猜测在他的晚期著作《基督教的问题》中得到揭示，在此书中，世界最终的实在是无止境地进行解释以求互相印证的解释共同体，解释的过程揭示了通过达成沟通（意见取得一致）而对“错误”的化解与救赎，使共同体越来越共享一致意见。

③ 黑格尔：《精神现象学》（上卷），贺麟、王玖兴译，北京：商务印书馆，2013 年，第 59 页。

者的深度而会“重获怀疑”①。

另外，错误这种现象揭示出判断者之间所固有沟通指向——我是否符合其他的判断——与认知（做判断）的协同性，而这就要追溯到人的社会性这种本质需求。错误是在判断的过程中被我们所意识到的。但“一个判断不仅仅是一个造句，而是一个决心；不仅仅是一个回应，而是一个命令；它可能表达给其他人、给不在当前的我自己，给任何能够理解我的理性存在”②。判断表明人表达自身的需求，但这种需求本质上是“对于伙伴关系（companionship）的需求，是那种我们不仅仅为我们自身而思考的需求，而且是找到某些人同意于我们，或者至少对于我们的思维模式是赞同的需求。这种需求是人性所要求的……”③也就是说，做着判断的人的意志不仅仅是他自己的心灵状况，也是其他人的心灵状况，它是做着判断的人所要去符合的东西。一个人在独立地做着判断，但事实是，每一个判断“都被异于自身的东西控制着，但这个东西又并不分离于它……这个控制并不寻求一个外在世界的实在，而只是一种需求的普遍表达……”④“绝对”就是这样一个最普遍表达的理想称谓，它代表了所有判断的会聚。⑤

罗伊斯所要表明的是，我们借“证明”这种活动以求证“错误”与否，总是要诉诸某种通行标准。“绝对”作为一个虚构词项隐喻着一种“通行物”——罗伊斯一直强调的在“绝对”中所有意识的透明性——而能够形成所有判断都能找到“比照”对象的同类项标准。罗伊斯在使用“更具包

① 参见海德格尔：《林中路》，孙周兴译，北京：商务印书馆，2015年，第170—171页。

② Josiah Royce, "The Eternal and the Practical", *The Cambridge School of Pragmatism*, Edited and Introduced by John R. Shook and André De Tienne, Vol. 3, Thoemmes, 2006, p. 16.

③ Ibid., p. 12.

④ Ibid.

⑤ 在此可能会联想到皮尔斯关于实在是探索共同体在足够长的操作过程中达成的意见会聚的观点。在后文中我们将会论述罗伊斯正是皮尔斯思路上的实用主义者，一位绝对实用主义者。

容性的意识"作为判断错误的标准时指示出了不同层级的、不同范围(越来越具覆盖面)的包容性意识,而这个"意识"乃喻指这个覆盖范围内所有判断的会聚,以这个覆盖范围内的这个群体的单一"大意识"来表达出这种沟通的通透性。他以科学探究为例,论述了至现在(罗伊斯的时代)需要的思维模式不再是现代科学产生之前的个体化的、"取决于你自身"的思维,而需要的是共同体的"团队合作"即就基本工作方法、思维模式达成一致意见。[①] 而要达成一致意见并对这表现为这个团体的意识的"一致意见"忠诚,必然需要"对话"——这是"意见一致"所暗含的前提。"错误"是不同层级的对话过程中产生的还需要进行继续对话的方面。对此他在晚期著作《基督教的问题》中表明,世界存在的错误、恶等正表明世界之需要解释的方面,也即达成沟通的方面。只是罗伊斯与罗蒂之证明的社会性所不同的是,罗伊斯对"真"的彻底性的必要性认识不同,他认为人类在知识的探究、伦理生活的推进的特定境遇中是需要一种达成一致的统一性的,否则知识与伦理都会在"各说其话"中陷于坍塌。这致使他必须要一个代表着统一标准的词项——"绝对"——来完成逻辑上的最终校验。而罗蒂对"真""真理"的传统内涵有些"漫不经心",所以他只注重于在使用真理时的赞同作用。

罗伊斯用"更大的意识"来喻指这个校验标准是基于"意识"这个词作为一种活的存在——不断进行着判断的会聚。但"活的存在"并不必然就是具有人格性或具身化的东西,比如民族意识、社区精神等作为进化着的东西可以是"活的",而就"民族""社区"作为一个整体而言,就是一个大意识。"绝对"作为一个表达至大无外而又纯一的意识对罗伊斯而言是一个恰当的虚构词。而且,罗伊斯超前地捕捉到一个现代哲学的思维转折点:语言的虚构功能问题。我们知道,语言的虚构功能对于人

---

① Josiah Royce, "The Social Character of Scientific Inquiry", Lecture Three of "The 1914 Berkeley Conferences" in *Josiah Royce's Late Writings: A Collection of Unpublished and Scattered Works*, ed. Frank M. Oppenheim, Thoemmes Press, 2001, p. 21.

类思想的形成是重要的。在皮尔斯那里，罗伊斯获得一个关于语言的宝贵遗产：语言与思维的无法分离、同步发生，即皮尔斯所认为的，没有语言就没有思维，语言并不仅仅是一个工具性的思想外在表现形式，它对人类意识乃至于人类文明的形成至关重要。语言的虚构功能与人类意识的超前性同步进展，当人类意识超出现实性即所见之“实”而达不可见之“虚”时，语言的言说对象就形成了超越性的存在。但这个超越性存在从人类的价值意义而言并不是虚的，它是人类可能性意识的表现。我们可以说，人类意识（语言）的虚构能力是思维进展、文明进展的逻辑前提。从罗伊斯所使用的“绝对”术语体系，就生动体现了语言的这种虚构能力以及其所达到的对人类可能性意识的确证。

2. 撩开虚构词“绝对”隐喻的“解释共同体”

“绝对”作为一个“意识透明性”的“隐喻”在罗伊斯的晚期著作《基督教的问题》（1913）中揭开了面纱，在这个文本所阐释的解释思想中，语言、公共性、连续会话对意义生成的开放性等所有这些元素皆一一出现，并得到完整明晰的论述。据此，我们会看到“绝对”被“解释共同体”在名称上的替换，以及最终形成罗伊斯的“解释生存论”。

首先，解释学代替传统认识论。①

罗伊斯晚期凭借他对“知觉”“概念”和“解释”之间的关系的分析，为打破传统的认识论的基础主义指出了一条可行的道路，用解释学代替了传统认识论。传统认识论基本是在主体—客体的关系维度中来认识问题，它的整个筹划在于“符合”某种基础的愿望，且它预设了进行着认识的自我意识的统一和自明，故而处于唯我论的范围中。在这种传统中，

---

① 陈亚军教授在《形而上学与社会希望：罗蒂哲学研究》中总结罗蒂的后哲学文化特征时，第一条就是以解释学代替认识论。罗蒂的思想与罗伊斯的相似与归同从诸多迹象来看并非偶然。虽然罗蒂在复兴实用主义过程中鲜少提及罗伊斯，但他的思想成分中确实可以清晰看到罗伊斯思想的主要特征。这也许是可以进一步研究的。而且，在下文中的罗伊斯的解释学的含义也如陈亚军教授解释罗蒂的解释学概念时所指出的那样，既非一种方法，亦非一门学科。

语言的维度被忽视了，而这种对语言的忽视总是意味着忽视主体间的中介化。[①] 解释——罗伊斯称其为“知觉”“概念”之外更根本的认知形式——所构成的“解释共同体”却能完成这种主体间的认同，且它能揭示出认知过程中“约定”的因素，即对于词义或概念的意义的主体间认同的约定，以及沟通旨趣与认知旨趣之间的协同性的确认。而且传统认识论是以“心灵”对于对象的表象为知识基础的，这种二元式的内在直观只是停留在内心的东西，不经中介它就只是无法被理解，甚至无法被表达的任何东西。罗伊斯在对笛卡尔式的认识论的基础上，提出具有三元结构的“解释”从而打破了传统二元认识论的“符合”愿望。

罗伊斯的解释超越于传统的知觉、概念的地方是基于它有一个三元的结构：解释者、解释对象、解释接收者，三者即形成一个小的解释共同体，且三者位置是具有互换性的。这样就形成了一个由不同的三元解释项构成的解释之网（大的解释共同体）。而在这三元结构当中，罗伊斯尤其重视“解释者”，也就是皮尔斯所重视的“意义解释项”或“the third”，因为这个解释者作为中介符号是开启新的意义可能的关键元素，它不仅中介着“解释对象”和“解释接收者”，而且“使新的符号或诸符号成为个体和共同体交流境域的一部分”[②]。罗伊斯的解释理论直接受启于皮尔斯，可以说是“皮尔斯创造了解释理论，而罗伊斯采纳它并给予它新的应用”[③]。阿佩尔认为，罗伊斯同等地吸收了皮尔斯的语用指号学和黑格尔关于自我知识依赖于他人的承认的观点。[④] 这可以体现在他关于解

① 卡尔-奥托·阿佩尔：《哲学的改造》，孙周兴、陆兴华译，上海：上海译文出版社，2005 年，第 126 页。

② Robert S. Corrington, “A Comparison of Royce's Key Notion of the Community of Interpretation with the Hermeneutics of Gadamer and Heidegger”, *Transactions of the Charles S. Peirce Society*, Summer1984, Vol. 20, Issue 3, pp. 279 – 301, p. 280.

③ Gabriel Marcel, *Royce's Metaphysics*, translated by Virginia and Gordon Ringer, Greenwood Press, 1956, p. 121.

④ 卡尔-奥托·阿佩尔：《哲学的改造》，孙周兴、陆兴华译，上海：上海译文出版社，2005 年，第 127 页。

释的内涵中：

（1）解释是一种更大的意识统一体的到达。[①] 解释的三元项中，每一项都是一个意义系统所汇成的符号，它集过去、现在的意义以及将来的可能意义于一体，并且这个符号不仅限于被解释，它也是符号共同体中参与意义中介的解释者，这样一个符号就具有双重印记：一方面它属于一个巨大的符号系列中的一个结点，由此而承载着其他相关联符号传递给它的意义；另一方面，它又以自己的解释中介着被解释符号的意义从而丰富了解释共同体中的符号意义。简言之，解释就是一个对话序列。这样就使解释活动进入一个公共的、符号翻译的三元逻辑当中，打破认知主体—认知对象的二元性。简言之，只有解释才能达到对一个意识统一体（意义符号系列）的理解。

（2）解释具有矫正主体主义的客观意义结构。在罗伊斯的解释理论中，某个历史"共同体"对于单个解释者具有先在性，它要求一种跨越时间维度与历史的解释共同体中的符号进行持续交流，以使当前的观念通过"解释"而得到确定并进化，从而保证着知识的历史连续性。阿佩尔认为，罗伊斯的"解释共同体"概念揭示出了一切客观知识（包括前科学知识）之可能性和有效性的先验解释学条件。[②] 所以，每一个新的解释必须"听从于"通过解释的共同体传承给解释者的符号系列[③]，从而矫正了每个解释者的主体倾向。

（3）解释提供了一个新的自我理论，从而拒绝了作为知识基础的实

① Josiah Royce, *The Problem of Christianity*, Washington D. C.: The Catholic University of America Press, 2001, p. 306. 在这里，我们也可以觉察到他的解释共同体是对于早期的"绝对意识"的解谜，同时也以更丰富性的内涵说明了这个早期的"绝对意识"的内在结构。

② 卡尔-奥托·阿佩尔：《哲学的改造》，孙周兴、陆兴华译，上海：上海译文出版社，2005 年，第 127 页。

③ Robert S. Corrington, "A Comparison of Royce's Key Notion of the Community of Interpretation with the Hermeneutics of Gadamer and Heidegger", *Transactions of the Charles S. Peirce Society*, Summer1984, Vol. 20, Issue 3, pp. 279 – 301, p. 297.

体性自我的概念。罗伊斯将有限的自我放置在符号系列的、在时间和空间中展开其结构的共同体中。每一个有限自我都是一个微型的解释共同体,即当前的自我将过去自我解释给将来自我,这三者形成符号和符号关系界定着自我是一个清晰地却也具有开放结构的意义系列。这样的自我"其统一性不是宣称一个先验的统觉统一体,而是通过符号系列形成它的自我意识和展开它的生命结构"①。就如马塞尔所总结的:"解释使一个精神共同体成为可能,因此只有解释能够使我能与我自身进行交流,即具有自我意识。"②

基于解释的以上特征,也因认识论一直在哲学中扮演着第一哲学的传统,罗伊斯主张解释作为替代传统认识论感知一概念的二元式认知模式的第三种认知模式,故,"解释才是哲学的首要事务"③。

其次,解释生存论。

"人,是一个解释的动物,故而他们生活在共同体当中,并且依赖于他们所寻求的意见和拯救。"④罗伊斯在晚期将人的生存模式定义为解释,这基于以下原因:

第一,罗伊斯认为,世界是它所显现的问题的解释。⑤ 我们从生存根基上发问"什么是真正的世界"时,我们实质上是寻求对于这充满问题的处境的"真正解释"。第二,人在本质上是社会性的动物,"一个人的事物通常并不仅是关乎自身的,它关涉到这个人所属的某种社会秩序"⑥,

---

① Robert S. Corrington, "A Comparison of Royce's Key Notion of the Community of Interpretation with the Hermeneutics of Gadamer and Heidegger", *Transactions of the Charles S. Peirce Society*, Summer1984, Vol. 20, Issue 3, p. 280.

② Gabriel Marcel, *Royce's Metaphysics*, translated by Virginia and Gordon Ringer, Greenwood Press, 1956, p. 122.

③ Josiah Royce, *The Problem of Christianity*, Washington D. C.: The Catholic University of America Press, 2001, p. 297.

④ Ibid., p. 298.

⑤ Ibid., p. 361.

⑥ Ibid., p. 325

即人和他的同伴及其环境有一种生存上的不可逃离关系，而“沟通”也就成为生存上的根本维度。解释，揭开了人的生存中沟通的这个基本维度，而且唯有解释才能以“对话”的形式切入一个精神统一体的人类个体中，才能达到对其的认识与理解。第三，语言所界定的文化共同体向每一个人显示出群体意识或“我们—世界”是先于个体或“我”而存在的，通过语言中介的社会性过程——解释——我们才形成自我意识、才知道我们自身生存的利益和目的。“我们”存在，是作为对话者而在，而解释就是去对话。第四，自我是一个在时间中的解释——当前的自我将过去的自我解释给将来的自我，它不仅仅是在原初点上所给予的本质的展开，而且还是以创造性解释意志去展开自身并选择一个生活计划以及他要承诺的忠诚对象的个体。

总之，解释作为精神性的人的存在模式是基于其适用的对象、其与对象的关系以及它所服务的目的：(1)适用对象：解释所适用的是共同体和自我知识。因为共同体和自我都是活生生的生存统一体，它们都不能作为感知的材料，亦不能作为抽象概念的界定对象。而解释作为一种在时间中展开的活的活动随着共同体和自我的生存境域的扩大而不断地扩展其解释域，并通过开放的对话而及时地更新着解释的内容，解释与生存保持同质。(2)与解释对象的关系：解释以其三元性的结构将解释对象带入共同体。解释将解释的三方推入到一个对话秩序——一个精神沟通的统一体——中，且解释结果又成为一个新的待解释项，这个无止境的过程既在暂时的解释结果中见证了某种实在——一致的意见结果——而共同确证了生存的意义与世界的实在感，又使这个见证过程对新的解释者的解释会话保持开放。(3)解释所服务的目的：基于世界呈现为充满问题的处境以及“理解你自己”的发问，解释的目的一直是寻求某种形式的互动性、理解、爱和忠诚。“去解释”就是基于安放自身的存在而从生存深处发出的命令，“将一个存在放在和他自身的沟通当中”①。解释活动并不强制解释者去接受确定性的结论（传统认识论却是追求确定性的精确知识），而是促成解释共同体中成员的宽容、理解与爱，从而滋养对解释活动的忠诚精神，并以创造性的解释活动对怀疑、焦虑、误解等生存问题进行“救赎”，从而去增进成员的幸福。

总之，对罗伊斯“绝对”概念的理解绝不停留于对其某个阶段的单个文本的解读即下定论，通过从他整个哲学著作系列上思考，会清晰地看到他真正的哲学动机。罗伊斯并未主张一种绝对唯心主义，而是主张绝对是我们判明真和假的一个必要条件，并且，他通过在皮尔斯思想基础上的解释思想探究出所谓实在，实质上是处于解释运动中的符号共同体，且这个符号共同体最终是由共享精神所引领的无限共同体。但无论在哪个阶段上所体现的对“绝对”的诠释，以下特点是他的这个概念共享的：

第一，语言和沟通的维度在罗伊斯“绝对”概念的论述中成为其重要考量方面。“绝对知者”作为“错误在其中得以可能”的一个大意识正是基于罗伊斯认识到，传统认识论在非语言的命题（判断）与实在本身两者进行着对照，这是传统哲学中极成问题的方面。我们关于世界的陈述作为思想或作为认识结论只会是语言性的命题，如果未考量语言这个维度，以及个体意识之间如何就某个对象的判断描述如何达成一致的问题，那么错与对、真与假将不能得到理解与区分。而罗伊斯在“绝对知者”中只是揭示出“意识透明性”的设想，即同类质之间才具有对照性，故而“绝对”作为一个大意识只是作为一种至大的界限，所有的陈述在其中通透无碍。在晚期“解释的共同体”中，以“沟通”才能形成对于认知对象的真正认识的维度得到明确地表达。“解释的共同体”还将认知过程中“约定”的维度揭示出来，即对于语言所界定的共同体所传承下来的词义

① Gabriel Marcel, *Royce's Metaphysics*, translated by Virginia and Gordon Ringer, Greenwood Press, 1956, p. 125.

或概念的意义的认同——承认某种语言文化共同体的先在性——而形成认知可理解性的历史基础,而这为解除笛卡尔式的实体性心灵的基础地位的咒语给了根本的一击。而这,也使罗伊斯与传统认识论划开了界限。

第二,达尔文进化论的影响。达尔文进化论带来的新思维主要体现为传统的“现象—实在”的区分的瓦解,以及对于寻求“基础”的传统哲学模式宣告无效。罗伊斯的“绝对”以人在其中不再限于与某种终极进行对照的解释生存论取代传统的“真理符合论”之排斥人的主动性并要求与“实在”符合的真理探求模式。罗伊斯晚期以解释生存论明确地表达了其与传统认识论的不同,皮尔斯的三元性结构与解释理论在他的解释学中得到创造性运用,他以解释的三元结构打破了笛卡尔的认知主体—认知对象的二元论,并且以不断推进的解释会话系列瓦解了寻求确定性精确知识的传统认识论强制。

第三,“上帝”的角色已移至伦理领域。康德哲学在整体结构上将实践理性抬高于纯粹理性,“使自由得以可能”的实践理性对知的限制在罗伊斯哲学中得到体现。具体而言,体现为虚化了“绝对”(上帝)的本体论地位而将其作为假设,而且主要是在伦理领域而起作用,而且即使在伦理领域也并不是一个人格的神。这也是现代社会世俗化倾向的一种表述,自青年黑格尔派的“反动”、马克思建设没有神的世界劳动体系的影响以及费尔巴哈将神的本质拉回到人的身上,以及科学技术的发展对世界的祛魅化,“上帝”已经不能再无需辩护地得到信仰。罗伊斯的“绝对”概念的论述从文本表层看,还弥漫着浓厚的宗教“行话”,但这个“绝对”是论证过程的必要假设,是道德的理想,是一种在其中所有意识都透明的沟通的隐喻。

第二章
罗伊斯对绝对之论证的特点

人之大智，即在自觉其大愚。
——乔赛亚·罗伊斯

“特征”对于真正的思想家而言，可能会是一种真正的掩藏，但它们构成我们去理解的线索。罗伊斯对“绝对”概念的证成与发展贯穿他的生命始终，他对此概念赋予的内涵也尽凝聚在其论证的过程中。从其论证的特征，可以把握到“绝对”概念在那个时代的所面临的思想激荡以及最终沉淀下来的论断。对其论证特征的总结能有助于更深入地理解他的“绝对”概念，也有助于理解下一章将要论述的“绝对实用主义”。

十九世纪思想世界的震动使其不再是其他时代思潮的回声，也不再是各种思维模式的简单拼凑而形成的多极性。从黑格尔体系的瓦解似乎预示着时代具有了自己新灵感——一种强大的现实主义力量觉醒并活跃在各种看似迥异的思想表现形态当中，就如卡尔·洛维特所分析那样，“利益”和“需求”使黑格尔的哲学没有通过时代的检验[①]——“利益”和“需求”，它们在形态各异的思想中皆有表现：马克思从对现实的生产运动的观察而与黑格尔的精神劳作划开界限，并从生产运动中窥探到利益需求对于社会历史形态更迭的驱动力量；费尔巴哈对感性和直观的强调虽然只是从黑格尔体系的精神深渊上升到一种肉体般的表面性，但其

① Karl Löwith, *From Hegel to Nietzsche*, trans. by David E. Green, Columbia University Press, New York, 1964, p. 60.

却符合了现实中的人们对于活生生的感性直观性的要求，且他通过将神的本质拉回到人的身上而消解了一个彼岸化的世界，从而肃清了人们的精神被统治的现实恐惧；克尔凯郭尔的哲学是对黑格尔哲学所代表的"个别实存敉平在历史世界的普遍者"①的反抗，他以个体人不可抹消的情欲的现实来强调单个人的伦理的—宗教的实存；实用主义运动将外在的行动效果作为评价内心信念的当前标准，从而代表了一种有形世界的现实主义——内在的信念需要外在的"事态"来验证和反哺——据此实用主义和功利主义一样强调实用，和实证主义一样鄙视口头解决方案、无用的问题和形而上学的抽象。

罗伊斯的思想虽在初成时带有浓厚的传统哲学的烙印，比如其"绝对"话语体系是德国哲学的显著标志，其诉诸理性主义而对思想、认知的浓厚兴趣，等等，但这是他意欲将西方哲学传统"介绍"给他的同胞而采纳的一种"术语策略"，而并非其思想停留在一种近乎中世纪的"上帝（绝对）的本体论证明"；而且他意识到当时的思想氛围所追求的是知识与人类实存及其发展的密切联系，因此而倾向于注重人类经验、心灵的赋意功能以及"事业"这个外在的、富有精神内容的"更高客观性"对于精神性存在的人类的重要性，并最终在数理科学的发展影响下强调"量"（多元性）对"质"（实体的单一）的优先，表现为多元的解释者共存的解释共同体。

罗伊斯使用"绝对"这个词项来表达其思考还受到与经验论的发展完善有关的语义学思想即通过语言来研究哲学、通过语言来切入"真理"的思想潮流的影响。如蒯因在《经验论的五个里程碑》中所论，这场语义学革命强调意义的载体不再是词而是句子，这就使有些词虽然在现实中无所指而导致在本体论上令人困惑，但根据语境却使其在使用中非常方便地表达某种意义，在这样的情况下，这些词的使用就仍然是有效的，并无须将其消除。

① Karl Löwith, *From Hegel to Nietzsche*, trans. by David E. Green, Columbia University Press, New York, 1964, p. 111.

基于罗伊斯在十九世纪后半叶北美哲学界的活跃与敏感，这种语境定义之"虚构理论"对罗伊斯使用"绝对"来表达一种"虚构本体论"应具有一定的影响。罗伊斯的哲学的论证特征表现着思想变动剧烈的时代之特征。

一、"错误"之起始点

（一）基于对西方哲学传统的"介绍"

纵有北美诸多学者对罗伊斯哲学选择"错误"现象作为其确立论证的开端作了冗多的分析[①]，但总的说来，他并非是为"论证"绝对而选择对"错误"进行分析，而只是因罗伊斯欲将西方哲学传统"介绍"到美国思想界而借于分析错误现象，并借"错误"来论述他对于当时传统认识论存在的问题的解剖。首先，当时美国哲学界对于西方哲学传统了解并不深，思想界更谈不上对于西方哲学传统有独立的见解，要用他的同胞们可接受的方式来介绍这个传统，须从一种最不可怀疑却又最常见的现象入手，故"错误现象"为良好的备选项；其次，美国哲学界真正接触西方哲学是从德国古典哲学尤其是黑格尔哲学开始(这可以从哈利斯以及布罗克迈尔的"康德俱乐部"及《思辨哲学》杂志的活动内容得到证明)，"绝对"作为德国古典哲学的显著标识是必然的"教本"，借"错误"来逼近对"绝对"的追问既有认识兴趣上的考量，亦有基于罗伊斯认为，对"错误的可能性"的分析可以层层剥出传统哲学认识论对于终极"绝对"之追求存在的一系列问题的考量，借此它得以与其时代思想的讨论结合起来，尤其与实用主义运动对于传统认识论的瓦解努力的得失争论结合起来；再次，当时宗教的氛围使罗伊斯觉察到借用"错误"这种现象可以击中人们所具有对于"救赎"的敏感

① 甚至有学者对此作了尖锐的评述，如桑塔雅那这位批评家也认为"罗伊斯本人的性格决定了对于绝对的论证会从像错误这样悲哀和厌恶的东西开始"。G. Santayana, *Character and Opinion in the United States*, London: Constable and Company Ltd., 1920, p. 100. 不过，詹姆斯等人曾评论桑塔雅那为"视力不佳的评论家"。

与热情，也可达到表述他本人思想追求的目的——以哲学的方式来论述一种人们现实需要的宗教安慰；最后，也是最重要的一点，罗伊斯本人把握了西方哲学的基本说话方式——论证，且他觉察到这个传统借论证所要达到的是对于“真理”的逼近与追求，故借有限的求知逼近真理中最突兀的现象——“错误”来开始他对于这个传统的介绍，这可以让人了解到这个传统对于终极追问的方式并且由此导致的一系列思想问题——人与实在世界的对立二分——以及思想界寻求对于这个根深蒂固的问题的解决努力。

当然，不可否认的是，以对“错误”的分析与论证来正式开启罗伊斯个人的哲学独立思考，这还是招致不少尖刻评断，毕竟，人类不爱“错误”，更遑论罗伊斯用错误现象推论出作为绝对心灵的“上帝”存在。批评与嘲讽者当中，桑塔雅那算是最直白的一个，其批评颇具当时对罗伊斯的风评的代表。他认为，罗伊斯自我标榜为一个逻辑学家，并极喜辩论与论证，但他的心里从来没有过清晰性；他的推理并不是纯正逻辑推理与表述，他隐秘的热情或蓄意谋图只是使他得到早已被设定的东西。[①] 桑塔雅那认为错误只是人类生活进程中的一种意外事件，并且在人类不存在的时候就会消除掉，而罗伊斯据此来推理出作为全知全能心灵的上帝的存在，这多少不符合一个会进行哲学思考的人该有的智识。在桑塔雅那的评断中，罗伊斯关于“错误的可能性”的论证完全与逻辑沾不上边，而只是一种宗教经验的忏悔，在其中，犯错误的可能性之痛苦意识导致一种强烈的想象性确信，即确信真理最终会被发现（与基督教的最终救赎无异），罗伊斯在此跃入了一种浪漫主义的呓语，这是一个严格的逻辑学家所不能容忍的。在桑塔雅那看来，罗伊斯的“错误论证”错误地使知识失去了应有的权威与庄严，而将其奠基在一个成问题的心理内容上。

---

① George Santayana, *Character and Opinion in the United States*, London: Constable and Company Ltd., 1920, p. 101.

但是，罗伊斯真的没有考量过桑塔雅那所能想到的这些问题吗？他对逻辑学的研究成就并非浪得虚名，他的学生刘易斯（C. I. Lewis，1883—1964）作为逻辑学家是在罗伊斯的指导下完成其博士论文的；至于知识问题，刘易斯认为罗伊斯比詹姆斯和杜威更有力地解决了“有效性”与“真理”之间的问题。而且，在刘易斯成为一个逻辑学家而工作时，他还指出，哈佛的老师当中对他影响最大的就是罗伊斯，罗伊斯于他而言是一个哲学家的典范。[①] 刘易斯是一个逻辑学家，他对罗伊斯的评价可以作为与桑塔雅那的评价相对照。刘易斯还专门撰写论文回应桑塔雅那对于观念论（唯心主义）的攻击，在论文中他辩护了唯心论者的立场，即认为实在必然是被理解的，理性加诸给真正的客体以被理解的前提条件。他同时也反驳了自然主义，他认为，将实在知识限定为科学知识只是从数学思维和因果分析中归约出来的与价值无涉的内容罢了。他知道实用主义所采取的对于实在的知识的理解路径对自然主义是不起作用的，因为依据有效和有用作为实在的知识的前提会引入价值的概念，这就关联到对于某人而言“有价值”。刘易斯自己主张“人文主义”的知识理解路径，价值维度在他的知识观中起到一个主导因素。而且，刘易斯在哈佛任教期间（1930 年左右），罗伊斯对刘易斯的巨大影响再次显现：刘易斯发现他自己在文章中所使用的“知识”的概念所指的是“描述的真理”而不是包含着审美性质的“评价的真理”（“描述的世界”和“评价的世界”的区分是罗伊斯思想发展中重要的方面），这再次印证罗伊斯作为一名具有思想深度的哲学家所留下的思想遗产绝不是桑塔雅那所说的那种“剥夺了哲学家之名”的形象。

（二）罗伊斯的救赎热情：与“错误”的和解

对黑格尔的阅读是罗伊斯开始其哲学生涯的一个起点，也是杜威等

---

① C. I. Lewis, *Collected Papers of Clarence Irving Lewis*, Stanford University Press, 1970, p. 31.

早期美国本土哲学家的哲学起点。黑格尔最抓住罗伊斯的地方在于，黑格尔哲学中接受了基督教对生命的拯救中所实现的与“堕落”的和解——贫穷、错误、一切可憎的东西都应当被看作是属神的一部分，也即一种完善存在的不可省略的一部分。黑格尔早期神学著作中就可以发现这种以爱为名的“和解理性”，这种与异质的东西的和解奠定了他一生的哲学论旨的内核，也勾勒出他的辩证法的雏形。罗伊斯在《黑格尔学述》中就认为，《精神现象学》的第一条结论于研究黑格尔成熟系统有关的，就是认为人类的错误与缺憾实为表现绝对真理之必须。[①] 这种与错误的和解是黑格尔的哲学初衷——建立人能够在其中与自身同在的统一世界、家园——的一种表现，也是他源出于希腊哲学传统的一种表现。罗伊斯在《近代唯心主义讲演》中，也明确地说过：“就如苏格拉底的诘问所主张的那样，没有错误，以及不去超越错误，我们就不能够成为明智的。这是人类的智慧；也就是发现一个人自己的不智慧的方面的自我意识。没有这种自我意识，一个人就只能在他自己的错觉中盲目地生活着。”[②]罗伊斯认为我们无法避免错误与恶，它们之存在并非是为绝对这个完善者（上帝）形象的完成，而乃是人类教育的一部分。

救赎这个概念在罗伊斯哲学中占有重要地位，并且使其有别于同时期的实用主义者对于宗教世俗化的强调。但罗伊斯的救赎概念并非只有宗教维度，更具有世俗维度，这使他成为有别于罗蒂所塑造的“作为浪漫多神论的实用主义”，而成为“一神论的实用主义”。关于此将在《绝对实用主义》一章进行论述。

---

① 开尔德、鲁一士：《黑格尔　黑格尔学述》，贺麟编译，上海：上海人民出版社，2012 年，第 255 页。

② Josiah Royce, *Lectures on Modern Idealism*, New Haven: Yale University Press, 1919, p. 79.

（三）错误的可能性分析

罗伊斯哲学思想的第一个重要论证就是从对错误的分析开始。有学者认为，“罗伊斯选择这个论证来作为他的哲学起点是因为这种现象的不可否定性。即使是最激进的怀疑主义者也必须承认错误是可能的，因为还有什么比主张我们可能犯错更是怀疑主义呢？”[①]罗伊斯首先阐明错误的性质和它之所以产生的先决条件来分析错误的可能性：错误之所以发生乃是因为一个判断没有符合它意欲指向的对象。但是，我所意欲指向的对象永远是我所要指向的，这是不会错的，那么错误如何发生？除非存在着一个更具包容性的思想，它真正知道判断的对象之所是以及关于这个对象的判断本身是否符合于对象，在此基础上，就能清晰地看到错误的发生。又因为错误的可能性情况是无限的（即任何事情我们都有可能出错），所以，这个更具包容性的意识也必定是无限的，罗伊斯称其为“绝对”（作为无所不知者）。用另一种方式来表达即是，错误的存在和知识之可能，在于领会必定有彻底而完全之真理的存在，如果没有这种观点，不完整性和不确定性在某种程度上主宰实在，使错误概念不可理解。[②]这是研究者们对于罗伊斯早期（1883—1895，奥本海姆教授的分期观点）对“绝对”之论证选择从对错误现象分析起的原因，他们还认为罗伊斯往后的哲学发展虽对早期思想多有修改，在表述形态等方面也多有变化，但基于最初的“错误之可能性”分析而证成的“绝对”之精神基调业已奠定。

但如前一章所论述的那样，罗伊斯借“错误的可能性分析”并不是“证明”了一个“无所不知的绝对”，这种近乎中世纪“本体论证明”的表面性绝不是罗伊斯表述其思想的主要方式，他是借用了传统哲学的语汇而进行一种隐喻，从而表达人类认知中的语言与沟通维度。

---

① W. J. Mander, “Royce's Argument for the Absolute”, *Journal of the History of Philosophy*, Vol. 36, Number 3, July 1998, p. 444.

② John K. Roth, *The Philosophy of Josiah Royce*, Hackett Publishing Company, 1982, p. 14.

二、虚构的本体论[①]

从罗伊斯最初论证"绝对"的方案的表面性来看,一个类似于柏拉图式的理性知者传统的形象浮现出来。[②] 这种传统立基于一种二层世界观:理型世界与表象世界的对立在根本上确立着认知者与对象之间无法达到对称——在时间中的认知者的知总是局限的、片断的(因而就是或多或少带有错误的),只有一个永恒的知者才会下着完全正确的判断,因为他洞悉所有有限的判断以及判断对象的实在之所是,从而知道其符合与否。就其整个哲学动机而言,罗伊斯借用这个传统开始其分析思考主要基于:第一,洞察到影响人类有限生活的更大力量这种看不见的根基——可以是宗教上的上帝,共同体中看不见的共同体精神,或者人类共同体中互相解释的精神——一直在起着作用;第二,美国本土思想资源滋养不了他的哲学思考,他不自觉地向欧洲思想文化中寻找依据和方案。[③]

① "虚构的本体论"(fictional ontology)这个概念是兰德·E. 奥西尔教授所主张的一个概念,在其著作《时间,意志和目的:罗伊斯哲学中的活的观念》中进行了详述。在其论文《罗伊斯哲学中心理学的、现象学的和形而上学的个体》中也进行了介绍。Randall E. Auxier, "Psychological, Phenomenological, and Metaphysical Individuality in Royce's Philosophy", collected in *Josiah Royce for the Twenty-First Century: Historical, Ethical, and Religious Interpretations*, edited by Kelley A. Parker and Krzysztof Piotr Skowroński, Lexington Books, 2012, pp. 11 - 46.

② 关于罗伊斯的思想尤其是道德思想受柏拉图的影响,2010 年的一篇文章《忠诚与明智生活的艺术:柏拉图对罗伊斯的道德哲学的影响》进行了考证。Cf., Mellissa Shew and Mathew A. Foust, "Loyalty and the Art of Wise Living: The Influence of Plato on the Moral Philosophy of Josiah Royce", *The Southern Journal of Philosophy*, Vol. 48, Issue 4, Dec. 2010, pp. 353 - 370.

③ 关于这一点,米德(George Herbert Mead)就精辟地进行过论述。他认为,美国的本土哲学家必须在欧洲的哲学当中获得他思想的超越、对于哲学问题的感知以及在哲学学科中的训练。而且,他还认为罗伊斯的哲学思想并不属于是从美国社会中发源的习惯和态度,而是对于"海外思想仙境"的向往与模仿,并进而断言罗伊斯的思想"是对美国严酷生活的逃避,而不是对它的解释。"参见 George Herbert Mead, "The Philosophy of Royce, James and Dewey in Their American Setting", *International Journal of Ethics*, Vol. 40, No. 2(Jan., 1930), pp. 211 - 231。米德的这种分析有其道理,不过结论有些偏颇。他未从根本上分析出罗伊斯思想虽在术语上(例如"绝对")与德国古典哲学不无关系,但从思想内涵以及表述上,最重要的是对于"个体"的重视、对共同体的强调上已不同于思辨传统的德国古典哲学。

对错误现象的思考因此就会推设到一个知晓错误为何会发生的意识的存在——那必是比犯错者更具包容性的意识主体，由此而不断向上推直至一个无所不包的意识主体——绝对——来终结这种假设。但这种“终结”并不是就罗伊斯的哲学意图而言，也不是就证明其存在，而是一种虚构的本体论。罗伊斯在论述绝对时并未主张黑格尔式“绝对唯心主义”，而是主张绝对是我们判明真与假的一个必要条件，在他后期的哲学思想中，他探究出的实在就证明了这一点。后期的罗伊斯认为真正的实在乃是处于解释过程中的观念（符号）的宇宙，它实质上是被一个共享精神所主导着的无限心灵共同体。

（一）作为普遍的假设的“绝对”

培里（R. B. Perry）等为代表的新实在论者反对罗伊斯这种由知识的性质推出任何事物的性质的唯心主义观点。在他们看来，世界被判断为是什么与世界本身是什么之间并不存在着必然联系。据此，培里等人认为罗伊斯的绝对是一个碰运气的假设，并且还存在着无法逾渡的从认知到存在之间的逻辑鸿沟。不过，罗伊斯认为，新实在论所持的基本主张会取消所有知识的可能性。世界是一个认识的对象，如果将这个问题抛开不管而只持一种认知与世界的各自独立，那么人只剩下盲目地下决心。如果一个“碰运气”的假设能够赋予生命、意识和道德以实在的意义，并以此为起点有目的地介入世界，那么，这个“碰运气”的假设就并不是简单的“不能证实”就可抛弃的。实际上，罗伊斯哲学中能清晰地找到反实在论的证据：第一，他认为感知所给予我们的并不是事物的外在性质，而是我们的观念[①]——这与贝克莱的著名论证模式相一致；第二，他追随康

① 实在的世界，“是在它本身内，而不是某个人的眼睛里、舌头上或耳朵里以及触觉中，也不是有颜色的和有味道的，不是冷的或暖的，不是明的或暗的，也不是有音响的或寂静的。所有这些性质都属于我们的观念”。Josiah Royce, *The Spirit of Modern Philosophy*, Boston: Houghton Mifflin, 1892, p. 356.

德而认为经验提供了现象的构造特征；并且第三，他抛弃了康德的物自体。[①] 罗伊斯认为，在这三种立场之下，任何标准的实在论都不可能。[②]

"绝对"对罗伊斯来说是一个普遍假设，但他认为对于任何真正的哲学探求来说，这样的全体性预设不可避免，且对于哲学思想要继续进行下去而表达其追求，使用"绝对"这样的词项就不可避免。按他的思路，如果要知道观念的真与假，就必须诉诸超越于个体心灵的东西，因为任何一个有限的个体认知者都不可能具有总体性的真理视野作为判断的参照标准。而只有预设一个可能的总体性概念，才能契合于哲学探究的继续进行。罗伊斯并不是想要界定绝对这个概念是什么，而是想要揭示出对绝对这个概念的抛弃会产生一种自我矛盾，罗伊斯在《宗教洞见的来源》中就对这种自我矛盾进行过清晰表述：

> 如果是这样的话，这种并不存在最广和最深的识见，并且也不存在最终的观点的想法本身实质上就是一种诉诸到最终洞见的观点，因为这是一种关于实在的观念。去断言并不存在着最大的观念、最终的洞见和绝对的经验，这就相当于去断言说最大的观念发现了并不存在最大的观念、最终的洞见知道了并不存在最终的洞见，以及终极经验意识到并不存在着终极经验。这样的断言乃是一种自我矛盾。[③]

对于罗伊斯而言，"绝对"也只有"绝对"才能实现得了真理之为真理

---

① "绝对不可知、纯粹和单一的 X，康德的物自体，不能够被承认。这个概念是无意义的。" Josiah Royce, *The Spirit of Modern Philosophy*, Boston: Houghton Mifflin, 1892, p. 366.

② W. J. Mander, "Royce's Argument for the Absolute", *Journal of the History of Philosophy*, Vol. 36, No. 3, July 1998, pp. 443 - 457.

③ Josiah Royce, *Sources of Religious Insight*, New York: Charles Scribner's Sons, 1912, p. 114.

的需求，而且绝对也是所能经验到的关于实在之根本性本质的东西，它是现实的，而不仅仅是可能的。[①] 所以绝对是一个经验性的范畴。[②] 故而，罗伊斯整个哲学思想要完成的并不是对绝对的界定和究其何谓，而是要说明绝对是判断过程中一种必然需要的东西，也即绝对是经验得到的东西，它也是具有“实效”意义的哲学假设，同时也是一种必然会有实在经验。所以，罗伊斯在其最后一本著作《基督教的问题》中表述，实在的世界就是一个解释的共同体。[③]

研究罗伊斯的学者布莱奥迪（M. L. Briody）也在其博士论文中集中地论述了罗伊斯这种本体论假设对于他思想的展开的重要性。[④] 在《上帝的概念》中，罗伊斯对上帝的存在的论证就是模态的，他将上帝存在的逻辑可能性转化为上帝存在的实际必要性。据此，他实现了对上帝（“绝对”）存在的论证转换，即从一种本体论—认知论的论证转换为一种模态的论证。他通过将上帝的实在联系到我们无知的经验上来说明，不预设一个无所不知的存在，我们在实践上就不可能获得任何知识，并且也不能在世界中有效地行动，毕竟不存在知的可能性的世界就不可能有任何知。也就是说，上帝（绝对）是为所有可能经验提供基础的假设的绝对性。但正如皮尔斯（C. S. Peirce）所察觉的那样，虽然罗伊斯可能说的是一种逻辑可能性，并不同于完全确定的可能性。但如此的话，最终的判断就不是确定的，只是可能的。[⑤]

---

① Knut Martin Stünkel, “The Religion of Absolute Pragmatism: Josiah Royce and Community's Loyalty”, *De Gruyter*, NZSTh 2017;59(1): 54 – 79, p. 63.

② Josiah Royce, *The World and the Individual, Second Series: Nature, Man, and The Moral Order*, New York: The Macmillan Company, 1923, p. xi.

③ Josiah Royce, *The Problem of Christianity*, Washington D. C.: The Catholic University of America Press, 2001, p. 339.

④ Cf. Mary Lou Briody, *An Idealistic Pragmatism: The Development of the Pragmatic Element in the Philosophy of Josiah Royce*, University Microfilms, Inc., Ann Arbor, Michigan, 1969, esp., chapter IX.

⑤ Charles Peirce, *Collected Papers of Charles Sanders Peirce, Vol. VIII*, edited by Arthur W. Burks, 1979, p. 44.

(二)“绝对”作为伦理的最高标准之实在

自古希腊以来，哲学一直有着一种“超文化情结”，其承担着为所有知识的基础定位的职责，它将自身的任务定位为对某种共同的客观绝对的寻求，借此而为所有人的行为找到共同标准与据点，从而解决道德上无序的恐惧。而从休谟开始的对形而上学大厦的瓦解破坏了这种“超文化情结”。道德在失去“基础”之后变得不再具有客观性与绝对性基础，那么自律成为唯一的道德希望，但自律的根基不足时，道德又何去何从呢？这些是实用主义运动、尼采等对基础的反叛后亟待解决的问题。罗伊斯认为我们还需要“上帝”。

罗伊斯在用错误现象的存在而论证上帝(那个无所不包的意识)的存在时，并不能如杜威在他与罗伊斯关于“真理的问题”的论战中那样指责罗伊斯的论述是从野蛮年代中复活的一种迷信。杜威以及詹姆斯对罗伊斯从错误现象的可能性推理出绝对、上帝之哲学动机也许未作深入的考量。C. I. 刘易斯(Clarence Irving Lewis)就认为在真理和有效性问题上，杜威和詹姆斯都未能作出清晰的论断，而罗伊斯在这个问题上的立场就比他们要优越，罗伊斯强调信念可以改变，但判断信念的标准应是固定的。绝对真理是一个理想而并不是一个形而上学的实在。[①] 罗伊斯所推出的这个“全知者”以及其存在的绝对世界是作为一个“应当被主张的东西”而平行于个体有限的判断及有限的世界。他主张具有社会性的人在作判断并追求“真”时，必然要接触到超越人类经验的某种东西。这种东西作为“应当被主张的东西”而成为伦理动机而表达，因此，绝对就不再是远离经验的东西。就像中国人在做一种是极致的判断时会说“天知道”，“天”在此是一种道德良心诉诸的最高对象。就像不能因为中国人主张“天”而视其为顽愚一样，罗伊斯因主张“绝对”而判定其是从野蛮年代复活迷信也有失公允——仅是因为在经验世界中绝不可能

① Sandra B. Rosenthal, *C. I. Lewis in Focus*, Indiana University Press, 2007, p. 11.

有一个全知者。其实在康德的思想中已透露出：实践理性的伦理力量可以破除理论理性上的限制。你无法用知识来证明上帝或绝对，但上帝或绝对却是道德行为的前提，即你一旦承认存在着道德行为，也就把上帝或绝对作为"存在着"来看待。上帝使我们生活在一个有意义的世界，而不仅仅是一个事实的汇集。"绝对"在罗伊斯那里是宗教—伦理最高意义的概念化表达。所以就像一个无限深远的"镜子世界"照着我们的每一个行动，那个无所不包的意识主体存在着的镜子世界作为道德的前提并不是愚昧的。"错误"这个判断结语本身就是一个伦理性质的概念，它要求诉诸的就是一个"无错"的理想标准——认知所有的错误、包容所有的错误并最终化解所有的错误的绝对。故而，错误、恶在罗伊斯那里是一个逻辑的必然性，而并非一个自然的必然性，这与康德的论证思路是一样的。

对罗伊斯来说，形而上学是在假设的基础上进行的，但仅仅是形而上学并不能完成一种哲学，只有在具有实践性的道德哲学中才能真正完成哲学。而"过去的行为之不可撤回性"为"绝对"提供了实践的、道德的论证。[①] 因此，罗伊斯的"绝对"是一种必要的虚构，形而上学的论述需要这样一个关于全体的假设，而真正在时间中的行为历史证明了这个假设。

三、对内在性的倚重与突破

（一）哲学史上的内在性之路

近代以来，存在着由人的内在性来寻求"绝对"的确定性的传统，首

① 兰德・E. 奥西尔教授就认为，罗伊斯对绝对的论证一直都依赖于"过去的行为不可撤回"。Cf.，Randall E. Auxier，"Psychological，Phenomenological，and Metaphysical Individuality in Royce's Philosophy"，collected in *Josiah Royce for the Twenty-First Century：Historical，Ethical，and Religious Interpretations*，edited by Kelley A. Parker and Krzysztof Piotr Skowroński，Lexington Books，2012，p. 19.

先是基于启蒙以来人要成为自己的主宰者甚至世界的征服者的愿望在哲学上的反映,这要求把一切都带到理性这个最高裁判者面前定量裁度;其次,内在的世界于意识着的"我"来说是最透明的,而不透明的外在世界也可通过这个意识着的"我"将其纳入内在世界的建构活动之中从而取得对它在现象界的认识。因此整个近代哲学都处在笛卡尔所划定的意识的内在性的疆域之中。不过,将形而上学奠基在意识的内在性也必将交困于意识的自我封闭性:如何与外在世界沟通,如何使世界成为意识之物?意识的内在性之物如何与世界是相称的?这些都是近代哲学所面临的问题。黑格尔哲学是走出这种困境的最庞大尝试,他的"绝对"概念以其"主体—客体"的形态、以及"不仅是实体,还是主体"的表述唤起因过度强调"主体""主体性"而被遗落了的客体性(存在),达到主体与客体的统一,以解决近代哲学的困境并弥合"分裂"所带来的危机;而且,他以"我们"来代替"我",以复数来破除单独个体的封闭性。在黑格尔那里,具有精神的具体的人就替换了康德的自我意识统觉性这样纯粹内在性,近代以来"一切都往里走"的路在黑格尔这里有了"外在"的表现者——具体的人。人这种精神性的生命是概念必然性与自由的展示,但一个有生命的精神还必须超越此向自身回归。这就是黑格尔的内在性方案的两个方面。在黑格尔的方案中,生命概念是一个枢纽,因为它是将内在性通过身体而连结到外在世界,这直接预示了一大批后来的研究者以身体、有机体为思想核心的思想路向,比如海德格尔的此在之在世存在(隐秘地将身体牵引出来),梅洛-庞蒂的身体现象学等。

在后黑格尔时代,要完全将思想推倒重来而与黑格尔完成"彻底决裂",这并不确切。如 T. H. 格林(T. H. Green,1836—1882),从他的宗教、政治及伦理思想中我们会找到黑格尔内在性思想的影响,但格林的思想却未被其支配,而是形成了他关于宗教、政治和伦理的首尾一致的学说,我们很难界定格林是一位黑格尔主义者或康德信徒。再比如杜威,他关于经验的论述实质上也如罗蒂所说的"承载着内在于它自身的联系和组织的原理”[1]，而这在罗蒂看来，是对黑格尔的一个回音。我们会看到，罗伊斯在论证“绝对”时走的就是这种既是内在性又要求突破这种内在性之路。在这一方面，罗伊斯的哲学思想是具有带有黑格尔的气质的。

（二）罗伊斯之观念的内在意义

罗伊斯认为整个世界是内在意义的世界，即世界并不在人的内在意义之外。按照罗伊斯的论述，经验不仅仅只是来自感官身体的“原初事实”，还渗透着超越原初事实的“意义”[2]。经验一直都是“观念化的经验”即具有意义的经验。对罗伊斯来说，观念就是目的表达，一个观念呈现在意识中就是具有意义的一个意志行动。罗伊斯将目的当作是“观念的内在意义”[3]，而观念还具有对超出于它之外的某种东西的指涉，即“符合于目的的外在事实”[4]，此即“观念的外在意义”，通过观念的外在指涉，抵御了对其主观性的指责。当观念的外在意义符合于内在意义时，这个观念就得到了实现，从而这个观念就具有了有效性。而且，外在与内在的意义并不是简单的“类似”或“符合于”的关系，“每一个完整观念的最终的意义得到完整展开时，必然被全然看作是一个内在意义”[5]。换言之，是内在意义决定外在意义，整个世界都是目的世界、意志的世界。

罗伊斯对内在性的强调并不是如詹姆斯、杜威或 G. H. 米德所认为

---

① 理查德·罗蒂：《介于黑格尔和达尔文之间的杜威》，载海尔曼·J. 萨特康普编：《罗蒂和实用主义——哲学家对批评家的回应》，张国清译，北京：商务印书馆，2003 年，第 12 页。

② 对罗伊斯来说，“意义”是有意识的界定或构成的东西，并不存在着对世界的外在观察者；在意识之外的东西并不意指什么，也毫无意义。Cf.，Josiah Royce，*The Spirit of Modern Philosophy*，Boston：Houghton Mifflin，1892，p. 377. 另外，罗伊斯在《上帝的概念》中也同样表述：“一种意义，作为指向一个对象的一个思想意义，是这样的事实，除非是有意识地界定，否则不会有意义，不能是一种类型的事实。”Josiah Royce and other authors，*The Conception of God*，New York：The Macmillan Company，1902，p. 177.

③ Josiah Royce，*The World and the Individual*，New York：The Macmillan Company，1920，p. 25.

④ Ibid.，p. 26.

⑤ Ibid.，p. 34.

的那样是对世界的一种不负责任的逃离，而是要将对人的理解从自然化的陷阱中拯救出来。在罗伊斯看来，意识以及意识的运动经验就已经是对“原本的自然”进行了其“原本性”的解除，观念的运动更进一步地将混沌的对自然的意识进行了整理，通过语言陈述这条路将外在世界引向了意识结论的知识。也就是说，观念化、意义化的世界是意识进展的必然结论。所以，在罗伊斯那里，所谓世界是一个被人所接纳的世界，人的生动意识使世界上的石头、树木、动物、人、日月星辰等具有它们自身的意义，并相互关联起来组成了这个世界。罗伊斯的这种接纳性观念使“意义”这个概念在其哲学体系中显得尤其重要。而在他看来，在当时进化论的风潮之下，人成为一个巨大的进化过程中的偶然，如果从这个出发点来理解人，很大一部分内在意义就丧失了。罗伊斯想要避免的是科学的、物理的以及社会学的对人理解的冷酷的观点。他在面对科学化甚至科学主义的世界时意在于捍卫人作为精神性生命的超越性以及深度。

（三）罗伊斯对内在性的突围

如前文所述，诉诸内在性也会因此而交困于内在性之封闭性，近代以来的真理只能来自于思维自身的内在性推翻了柏拉图以来的理念的世界，而把基础立在理性思维的自身内，依靠理性的自由而使主体成为所有事物的参照中心与尺度。但这也就意味着思维的“我”与世界之间有一道无法穿透的帷幕，思维理性的法则如何贯穿到客观世界。为了解决这个核心问题，笛卡尔往后的传统都几乎要最终诉诸上帝或神作为这种联结的保证。因此黑格尔就说过，神的作用在近代要比古代大得多。[①] 黑格尔的“主体—客体”之对于客体的补足方案前文已述，罗伊斯则是通过“意向性”和“承认”这两个概念来实现对内在性的“突围”。

---

① 黑格尔：《哲学史讲演录》（四），贺麟、王太庆等译，上海：上海人民出版社，2013 年，第 189 页。

1. 意向与意向性

对罗伊斯来说，观念并不是通常意义上的观念，而是指一种心理生活，当我们在审视心灵活动时会发现其有一种意向性。意向是指某个心灵有意识地指向某个东西，他后来用更具有确定性的意向性来替换了意向，意在于指出意向性是观念所固有的确定性质。在罗伊斯那里，观念具有意向性是基于观念具有内在意义，即要实现的目的。而要实现这种目的就要指向自身之外的某个对象，这个外在对象就是观念的外在意义。但观念的根本特征并不是其对自身之外的事实的表现，而是相应地实现了某个内在的目的，这个目的就是观念所发生时意识当中所具有的东西。[1] 这就是罗伊斯关于观念的内在意义和外在意义的区分。

对罗伊斯来说，意向性的力量在于指出我们心灵具有挑选出特定个体的能力，也就是，一个观念所指的并不仅仅是某种偶然相符合的东西，而是我们有意要去符合的东西。这种"意向性的力量"使罗伊斯立于这样的出发点：心灵以一种主动的方式介入世界。观念的内在意义一直在寻求自身目的地实现，因此一直在指向、寻求自身之外的某种东西。所以，罗伊斯对意向性的解释是将其放置在人是作为主动者、作为行动着的人这样的背景当中进行的。[2] 当人作为行动者时，他的意识以及观念与世界之间的结界就被通过内在目的的驱动下对世界的介入而打破了。

2. 承认

关于这个概念，我们先作一个谱系追踪："承认"理论在当代的代表为阿克塞尔·霍耐特，他的理论源头是黑格尔关于"承认"这个概念的论述；而霍耐特是借助于米德(G. H. Mead)的社会心理学(尤其是主我—

① Josiah Royce, *The World and the Individual*, New York: The Macmillan Company, 1920, pp. 23 - 24.

② Ignas K. Skrupskelis, "The Four Conception of Being and the Problem of Reference", collected in *Josiah Royce for the Twenty-First Century: Historical, Ethical, and Religious Interpretations*, edited by Kelley A. Parker and Krzysztof Piotr Skowroński, Lexington Books, 2012, p. 247.

客我的关系理论）才得以实现对青年黑格尔的承认学说的重构的。[①] 米德曾在罗伊斯的指导下从事研究，罗伊斯对米德的影响主要有：（一）罗伊斯哲学强调自我与道德的社会性深刻影响了米德关于心灵与自我是社会的产物的论述；（二）罗伊斯关于心理学上的论述即模仿先于意志和个体的论点——意志与个体都是社会的成就——也影响了米德在生物社会学的基础上对人的心灵与自我如何在社会过程中产生的论述。从这两点来看，罗伊斯的思想对米德的影响是深远的。这样的谱系追踪意在于说明，罗伊斯的思想中的关于"承认"的论述以某种方式传承到了霍耐特的"承认理论"中。当然，他关于"承认"的论述是不系统的，但他的"承认"概念无疑极具启发性。

罗伊斯的"承认"概念在两个层次上论述：在"自我"之内有一个"承认"在构建自我的历史，在自我与他人之间有一个"承认"在构建主体间的相互承认从而形成诸自我共在的"我们"的世界。首先是"自我"之内的承认，它是在一个时间结构中论述的。罗伊斯认为，人类的自我在本质上就是一个时间性的建构过程。自我的时间性结构表现为：当前的自我承认自身过去的行为历史，并据此对未来的行动作出预备。自我的行为构成一个历史，且每一个新的行为适应融合于之前行为的历史，这是我们形成经验生活的一个关键。在罗伊斯看来，对过去的"承认"而形成的行为历史，并在当前和将来"服从"（docile）于不可撤回的过去，据此而形成的行为的连续性是道德和意义的前提。其次，自我的建立在罗伊斯那里一直都是他人参与的结果，因此对自我之外他人的意识的存在是先于自我意识的建立的。他在 1881 年的论文《康德与现代哲学的进程》中就对"承认"这个概念的重要性进行了叙述。他认为，在每一个认知活动中，思想首先要承认过去，因为对当下给予事实的判断是基于记忆，使已不在当下的事实与当下形成比较；其次，思想要对未来的可能性进行

① 王凤才：《从承认理论到多元正义的构想》，载《学海》2009 年第 3 期，第 89 页。

承认，以进行一种预想的综合，否则认知活动就无法继续进行；最后，也是最重要的一点是，思想要承认我之外的意识与我的意识具有同样的地位，并承认有一个外在的世界真实地存在着。① 这种承认活动，尤其是对自我之外的他人意识的承认(包括对他人的经验、意志的承认)并不仅仅是作为一种单纯的事实去承认，而是作为至高的任务去承认，这表明了伦理在认知过程中的引导作用。

罗伊斯的"承认"不仅构建出了自我的统一性，而且构建出了一个"我们"共在的共同体。他这种在道德论域中的取向正好使他位于康德传统的道德理论与现代社群主义伦理学之间。② 这种讨论在当代哲学中一直延续着。哈贝马斯的商谈伦理学以主体间对话沟通的实践模式为基础，其前提便是主体间的平等地位的承认；在列维纳斯那里，真正的主体是以他者的他性为前提的，"我"并不能将他者进行同一与整合，而是服从于为他者而承担起责任，自我与他者的关系就是自我对他者的责任关系(这与罗伊斯的在自我形成之前他人意识先形成，且在自我意识之中将他人的意识的存在作为至高的义务去承认，在论旨上有奇妙的一致性)；霍耐特的"承认"所包含的爱、法权平等和社会尊重中；"爱代表着相互个体化所打破的共生状态"③，而在法权关系当中，"我们只有采取'普遍化他者'的立场，让他教会我们承认共同体的其他成员也是权利的承担者，我们才能在确信自己的具体要求会得到满足的意义上把自己理

① Cf., Josiah Royce, "Kant's Relation to Modern Philosophical Process", *The Journal of Speculative Philosophy*, Vol. 15, No. 4(October, 1881), pp. 360 - 381, p. 377.

② 康德将他人作为"自在的目的"的道德义务从根本上承认了个人所担负的对他人的责任，或者说从根本上给予他人与自身同等的道德地位，罗伊斯的"承认"就具有康德的这一层内涵。但是，康德的道德义务论受到的批判在于他的普遍的道德目的不能解决与具体的道德目的冲突。这是道德哲学重回黑格尔和古典伦理学的动因。"承认"所形成的"我们"以及在"我们"的基础上构建出的自我认同与自我实现，正好满足了既强调个体作为自主的道德主体又达到了在一个多元主体的基础上实现自我的要求。

③ 阿克塞尔·霍耐特：《为承认而斗争》，胡继华译，上海：上海人民出版社，2005 年，第 114 页。

解为法人"[1],而社会尊重则提供了一种社会交往媒介,它能够"以一种普遍的,更确切地说,一种主体间强制的方式表达着人类主体的个性差异"[2]。霍耐特的这三层内涵以一种不系统的方式已在罗伊斯关于"承认"的论述中得到体现:自我这个概念的承认的时间性结构与对他人的在先的承认表明罗伊斯与霍耐特一样认为,个人同一性是建立在一种主体间结构上的。而且通过"忠诚"概念,罗伊斯将一种普遍性的"爱"用来作为建立一个"挚爱的共同体"(the Beloved Community)的精神纽带。忠诚就是个体对于共同事业的爱[3],真正的忠诚并不会唤起盲目的个体意志,也不是否定个体自身所具有意识与力量,而是在一种对值得去爱的事业与他人一起的共同努力中的自我奉献和自我肯定。在这样的共同事业中,个体在承担起对他人承认的道德责任中,肯定自身对于共同体事业的奉献的能力并自愿地投身到这样的共同体事业中,最终获得一种个体人生的真正满足与实现。这正好对应于霍耐特的爱、社会尊敬与共同体团结的论述。

总之,罗伊斯以其"承认"概念建立起一条通向主体间性的共同体之路,这就真正走出了个体的内在性。他的这方面的思想以及其心理学著作《心理学大纲》对于当代哲学相关理论的研究具有发掘价值。

四、"理性—非理性"的论证思路

(一) 处在非理性主义意志论对理性主义反叛时期的罗伊斯哲学

西方哲学一直在自苏格拉底起的知识论的传统之下高扬理性的主

① 阿克塞尔·霍耐特:《为承认而斗争》,胡继华译,上海:上海人民出版社,2005年,第115页。

② 同上书,第128页。

③ Josiah Royce, *The Problem of Christianity*, Washington D. C.: The Catholic University of America Press, 2001, p. 41.

宰、意志与情欲则要服从于理性的理性意志论；近代笛卡尔哲学起则更是确证了理性的权威、且确立了“理性的我”的主体地位；至康德哲学，实践理性充分认识了自身的自由——意志自由，充分显示了理性的无上权威，并高扬了人的至高尊严；费希特则抛弃了“物自体”，并将康德的自主意识和意志论发展为本体意义上的自我，建立了彻底的主观唯心主义“自我论”，在他那里，意志和自由活动被推向极端，自主意识上升到本体论高度；而谢林以超越主观与客观的“绝对”大全取代了费希特的“自我”与康德的“物自体”，将唯心主义引向客观化的同时也将理性哲学引向了非理性，从而为黑格尔的“绝对精神”的建立作了必要铺垫，也开辟了非理性主义思想对于理性主义的反抗的先河。黑格尔作为德国古典哲学的集大成者使他在费希特、谢林对康德哲学的“批判”工作上建立自己的体系，让理性客观化、绝对化为“无人身的主体”，理性成了一切的目的，并且将意志、情感等非理性因素置于其绝对理性主义体系中，作为其中的一个环节。

黑格尔出于其体系的需要，他将人的生命、意志、欲望规定在他设定的绝对必然性的理念中，虽然他也充分承认人的自由意志、自为独立意识，但是，这一切皆受绝对必然性支配从而在根本上没有独立性和自由。[①] 而且，作为黑格尔哲学体系的《自然哲学》在蓬勃发展的自然科学面前失去了言说的话语权陷入了困境，加之其体系在“绝对精神”的绝对化统治下窒息了人的自由意志与活动，因此，黑格尔的“绝对体系”所代表的理性主义传统因此而遭到非理性主义和“反理性主义”者的反对，表现为以尼采、叔本华、克尔凯廓尔、柏格森等为代表的哲学家从强调力量、意志、个体、生命来反抗传统哲学的理性主义，并努力在这个过程中重建活生生的人、人个体、人的生命与活力、人的情欲与冲动。在这个反

① 冯玉珍：《理性—非理性批判：精神和哲学的历史逻辑考察》，北京：人民出版社，2013 年，第 174 页。

抗传统中，叔本华是最早以唯意志论实现非理性意志论转向的。他把意志客观化，把整个人性都归结为生存意志，并且认为整个世界均为这种生存意志所派生，理性是从属于意志的。叔本华的论述深刻地影响了整个后黑格尔哲学时代的非理性主义转向，当然也使处于这一转折时期的罗伊斯成为叔本华的“学生”。他在《基督教的问题》(1913)的前言中说：“如对于我1892年的《近代哲学的精神》这本著作最富有思想洞见与最公正的评述者所说的那样，至此后，我的立场更接近于是叔本华的追随者而不是黑格尔的学生。……自此之后，我就再也未持过我以前的立场。而现在更不是。”①

当然，叔本华绝不是第一个强调意志在人类精神生活史中重要性的人，对于希腊思想家赋予理性支配地位进行反叛而给予意志决定作用的思想进程在基督教的思想者中早就在进行。在人与上帝关系的思考中，基督教的思想家们意识到人类精神中的深渊绝不是希腊理性的理性清晰就能阐释清楚的，相反，在探索人类精神的难题时，思想的注意力不会直接导向宇宙知识，而是会朝向心灵的状况。奥古斯丁就将实有归因于意志，并将意志作为灵魂的统一力。邓斯·司各特将意志看作是至高无上的力，对心灵哲学进行了革新。马丁·路德则力图把基督教从古希腊唯理论中解放出来。在哲学领域，康德的革新将道德实践提升至前所未有的核心地位，这种影响甚至压制住了新黑格尔主义者泛理性主义的唯理论反弹，使时代的趋向变成了反对唯理论，叔本华的唯意志论的影响力就可佐证。

(二) 罗伊斯哲学“理性—非理性”的混合性特征

笛卡尔将古典传统的“理性”转移到了内在“我思”，使理性主义传统

① Josiah Royce, *The Problem of Christianity*, Washington D. C.: The Catholic University of America Press, 2001, p. 39.

获得了近代的主体主义理性的表现形式。但笛卡尔对确定性的追求却意外地给经验主义的滥觞提供了“营养”——经验上的直接确定性例如“痛感”等总是比理性的构造物例如“实体”要更具显明的确定性——经验主义自此以后占了上风。在十九世纪，实用主义运动以强劲的影响力诠释着经验主义的这种地位，但它代表的经验主义却并不是理性的失宠，而是一种“理性—非理性”的经验主义。罗伊斯作为处在皮尔斯、詹姆斯与杜威中间的哲学家，一直是居于实用主义运动的中心。后文将分析，其代表着实用主义的一种，而实质上，他的思想的总特征也具有“理性—非理性”的特征。

综观罗伊斯的思想发展，会发现一种范畴的流动性：在《哲学的宗教方面》(1885)中，“绝对”被定义为思想。他的整个早期思想有着对理性主义的强烈依赖，“错误的可能性”一章中就证明了一个“绝对知者”这样的一个理性“崇拜物”。但在“世界与假设”一章中，他论述了一种假设的唯意志主义——科学假设的秩序将我们带出了最初的困惑，宗教假设了善使我们从罪的意识中解脱，通过采纳某些感知印象而不是其他使我们从混乱中得到秩序[①]——假设就如同对于我们的实践生活一样也是理智的主要内容。在《近代哲学的精神》(1892)中出现了对经验和意志的更多考量，并深深地烙着浪漫主义的对于“我”“深我”无限自我的强调，而浪漫主义从其根本特征上来看，就是以不羁的生命激情来反对启蒙的理性主义。

而且，我们不能忽视罗伊斯哲学中体现着一种强烈的“表白主义”。而就以赛亚·伯林对浪漫主义运动的观察中得出的“表白主义”在浪漫主义运动中的根本贡献而言，罗伊斯哲学带有浪漫主义的思想特征。表白主义是通过自己的作品把自己的表现出来，作品是一种内在声音的表

---

① Julius Seelye Bixler, “Josiah Royce: Twenty Years After”, *The Harvard Theological Review*, Vol. 29, No. 3 (Jul., 1936), pp. 197 - 224, p. 202.

达，自己在独一无二的作品的表达中存在，取得意义。罗伊斯对于“自我”这个概念的最终定论可以证明他的这种表白主义：“你的自我……是一个历史，一出戏剧，一个生活追求……你的整个生活需要体现和活出它所意味的东西。”[①]而忠诚哲学中的“事业”就是表白主义集中明确的表述。《忠之哲学》中一个人通过其事业而取得自身的意义、表达自身的存在，并在事业这个“更高的客观性”中理解了世界的实在结构。这种表白主义是一种非常不同于理性传统的观点，它把意义与存在结合，并以一种“作品”或“业绩”来取得与其他个体的区分性，而不在于与某种标准的符合性，就其本质来说是一种将存在与意义结合，弥合主观与客观分离的努力。罗伊斯对事业概念的理解和强调表明了他的思想中涌动着与实用主义运动意旨相一致的“在效果中断言意义”的现实主义，即以一种效果来评价其意义与有效性。关于此将在后文“忠诚与绝对”一章的对事业概念的分析中详述。

罗伊斯最公开化地表达他的唯意志主义的论点是在《世界与个体》(1899，1901)(二卷本)中，观念是行动的意志或计划，绝对是最高的意志，其核心是个体问题(绝对意志也是一个个体)；而且他在这部著作中，强调了我们认知中注意力和区分力的主动和唯意志因素的决定性作用。而在《威廉·詹姆斯及其他论哲学生活的论文》(1911)中，他甚至说：“我自己很长时间都保持这样的观点，事实上存在着一种意志的逻辑，就如存在着一种理智的逻辑一样。……所有逻辑都是意志的逻辑，并不存在纯粹的理智。”[②]他还论述，“思维，仅仅是我们意识到我们要做什么以及为什么要这样做的意愿活动”[③]。据此我们可以看出，意志与思维结合

---

① Josiah Royce, “The Self”, in *Josiah Royce's Late Writings*, *Vol. 2*, edited and Introduced by Frank M. Oppenheim, Thoemmes Press, 2001, p. 131.

② Josiah Royce, *William James and Other Essays on the Philosophy of Life*, New York: The Macmillan Company, 1912, p. 234.

③ Ibid., p. 234.

在绝对主义当中——绝对主义是意志发现它必然实行它的活动的形式。[1] 杜威在《罗伊斯哲学中的唯意志主义》[2]的论文中就直接探究了罗伊斯的思想中意志与理智的绝对主义的关系。杜威意识到罗伊斯哲学中唯意志主义与理智主义的摇摆与过渡，同时他也意识到了罗伊斯哲学中真理问题与道德问题的不可分性。

"理性—非理性"的混合性是其时代思想演变的痕迹，十九世纪本就是一个精神多极的时代，非理性主义在勃兴，但理性主义肯定人的理性逻辑的力量并不会完全破产。精神多极性表现在，在自然科学巨大成就支持下兴起的实证主义奉行反形而上学的科学主义，浪漫主义和自然主义又为对抗新兴的科学主义与理性主义提供了背景与力量，新康德主义与新黑格尔主义作为理性主义的变形在此时出现。[3] 而这种复杂的时代思想背景正是罗伊斯思想产生与发展的背景，所以，我们会看到"任何思想家都逃不开他的时代"的例证——他的思想发展就表现出鲜明的"理性—非理性"的混合性。

综上所述，罗伊斯对于"绝对"的论证特征体现了其所处时代十九世纪后半叶至二十世纪初期整个思想的多极性，这使罗伊斯思想很难不带上某种流动性和混合性特征。思想史的评论家用"抛弃"这个思想，"建构"了另一种思想的评述来断言一位哲学家的思想发展，这并不乏不恰

---

① Julius Seelye Bixler, "Josiah Royce: Twenty Years After", *The Harvard Theological Review*, Vol. 29, No. 3 (Jul., 1936), p. 204.

② 这篇文章是杜威在 1915 年纪念罗伊斯 60 周岁文集中提交的文章，收录在 *Papers in Honor of Josiah Royce on His Sixtieth Birthday*, edited and introduced by Randall E. Auxier, Thoemmes Press, 2000. Or in *The Middle Works of John Dewey (1899 - 1924)*, edited by Jo Ann Boydston, Carbondale: Southern Illinois University Press, Vol. 10, pp. 79 - 88。

③ 罗伊斯在德国留学期间就师从新康德主义者洛采。洛采就根据时代的要求(理性逻辑力量需要在非理性主义张扬时给予正确地平衡，以及科学主义的实证方法并不能解释人文社会科学的精神领域)重新吸纳康德哲学的精神滋养。他提倡以情感与价值为中心的新形而上学是恢复哲学为科学奠基的努力。他对于事实与价值的区分直接影响了罗伊斯对"描述的世界"与"评价的世界"的区分。

当性。一种思想形态总是在适恰于时代的需求与回应了当时所争论的问题时才能显现其价值，这就决定了哲学家的思考很难摆脱时代思潮的激荡，其表述方式、术语也就对应于相应的时代论调。

罗伊斯论证“绝对”的四个方面的特征——(一)“错误”之起始点；(二)虚构的本体论；(三)对内在性的倚重与突破；(四)“理性—非理性”的论证思路——这几个方面的特征是具有内在联系的：

第一，伦理上的关切是这些特征的内在宗旨，也是罗伊斯哲学思考的目的。他在哲学生涯早期就已明确表述“哲学的目标只能在一种伦理学达到”[①]。基于此，他关注对于“错误”的“救赎”，并要求对于设定的“绝对”的敬畏以及内心世界的律则与外在世界的统一，还要求人们察知到个体与他人、社会不可逃离的关系，并用“承认”概念建构起与他人一起忠诚的道德共同体。最重要的是，他认为认知意识所建立的真理世界只能在这种活动的意义即道德价值中才能得到辩护。于是，伦理的考量串联起了这几个特征。

第二，宗教情感贯穿在这些特征之中。罗伊斯与黑格尔一样认为哲学与宗教之间存在着一种本质关联：哲学没有宗教就会陷入一种理智的狂妄，宗教没有哲学就会成为单纯的迷信。他认为哲学在一种宗教情感中得以论述时，就会将阐释世界实在结构的学说与关于世界的正确实践态度的洞见带给我们。所以，他对于“绝对”的整个论证既遵循着逻辑推理的严格法则[②]，从而反映其注重哲学的分析与批判功能，同时又在论证贯注着宗教的“救赎”热情，以及对于道德应具有逻辑的强制性的信念。正是在宗教情感之下思考，罗伊斯意识到人类对于正确行动与正确生活目的追求的渴求，同时也意识到大于人类个体的力量对于个体行动

① Josiah Royce, “Kant's Relation to Modern Philosophical Process”, *The Journal of Speculative Philosophy*, Vol. 15, No. 4(October, 1881), pp. 360 - 381, p. 380.

② 从“错误的可能性分析”到“世界与假设”再到《世界与个体》的附加文章《一、多和无限》以及《逻辑的原理》——反映其深厚的逻辑素养与对数理逻辑的钟情。

者而言的先在性与规约。他因此而反对杜威式的实用主义思想方法不再远瞻终极的东西，“我们必然是实用主义者，但不仅仅是实用主义者”①。罗伊斯因此而主张并不存在没有宗教信仰的哲学，因为依赖于假设而得以进行的哲学本身就是在确证一个精神统一体的实在性，一种虚构的本体论就成为必要。另外，以“忠诚”概念为其哲学主题词的罗伊斯通过这个概念绑定了宗教与道德，同时揭示出世界的实在结构为“精神的统一体”，这就使哲学、伦理学、宗教结合在其思想论述中。而忠诚概念在罗伊斯那里所具有的内涵又表明其是集理性、情感、意志于一体的，这就使罗伊斯走在“理性—非理性”的思想特征之路上。

第三，罗伊斯在精神多极的十九世纪和思想波动的二十世纪初进行着哲学思考，近代哲学基本问题在罗伊斯哲学中表现为：(1)主观和客观②的问题进入了新的论述范式，尤其是实用主义运动使对世界的介入替换了世界作为思或知的世界，从而要求将人类置身于世界秩序(包括自然的规律)的“受与做”状态中。这种新的关系范式使罗伊斯哲学既要肯定内在理性(主观)对于外在世界的整理(在康德意义上)以及主观意志的根本性，又要用一种外在意义(客观)来实现主观目的。罗伊斯用内在意义与外在意义的知识理论表明了十九世纪既肯定内(主观)、又在外(客观)的索求公正要求下给予其相应地位。他关于意向性这个概念的论述也表明其外在世界对封闭的意识世界的打开。(2)唯理论与唯意志论关系倒转使罗伊斯思想成为在伦理动机引导下进行认知的、以唯意志

① Josiah Royce, “The Eternal and the Practical”, *The Pragmatic Idealisms of Josiah Royce and John E. Boodin*, edited by John R. Shook and André De Tienne, Thoemmes Press, 2006, pp. 3 – 24, p. 20. 值得注意的是，杜威晚期思想对于宗教性的回归(体现为共同体理论、人类联合体概念)应有罗伊斯“伟大共同体”理想的影响。(奥本海姆就持杜威晚期思想与罗伊斯的“合流”是受罗伊斯的影响。Cf., Frank M. Oppenheim, S. J., *Reverence for the Relations of Life: Reimagining Pragmatism via Josiah Royce's Interactions with Peirce, James, and Dewey*, University of Notre Dame Press, 2005, p. 305.)

② 康德给“客观性”这个术语带来的“混乱”不在讨论范围内。他的“客观性”应该被限定为“主观的客观性”。

主义为特征的哲学。康德对于理论理性与实践理性关系的转换并让“自由成为可能”的实践哲学引发对知的限制，这深深影响了罗伊斯总体的哲学架构。这表现为他在知的领域中“绝对”的虚构本体论，以及在道德世界中“绝对”的实在必要性。而以叔本华的唯意志论为代表的对黑格尔的泛理性主义的反动，揭示了本能与兴趣对于世界的支配力量以及意志对于世界运动的影响。罗伊斯深受叔本华影响而使其哲学具有唯意志论的特征。

总之，罗伊斯思想诞生于精神多极的十九世纪，其思考与论述无可避免地带着那个时代的痕迹，而他又以自己的方式丰富了那个时代的论述，并对其时代所关注的问题给出了一个值得我们注意的思考向度。

第三章
绝对实用主义

我们必然是实用主义者，但我们不仅仅是实用主义者。①

——罗伊斯

实用主义带有强烈的美国色彩，正因如此，它的思想版图中真正融汇了欧陆哲学与分析哲学，通过研究从古典实用主义到新实用主义的发展，研究者会一览大陆哲学（康德哲学、黑格尔哲学等）的真正思想精华，并能在美国本土哲学的范式中看到这些思想精华如何的演化（包括分析哲学化、实用主义化）。在此意义上，实用主义是一个真正的熔炉，也是一个内容宏富的思想宝库。

罗伊斯的哲学思想深受实用主义的影响，所以他被许多研究者称为"实用主义式的唯心主义"（pragmatic idealism）。② 但他认为詹姆斯-杜威所主张的实用主义并未真正符合皮尔斯原初提出的实用主义的原意，且存在着观念和意义的不充分性，他声称自己是绝对实用主义者。③ 但是，在通常的理解中，"绝对"与实用主义是对立的或至少是不相融的，众所周知的就是杜威对于"绝对"的厌恶与激烈批驳以及威廉·詹姆斯在《多元的宇宙》中集中地批判"绝对"，但罗伊斯认为他能统一绝对主义与

---

① Josiah Royce, "The Eternal and the Practical", *The Pragmatic Idealisms of Josiah Royce and John E. Boodin*, edited by John R. Shook and André De Tienne, Thoemmes Press, 2006, pp. 3 – 24, p. 20.

② 柏克莱等：《近代理想主义》，谢扶雅等编译，北京：宗教文化出版社，2013 年，第 2 页。

③ Josiah Royce, *The Problem of Christianity*, Washington D. C. : The Catholic University of America Press, reprinted 2001, p. 279.

实用主义。[①] 如果将多元主义当作实用主义的特征(实质上并不必然),而将绝对唯心论当作是一元的封闭体系的话,这种对立是成立的,但在罗伊斯哲学中,情况并非如此,罗伊斯的绝对实用主义将证明这一点。而且对这种"对立"的疑惑的解释关键在于对"实用主义"的理解,为此,首先有必要走到美国古典实用主义的源头,再现皮尔斯、詹姆斯与杜威的分歧;其次,如果以反基础主义作为实用主义的核心意旨的话,罗伊斯这个"不彻底的"反基础主义者的实用主义思想却形成了对詹姆斯-杜威的实用主义的意外补足;再次,从罗蒂这个实用主义的复兴者的一篇《作为浪漫多神论的实用主义》论文为楔子,引出罗伊斯的"作为一神论的实用主义"。

我们以威廉·詹姆斯的观点为引,是他将查尔斯·皮尔斯最初提起的实用主义哲学理念推广成为俘获大批信徒与听众的实用主义。在詹姆斯的视角下,实用主义追求知识与人类实存及其发展的密切联系,因此实用主义者不再视事物为独立于人类的自在之物,而是根据人类的价值及其进展来评判。据此,这一新型的与万物的关系似乎为各种不同的主张提供了超越派别之争的评断标准;同时,它将真理问题抛入人类生活之流,并号召人类积极用行动参与到将来的运动中,使真理变得更具适应性、更有效果。然而,詹姆斯所阐述的实用主义思想不只是招徕了信徒,也招致了广泛的诟病:首先,人类在知识的获取过程中所获得的大量知识(如数学真理、逻辑真理等)拥有不依赖人类的同意与评判的有效性;其次,真理若以人类之善作为评断标准,则会降至功利主义的水准,这极大地损害真理所具有的信念力量;再次,作为评断标准的符合人类之善本身是怎么得出来的?怎样保障各种善的和平共处?最后,作为

① 在《近代唯心主义演讲录》中,罗伊斯就明确表示:"我个人主张我既是一个实用主义者,也是一个绝对主义者,我相信这两种理论是互相包含的,因此,我不仅是将它们视为可融合的,而且视为是真正融合的。"Josiah Royce, *Lectures on Modern Idealism*, New Haven: Yale University, 1919, p. 258.

实用主义的目标——人类生活的成功与丰裕——是否成为没有根基的生活信念？而这将导致相对主义的破坏力被释放出来。在诸般疑问中，我们发现了介于皮尔斯与詹姆斯、杜威中间的罗伊斯之实用主义。

一、罗伊斯：被遗漏了的古典实用主义者

（一）美国古典实用主义者中的不同阵营[①]

实用主义思想有着远比美国实用主义运动古老得多的历史，几乎可以追溯到西方哲学的源头。即使单就美国的实用主义而言，其存在的巨大的多样性要对其进行清晰描述也是极其困难之事。1908 年，洛夫乔伊(A. O. Lovejoy)的《十三种实用主义》从其标题就能看出要界定实用主义的困难，F. S. 席勒则认为有多少个实用主义者就有多少种实用主义，乔万尼·帕比尼走得更远，直接说实用主义根本就无法定义。就"实用主义"这个称谓而言，詹姆斯在其 1907 年的《实用主义》一书的副标题——"某些旧思想方法的新名称"——就表明，"实用主义"只是作为一种命名序列中的新称谓的出现，而非一种新的思维趋势的新出现。

美国实用主义最初是作为一种"使我们的思想清晰的方法"而提出的，即作为一种确定行动信念的方法而不是一套完整的哲学。在这一点上，与康德在《纯粹理性批判》中对信念的"实用"一词的用意有所不同：对康德来说，信念是在知识缺位时一个人的行动所诉诸的根据，但一定存在着可以普遍适用的规则，它适用于所有的情形。皮尔斯拒绝了康德的知识结构模型——固定不变地整理经验所提供的各种材料的模型，他认为康德的方案是一种捷径，其预设了通向所有类型的知识的不变的先

① 陈亚军教授在其论文《古典实用主义的分野及其当代效应》中对于此论题以"语言"与"经验"的分野为核心点解析了美国古典实用主义从源头上就开始了不同的走向，他的观点对于梳理实用主义在源头上的分野具有重要指导意义。该文载于《中国社会科学》2014 年第 5 期。

天结构。而皮尔斯强调知识的获得是一种过程。就如罗伊斯在《查尔斯·皮尔斯》的论文中指出的那样:“如皮尔斯通常所讲的那样,我们实际所服从的自然法则是这样的法则,我们只能证明它们是近似的真。所有的判定都是不准确的,且需要更进一步地判定来矫正。”[①]皮尔斯的方案是按照一个对象的实践效果来理解它,且在足够长的操作机制中,最终会形成一致同意的关于该对象的“真理”,其所表述的东西就是该对象的实在。由此他将观念与实在通过操作性而联结起来,且结合了过程性。詹姆斯和杜威继承了皮尔斯的探索的操作性和效果取向,但皮尔斯一再表示,他们并未真正理解他思想的内核,他所强调的是理性行动和理性目的之间的联系,即,是就行动而论的实用,而不是实践的有用。值得注意的是在罗蒂对实用主义的论述当中,认为皮尔斯仅是对实用主义提供了一个名称,且认为他仍然承诺了对认识论的康德式探讨,从而将他排除在实用主义奠基者的阵营之外。汤姆·洛克摩尔(Tom Rockmore)在《在康德的唤醒下——20 世纪西方哲学》对罗蒂的这种观点直陈其为歪曲。洛克摩尔认为美国的实用主义是在皮尔斯的见解的基础上形成的,他对于实用主义的巨大贡献是双重的,一是决定性地反驳了笛卡尔的基础主义,二是勾画了一种非笛卡尔式的、后基础主义的知识观,一种以实践为基础的知识观。[②] 不过,罗蒂在谈及皮尔斯与康德在认识论上的改造关系时的确并不是出于他惯有的丰富想象力,卡尔-奥托·阿佩尔在《哲学的改造》中指出,以皮尔斯为首的美国实用主义指号学所提出的“解释共同体”就是对康德先验哲学的改造:“指号解释的交往共同体”这一先验观念取代了康德的“先验自我”。阿佩尔在文中分析到,皮尔斯对康德的先验逻辑的改造工作的“极点”乃是“探究者

---

① John R Shook & André De Tienne ed., *The Cambridge School of Pragmatism*, Vol. 1, New York: Continuum International Publishing Group, 2006, p. 201.

② 洛克摩尔:《在康德的唤醒下——20 世纪西方哲学》,徐向东译,北京:北京大学出版社,2010 年,第 105 页。

的无限共同体"这一终极"极点"。[①] 阿佩尔认为，罗伊斯和皮尔斯一道完成了这个改造。而且，罗蒂没有意识到的是，皮尔斯和罗伊斯对康德先验逻辑的改造工作达到了超出个体的解释统一体，从而为经验之最终有效性提供了更具可证性的方案，且以走出自我的公共性而明确反对笛卡尔主义、本质主义和表象主义，而这些正是符合实用主义运动的整个宗旨的。

现在所流行的对古典实用主义的理解中，皮尔斯、詹姆斯和杜威被公认为是这场思想运动的三个代表性人物。但相较于詹姆斯和杜威，皮尔斯是一位受到忽视的天才。从哲学史来看，他对实用主义的贡献一直未得到过清晰彻底的阐明，一个重要的原因应是他的论题域过于广泛庞杂，论述方式抽象、专业化（例如符号学、数理逻辑），且他从未能将他的洞见很好地整合起来。而詹姆斯-杜威的论说方式则呼应着美国当时的进化论思潮和新兴起的机能心理学（詹姆斯和杜威本就是机能心理学家），这使他们的表述有更广泛的读者群。皮尔斯、詹姆斯和杜威这三个人同承"古典实用主义者"之名，其思想却从一开始就表现出很大的不同：皮尔斯感兴趣的是作为科学方法的实用主义，即科学探究语境中的意义问题，而詹姆斯则将实用主义看作行动的指南。杜威对实用主义的介入以及其思想特征都来自詹姆斯，且他认定皮尔斯的实用主义方法所提供的话语世界是有限和狭窄的，所以他以自己方式详述了伦理学、社会哲学、教育学和美学问题，形成了以价值语汇为主要特点的实用主义哲学。

基于此，皮尔斯一再表示他的实用主义与詹姆斯和杜威的实用主义是有根本性区分的，皮尔斯还直接以改换名称（改为"实效主义"）的方法来指责詹姆斯对其思想的绑架。但他的一封信中在谴责詹姆斯"过分的

---

① 卡尔-奥托·阿佩尔：《哲学的改造》，孙周兴、陆兴华译，上海：上海译文出版社，2005年，第97页。

感觉论者的心理学”的同时，表示罗伊斯的观点与他极为接近：“他（罗伊斯）所坚持的理智概念中的目的元素在本质上是实用主义的立场。”①而皮尔斯认为詹姆斯的实用主义与自己的有本质区别，他从普遍化上走开而沉浸在“过分的感觉主义心理学”当中，其所谈论的经验概念仅是经验的感觉方面，他所谈论的概念是习惯和倾向以及将如何反应的问题。②皮尔斯盛赞罗伊斯“有望承担起使形而上学科学化的任务”③。而罗伊斯也明确表示自己的《世界与个体》的第一、二卷都受到皮尔斯影响④，且还表达其愿意受教于皮尔斯⑤。皮尔斯和罗伊斯都在探索着作为逻辑的基础的数学，且都强调连续性、投影几何学、可能性和统计学的重要性，且他们都明确地倾向于超越二元而到达三元关系。⑥

其他确证皮尔斯与罗伊斯的哲学任务与思想特征在同一阵营的还有：卡尔-奥托·阿佩尔在《哲学的改造》中指出，皮尔斯与罗伊斯一道用实用主义指号学的“解释共同体”完成了对康德先验哲学的改造——以“指号解释的交往共同体”取代了康德的“先验自我”。阿佩尔认为，皮尔斯和罗伊斯对康德先验逻辑的改造工作达到了超出个体的解释统一体，从而为经验之最终有效性提供了更具可证性的方案，且以走出自我的公共性而明确反对笛卡尔主义、本质主义和表象主义，而这些正是符

---

① C. S. Peirce, "The Letters to Christine Ladd-Franklin", *The Cambridge School of Pragmatism*, Vol. 1, edited by John R. Shook & André De Tienne, New York: Continuum International Publishing Group, 2006, p. 218.

② John R. Shook & André De Tienne ed., *The Cambridge School of Pragmatism*, *Vol. 1*, New York: Continuum International Publishing Group, 2006, p. 216.

③ Charles S. Peirce, *Collected Papers of Charles Sanders Peirce*, *Vol. 8*, edited by Arthur W. Burks, 1979, p. 118.

④ Cf., Josiah Royce, *The World and the Individual*, *Vol. 1*, p. xiii, *The World and the Individual*, Vol. 2, p. vi.

⑤ Cf., Josiah Royce, *Letters of Josiah Royce*, edited with an introduction by John Clendenning, The University of Chicago Press, 1970, p. 317.

⑥ Frank M. Oppenheim, *Reverence for the Relations of Life*: *Re-imagining Pragmatism via Josiah Royce's Interaction with Peirce*, *James and Dewey*, Notre Dame, Indiana: Notre Dame University Press, 2005, p. 21.

合实用主义运动的整个宗旨的。奥本海姆等学者也认为，如今在美国对实用主义的研究趋势大多是循着 C. I. 刘易斯所开创的“概念实用主义”的传统，奎因、普特南都是这个传统的继承者。而真正要追溯这个传统，则会追溯到皮尔斯和罗伊斯那里。他们认为美国古典实用主义的版图大致是：强调一个观念的后果在形式逻辑中得到实现的被称为“剑桥的实用主义”（皮尔斯、罗伊斯、C. I. 刘易斯、奎因、普特南是这个阵营的人），以及“工具主义的实用主义”，其强调的是解决人的实践问题的逻辑，城市的、社会的、教育的、政府的问题（杜威、简·亚当斯、乔治·赫伯特·米德、约翰·赫尔曼·兰德尔、西德尼·胡克属这一阵营）。[①]

（二）罗伊斯作为一个实用主义者

从查尔斯·莫里斯在符号学框架下对实用主义运动的解释中，罗伊斯必定是这个运动中必不可少的一员。莫里斯认为“实用主义比任何其他哲学都更深地将符号学嵌于行动或行为理论中。符号与它的意义的关系总是包括解释这一中介，而解释是一种行动或一种生物体行动的趋势”[②]。按这个标准来描述实用主义的特征，罗伊斯就决定性地是这个运动中不可或缺的实用主义者。罗伊斯在 1913 年的《基督教的问题》中就以符号三元性的“解释共同体”为主题展开论述，这既是重拾也是完成了皮尔斯的“解释”与“共同体”主题，并更进一步地推进了皮尔斯寻求真理需要公共努力的思想。“解释共同体”的思想已在前文相关章节中进行了论述，在此不再赘述。而从以下两个实用主义的核心观念来看，罗伊斯也是一名实用主义者。

实用主义对经验和存在提供一种批判性的表达。有效性，这是通常

---

① Frank M. Oppenheim, *Reverence for the Relations of Life: Re-imagining Pragmatism via Josiah Royce's Interaction with Peirce, James and Dewey*, Notre Dame, Indiana: Notre Dame University Press, 2005, p. 12.

② C. 莫里斯：《美国哲学中的实用主义运动》，孙思译，载《世界哲学》2003 年第 5 期。

所理解的实用主义者所持有的最高标准，其实质在于通过观念而掌控现实世界。在实用主义模式中，人的观念通过行动导入结果，并最终成为验证最初观念的体系的一部分，虽然存在着某种程度的循环，但实用主义还是在哲学史上富有创见地把实践效果与我们用的观念(广泛来说是思想)联系起来，这种对观念的意义的理解给予了实践以特殊的优遇，与马克思的思路颇为一致：理论不仅不能与实践相脱离，而且是建立在实践的基础之上，最重要的是，实践还是一种最重要的对于理论的检验标准。当皮尔斯突破传统思维，提出人的思维活动乃在于确定信念、形成行动习惯时，实用主义的要旨——注重效果、催促行动——就确立了。毫无疑问，这是一种注重人的目的的学问。

罗伊斯也是以人的目的方式来定义观念的，他将具体的观念定义为特定的行动计划，而像信念这样的总的观念是从特定观念当中形成的行动习惯，他通过观念的实践导向来定义观念，“观念是作为意识的目的的体现”[①]。皮尔斯在评述罗伊斯的《世界与个体》时，也发现罗伊斯主张“一个观念的内在意义是一个目的”，他认为罗伊斯这样的观念蕴含着观念将通过很多的试验(经过观念指示的行动)来验证，而不是詹姆斯所主张的“做事情就是生命的终极目的”。[②] 皮尔斯因此而认为罗伊斯的观点比任何其他实用主义者更接近于他的实用主义要旨。罗伊斯同其他实用主义者一样，主张“信仰的对象也是愿意去相信的对象”“知识是行动(虽然不仅仅是行动)”，且“真理的世界并不是一个完成了的世界，而是一个尚待完成的世界”。[③] 通常人们认为他的“绝对”概念窒息了真理

① Josiah Royce, *The World and the Individual*, New York: The Macmillan Company, 1920, p. 23,24.

② Charles Sanders Peirce, *Collected Papers of Charles Sanders Peirce*, edited by Arthur W. Burks, The Belknap Press of Harvard University Press, 1958, Vol. 8, p. 115.

③ Josiah Royce, "The Eternal and the Practical", *The Cambridge School of Pragmatism*, Vol. 3, edited and introduced by John R. Shook and André De Tienne, Thoemmes, 2006, pp. 3 - 24, p. 6.

的发展生机，比如杜威就指责罗伊斯的"真理"概念是经过"防腐处理"的，但这狭隘化了罗伊斯的思想。早期和中期的"绝对"是一种虚构的本体论，是基于对意义的确证性和道德建设的需要而作的必要假设，并且是罗伊斯借此来表述传统认识论存在的对于语言维度的忽视而需要借喻一个"绝对心灵"来完成认识对象与认识主体的异质（认识主体的认识为语言性命题，认识对象作为本然的实在是非语言性的东西）的同质化（皆为绝对心灵内的意识同类项）。而成熟时期的"绝对"则已是具有开放性的无止境的"解释共同体"，罗伊斯从未认为真理可以一劳永逸地获得而不再需要发展的。而这种设定，本身就基于一种实用的考量。

于杜威和詹姆斯而言，罗伊斯的绝对真理是一种无用的预设和幻想。但罗伊斯却力图表述他设定绝对真理的有用性："绝对真理于我而言并非遥远的东西，也并非不切实际、非人性的东西，而是最普遍的和无所不在的以及实用的……"[①]绝对真理作为处在一个语言共同体中的"意识的透明性"隐喻之真正有用性在于其精神上的统一性。因为人需要行动的方向，只有处于与他人共在的共同体中才能产生行动和行动的方向，而精神上的可沟通性以及由此产生的统一性是所有行动取得可能性和效果的前提条件。罗伊斯洞察于此，所以他说："除非我是作为一个共同体的成员，否则我的生活将是毫无意义的，无论在理论上还是在实践中。"[②]所以，"事业"也许是晚期罗伊斯的绝对最确切的称谓了，精神上的统一性通过对事业的忠诚而表达出来，在朝向共同的事业的追求中，个体的事业（个体理想）取得其价值和意义。杜威晚期的"伟大共同体"思想无疑与罗伊斯的思想合流。

就通常所理解的实用主义对经验的激进承诺来说，罗伊斯的思想中

---

① Josiah Royce, *William James and Other Essays on the Philosophy of Life*, New York: The Macmillan Company, 1912, p. vi-vii.

② Josiah Royce, *The Problem of Christianity*, Washington D. C.: The Catholic University of America Press, 2001, p. 357.

也有着同样的倾向，即：原初经验是哲学反思的来源。罗伊斯的哲学思想从未离开过对经验的论述，集中表述他对经验的承诺的是 1895 年的《上帝的概念》，“所有我们所知和所能知的……必然是通过我们的经验而指示给我们。没有经验、没有原初事实在直接感觉中刺激着我们，就没有知识……”①而且，在《世界与个体》中，他对经验的态度是，“我根本就不知道任何没有经验性真理的真理”，“上帝和人不会遇到没有感觉材料的直接事实”。② 霍金（William Ernest Hocking）在其《论罗伊斯的经验主义》中甚至主张，从某方面来看，罗伊斯是一个激进经验主义者。③最集中反映罗伊斯对于个体经验的重视的作品是《宗教洞见的来源》，他表述“无论是怎样的宗教洞见……如果没有个体的经验作为基础，它就不可能获得”④。而且，罗伊斯还超出个体经验而最终寻求一种人类经验（社会经验），并认为这种人类经验对于个体经验而言是一种最终的价值校验标准。这是罗伊斯思虑的深远之处，他洞见到人、他人和整个世界有着不可逃离的关系，所以需从整体上来进行判断。

二、罗伊斯“不彻底的”反基础主义：一种意外补齐

（一）皮尔斯、詹姆斯和杜威的反基础主义思路

笛卡尔让“心灵”成为一个实体，并让其成为世界的内在舞台，这让自古希腊起哲学寻找基础的冲动得到最显在的表达。对于这种基础主义的知识信念，实用主义运动从一开始就对其进行反叛。查尔斯·皮尔

① Josiah Royce, *Basic Writings of Josiah Royce*, John J. McDermott, ed., New York: Fordham University Press, 2005, Vol. 1, pp. 363 – 364.

② Josiah Royce, *The World and the Individual*, New York: The Macmillan Company, 1920, p. 362.

③ William Ernest Hocking, “On Royce's Empiricism”, *The Journal of Philosophy*, Vol. 53, No. 3, 1956, p. 60.

④ Josiah Royce, *The Sources of Religious Insight*, New York: Charles Scribner's Sons, 1912, p. 24.

斯对笛卡尔从心灵中获得确定性的观念推向独立于心灵的外部世界的认知模型进行否定，他认为这是对认知过程的虚假描述；他也拒绝了康德的知识结构模型——固定不变地整理经验所提供的各种材料的模型，他认为康德的方案是一种捷径，其预设了通向所有类型的知识的不变的先天结构。皮尔斯强调知识的获得是一个过程，恰当的对知识的探讨方式应是在操作过程中通过操作的后果来认识对象，且这个过程中每一步确立的东西都可能包含着推理上的缺陷。皮尔斯因此决定性地反驳了笛卡尔的基础主义，并且给出了一种以实践为基础的知识观。[①] 皮尔斯对笛卡尔基础主义的拒斥代表了他对于实在的一种理解：实在是共同探究的结果，是一种经验一致，“注定要被所有进行探究的人最终同意的意见就是我们用‘真理’这个词来意指的东西，而在这个意见中被表达出来的对象就是实在”[②]。这样就将人的主动作用加入到“实在”之中，而不再是传统哲学所认为的实在是固定不变的存在。

杜威和詹姆斯也沿着这条路前行。詹姆斯瓦解了“真理”是对于切中实在的标准这种认识，而认为本就不存在现象—实在的对立，“真理”不过是在谈论对于行动指南的信念的好，仅是一种赞同的语汇，因此“真的东西”——实在——根本就没有客观的证据。杜威信奉达尔文的进化论所带来的新思维，他认为这种新的视野摧毁了以往哲学的假设基础——终极的和固定的东西具有优越性——而断言认知者并不是一个旁观者，而是一个结合“受与做”行动者。杜威所要做的是终结人与自然的那种假设分离，在经验中世界与人共同被塑造，并且这个过程一直在继续。但詹姆斯与杜威的反基础主义思路只是对皮尔斯的选择性发展。皮尔斯的思想的两个要点被他们抛弃了：一是探索在足够长的操作机

---

① 参见汤姆·洛克摩尔：《在康德的唤醒下：20世纪西方哲学》，徐向东译，北京：北京大学出版社，2010年，第105页。

② Charles S. Peirce, *Collected Papers of Charles Sanders Peirce*, *Vol. 5*, edited by Charles Hartshorne and Paul Weiss, The Belknap Press of Harvard University Press, 1958, p. 268.

制中会达成“一致意见”，这种“意见会聚”就指示出探索的实在；二是推理过程中所揭示的思维所固有的逻辑必然性条件，杜威和詹姆斯抛弃了这种思维的逻辑必然性，而选择对心理学过程的钟爱。在罗蒂对古典实用主义的阐释中，他却认为皮尔斯坚持的这两点使其还残留着基础主义的痕迹，第一点的坚持也就是科学的探索方法的应用会导致一个单一的探究结果，这使皮尔斯的思想还残留着基础主义的痕迹，第二点的坚持使皮尔斯还在沿用着康德的先验结构对知识做出的承诺，因此罗蒂认为皮尔斯还是个康德主义者。基于罗蒂要使实用主义成为传统认识论的替代的意图，他甚至将持有这两种坚持的皮尔斯划到实用主义创始人之外，而只认为“他对实用主义的贡献仅是提供了一个名称，以及刺激了詹姆斯”[①]。但这种论断也许值得商榷，詹姆斯对于皮尔斯对实用主义的贡献的尊敬并非只是基于詹姆斯的亲切性格，更是因为皮尔斯真正奠定了实用主义的准则与讨论方向。

（二）罗伊斯在皮尔斯思路上的反基础主义

罗伊斯早期的思想中，他以“绝对心灵”的喻指来穿透认识主体与认识对象之间不可对照性，指出认识主体（心灵）与认识对象（世界）之间根本不存在桥梁，据此反对笛卡尔主义有关知识本性的论述。而且从罗伊斯拒绝真理是一种我们必须接受的、外在于我们且塑造我们的认识的东西的观点来看，他无疑是反基础主义者。他认为，我们只有参与到真理的产生和对其构成有贡献时，才能认识到真理。且“真理并不是一个现在已经完成了的东西，它正在产生的行动中”[②]。而且罗伊斯明确地摒

① Richard Rorty, *Consequences of Pragmatism*, The University of Minnesota Press, 1982, p. 161.

② Josiah Royce, “The Eternal and the Practical”, *The Cambridge School of Pragmatism*, *Vol. 3*, edited and introduced by John R. Shook and André De Tienne, Thoemmes, 2006, pp. 3 - 24, p. 6.

弃了康德的"物自体"概念,"绝对不可知、纯粹和单一的 X,康德的物自体,不能够被承认。这个概念是无意义的"[①]。据此,外在世界就不会如基础主义所坚持的那样形成对于我们的认识的限制与"成问题的给予",对"物自体"的否定就消解掉了需要认识结论去对照与符合的、独立我们之外的世界之传统认识论思路。罗伊斯晚期"解释的共同体"思想(主要体现在《基督教的问题》中)更是在皮尔斯的基础上完成了对笛卡尔认识论传统的决定性颠覆。

不过,罗伊斯反对詹姆斯和杜威式的实用主义之毫无"内核"(基础)的真理观。他遵循了皮尔斯的思路,即我们具有不可置疑的推论、观念具有不变的逻辑内涵,而这反映出我们下判断时观念所遵循的必然逻辑条件。这种不容置疑性不是来自外在于我们自身的因素,而是基于我们的意志遵循着理性的法则(罗伊斯否认意志与理智的分离[②])。比如肯定或否定的模式就揭示出某种绝对性,"'是'与'否'之间的区别这样的逻辑事实并不依赖于我们感觉的偶然性,而是取决于我们想要去做什么或不做什么的理性事实"[③]。因为在做任何行为时根本不能不具有某种确定的理性法则例如区分出"是"和"否",否则我们根本无法行动。即使能悬置进行肯定或否定(但悬置本身其实也就是进行了某种肯定或否定)这样的固有的区分,在做出行动时也绝不能没有任何选择,而选择本身就包含着在肯定和否定之间做出区别这样的逻辑事实。故而,所有的行为是处在一种理性的(wise,明智的)必然事实当中,就算是我们否认这些必然性的存在,却也只是在逻辑上确证了它们的在场。据此,罗伊

① Josiah Royce, *The Spirit of Modern Philosophy*, Boston: Houghton Mifflin, 1892, p. 366.

② "任何人都不能将意志与理智分开。"Josiah Royce, "The Eternal and the Practical", *The Cambridge School of Pragmatism*, *Vol. 3*, edited and introduced by John R. Shook and André De Tienne, Thoemmes, 2006, p. 7.

③ Josiah Royce, "On Absolute Pragmatism", *The Cambridge School of Pragmatism*, *Vol. 3*, edited and introduced by John R. Shook and André De Tienne, Thoemmes, 2006, p. 150.

斯确证了皮尔斯的观念、判断具有不变的逻辑前提的观点。在罗伊斯看来,这是基于意志也遵循着理性的逻辑的结果。而且,罗伊斯认为,只要正确分析数学科学的方法和概念,我们行为的这种必然模式的本质就显而易见,也就是说,在数学科学中,我们的意志的这种绝对性得到了最自由的表达。①

从罗伊斯的上述思想中,我们看到了一种"后古典主义的实用主义"的发展可能性:逻辑规则所具有的先验性被肯定与强调,但逻辑规则只有在经验当中才能获得参照,并在经验过程中获得有效性而获得辩护。罗伊斯的这种思想倾向与后来 C. I. 刘易斯的"概念论的实用主义"理论旨趣如出一辙,S. 罗森塔尔在评价刘易斯的逻辑观念时就明确表述"(这种逻辑)所具有的先验性是分析哲学的一种扩展,但这并不意味着这是经验上的真空。它在经验之前,且在经验之中寻到可能参照,并通过在经验进程中的有效性而得到辩护"②。我们认为,刘易斯所具有的这种"分析哲学冲动"在罗伊斯那里业已具有,并且众所周知的是,刘易斯对于罗伊斯促成其对逻辑问题的研究与兴趣是明确表述的:"他(罗伊斯)亲手把第一批运到坎布里奇的《数学原理》(第 1 卷)中的一册交给我。现在已难以说清这部著作当时给我们所有人带来的是怎样一种新奇了……我花了大半年时间来阅读它。"③

但罗伊斯这种沿袭皮尔斯的道路却在罗蒂眼中是基础主义的余脉。罗蒂虽然在《一个实用主义者眼中的当代分析哲学》的论文中将罗伊斯视为他同情的"非表象主义的整体论者"④哲学阵营的成员,但他认为罗

---

① Josiah Royce, *William James and Other Essays on the Philosophy of Life*, New York: The Macmillan Company, 1912, p. 238.

② Sandra B. Rosenthal, *C. I. Lewis in Focus: The Pulse of Pragmatism*, Indiana University Press, p. 2.

③ 李国山编:《刘易斯文选》,李国山、方刚等译,北京:社会科学文献出版社,2007 年,第 4 页。

④ Richard Rorty, *Philosophy as Cultural Politics*, Cambridge University Press, 2007, p. 143.

伊斯还未真正摆脱笛卡尔的主体主义模式，这导致罗伊斯主张实在的世界必然是"精神性的"主张。[1] 据此他认为罗伊斯并没有走出意识的内在性，还具有"超越性的抱负"。但罗蒂的观点是基于其并不全面地阅读罗伊斯，加之他本人常常为其自身的论述需要而将他分析的思想家对象"截成两截"[2]，他对于罗伊斯的这种论断就值得商榷了。

实质上，从美国哲学思想史的进展过程来看，罗伊斯的思想在当时代表着一种与詹姆斯和杜威的实用主义表面旨趣不同的，但又不是完全与实用主义完全背离的发展趋向：在皮尔斯的逻辑学基础上，用逻辑分析方法来分析知识问题、意义问题，但又不背离实用主义的经验立场和行动意图。从今天的研究者立场来看，罗伊斯的这种思想发展倾向已经是在关注分析哲学论域内的知识问题、意义问题了，这可以看作是实用主义内从皮尔斯开始就具有的"分析哲学冲动"。而罗伊斯是作为继承皮尔斯这种冲动的继承者。至杜威离世后至新实用主义的兴起，实质上可以看到分析哲学与实用主义的真正结合。就像罗克汀在《论美国实用主义发展的主要趋势》中所表述的那样，"在三四十年代以后，美国实用主义的发展的主要趋势和倾向是向逻辑实证主义靠拢，采取逻辑实证主义从数理逻辑和物理学方面的来讲哲学这一'特长'，以补充和发展实用主义"[3]。这种"融合"或"调合"实用主义与分析哲学的思想路向实质上在皮尔斯那里已经有了根源，而罗伊斯对于逻辑问题的研究以及相应的"绝对实用主义"的表述是在皮尔斯的思想基础上的发展；而到了 C. I. 刘易斯的"概念实用主义"可以说是实用主义之外的分析哲学中发展了实用主义，开辟了古典实用主义在杜威之后的新的发展希望；而到了莫

---

① Richard Rorty, *Philosophy and the Mirror of Nature*, Princeton University Press, 1979, p. 52, note 22.

② 《在康德的唤醒下——20 世纪西方哲学》中，汤姆·洛克摩尔就认为罗蒂具有这种过于"丰富的想象力"以及由此导致对于论述对象的涂抹歪曲。

③ 罗克汀：《论美国实用主义发展的主要趋势》，载《哲学研究》1981 年第 12 期，第 63 页。

里斯那里，他通过发展皮尔斯的符号学而力图把实用主义与逻辑实证主义结合起来，表现出了比刘易斯更为明确的纲领与思路，据此而为古典实用主义的发展指出了新的发展希望，也为后来诸如罗伯特·布兰顿(Robert Brandom，1950—)分析的实用主义等提供了开端的可能性和启发。

(三) 罗伊斯的方案的补足性

罗伊斯并非是基础主义的变形拥护者，罗伊斯认为詹姆斯和杜威式的知识观不能说明关于知识的两个重要方面：一是它的公共性质，二是它的绝对的和永恒的方面。

1. 知识的公共性基础

如前所述，罗伊斯认为思维具有逻辑必然性。“思维，仅是我们在意识到我们在做什么以及为何要去的意志活动”[①]，思维通过具有一些绝对的形式而建立，它要通过我们行为的特定方式来保持自身，比如“肯定和否定是我们思维活动和意志活动保持自身的基本形式”，这样的活动所确定的是具有必然性的真理，“比如，在肯定和否定一个命题、在做与不做某种特定的行为之间就存在着一个确定的差别，这就是一个绝对的真理”。[②] 因此，罗伊斯据此而断言人类行为具有共同的“律法”——思维同时也是意志活动具有的内在的法则是绝对的——，这样我们就可以构想经验世界的统一性，在此基础上，世界就不会落入相对主义、怀疑主义的深渊。虽然这个结论康德已经做了论述，但罗伊斯认为，最新的数学、逻辑科学的发展在更深的意义上证明了这一点。[③]

通过确定思维所固有的逻辑必然性，首先保证了知识所需要的客观

---

① Josiah Royce, *William James and Other Essays on the Philosophy of Life*, New York: The Macmillan Company, 1912, p. 243.

② Ibid.

③ Ibid., p. 249.

基础。詹姆斯-杜威以因人而异的实践价值来确定真论述，这会陷知识于怀疑主义并最终不留下任何确定性。罗伊斯当然接受知识即行动的主张，但他认为知识不仅仅是行动。[①] 他肯定知识离不开经验，但不存在足以构成知识的纯粹经验，所以还需要心灵的构造作用。罗伊斯接受一个判断是对于当前经验给予的情境的一个反应，而这种反应表达了我们控制情境的需求的观点，但是经验上所提供的东西并不是独立于我们需求的"完全地被给予"，这种给予已经包含着我们对特定对象的认可、包含着我们需求的释放（你所发现的东西就是你需要去发现的东西）、包含着对于当前需求的行为调整，简言之，经验给予你的东西已经表达了你思想的本质，且一直受制于你的思想范畴、思想方法以及行动模式。

罗伊斯又通过肯定知识的社会性来保证它的公共性。"真理并不仅仅是根据我们获得自己的成功的个体经验来界定。"[②]同样的对象的描述与判断要具有有效性，除了基于人的思维逻辑的共同性之外，还需要他人对于同一对象的判断的"意见会聚"，即所有的判断在描述同样的对象时应当是统一的，这里面包含着个体的承认与被承认双重的有效，否则，就如皮尔斯所言，像科学这样的共同探究事业就只会是一种隐喻。另外，罗伊斯还强调了观念的信用价值来证明知识的社会性。个体具有无以数计的和变化的需求，我们要不断地接受大量的观念和意见为有效才能作为一个社会存在物而确立信念并行动，但这些观念和意见不可能通过个体直接一一验证，所以，我们的接受的是这些观念和意见的社会信用价值。即，这些观念和意见在社会交往中取

① Josiah Royce, "The Eternal and the Practical", *The Cambridge School of Pragmatism, Vol. 3*, edited and introduced by John R. Shook and André De Tienne, Thoemmes, 2006, p. 6.

② Josiah Royce, *William James and Other Essays on the Philosophy of Life*, New York: The Macmillan Company, 1912, p. 223.

得在个体思想流通中的共同有效性。所以信念并不是只属于个体的事物。

2. 知识的绝对和永恒方面

罗伊斯认为,我们的判断作为知识不仅仅是我们的判断,还应是"真的"判断。因此,知识必须要具有超越我们的特定的经验和检验的方面,它必须具有某种永恒的、超时间性的方面。[①] "我们所有实践需求中最深的需求之一就是对永恒的需求。在这方面直接看出当前的实用主义的辩护和纯粹实用主义的逻辑的不可能性。有限的和时间中的每样东西都具有实践性。所有实践的东西都从永恒当中借取其真理性。"[②]罗伊斯对此的论证是,十九世纪数学科学的成就——"连续性和非理性数的界定,极限的现代精确理论以及群论的初期理论"[③]——如果按照工具主义的真理标准和尼采式的个人主义标准,这些成就都变得不可能,因为这些数学成就中包含着某种绝对主义。而且按照当时正在快速进步的新的逻辑理论——皮尔斯称为关系逻辑,罗素称其为微积分关系,康蒲称其为数学形式的理论——它们不但是理智主义的表现,而且其倾向于强调某种绝对主义而拒绝在思想中的相对主义,提出了比工具主义和个人主义更严格的知识要求。罗伊斯认为这些数学成就(还有狄德金的系统范畴理论的发现)是对客观真理的发现,这些都具有绝对性。[④]它们是对知识因素中永恒因素的揭示,也是思想的必然的形式。据此,我们看到罗伊斯式的实用主义与皮尔斯的气质相近性,也能据此理解罗

---

① Jacquelyn Ann K. Kegley, *Josiah Royce's Theory of Knowledge*, University Microfilms, A Xerox Education Company, 1972, pp. 71 - 72.

② Josiah Royce, "The Eternal and the Practical", *The Cambridge School of Pragmatism*, *Vol. 3*, edited and introduced by John R. Shook and André De Tienne, Thoemmes, 2006, p. 24.

③ Josiah Royce, "The Problem of Truth in the Light of Recent Discussion", in *William James and Other Essays on the Philosophy of Life*, New York: The Macmillan Company, 1912, p. 203.

④ Ibid., pp. 208 - 212.

伊斯为何称谓自己为“绝对实用主义者”。

三、作为一神论的实用主义[①]

（一）实用主义是一种多神教？

这一题名也许会让人联想到理查德·罗蒂的《作为浪漫多神论的实用主义》，罗蒂在文中提出了实用主义在宗教方面的基本图式的五个命题：第一，视信仰为习惯，它使我们从去统一所有信仰为一个单一的世界观的责任中解放出来；第二，多神论比一神论给个体性留出更多的空间；第三，我们必须区分出社会事务与个体事务，而宗教与浪漫艺术一样是一种个体事务；第四，“我们应当爱真理这样的观念要为宗教信仰是‘理智上的无能’这样的观念负责。……所谓爱真理不过是对主体间一致同意的爱、驾驭顽固事实环境的爱、赢得辩论的爱以及将小理论汇进大理论的爱的一种混合物”[②]；第五，爱真理的意图，并且将真理看作唯一，认为其能够通约和排列人类多样的需求，这只是传统宗教希望的一种世俗版本，其真正意图无非是要具有力量的非人格存在站在自己一边以对抗其他人。[③] 通过这五点主张，罗蒂塑造了实用主义在宗教态度上的多神论。

但罗蒂在这篇论文中并不是在真正的宗教意义上来谈论多神，他只是想借此赞同以赛亚·伯林的人类价值的不相容理论，在他看来，伯林的这种学说是一种多神论宣言。[④] 罗蒂所主张的这种“浪漫多神论”本质上是他对于杜威的“民主”观念的宣扬。他要求人们放弃哲学能够帮

① 这一节的内容已发表在《基督教学术》2015年12月辑刊上。

② Richard Rorty, *Philosophy as Cultural Politics*, Cambridge University Press, 2007, p. 35.

③ Ibid., pp. 34 – 35.

④ Ibid., p. 30.

助你在不同的神和不同形式的生活中作出选择的观念。① 在这样的观念下，他将尼采引为同路人，他赞扬尼采对于那些信奉一神论是理智上的虚弱和愚蠢的抨击。罗蒂的观点代表了实用主义的观点，即对一种单一的世界观的信奉——一神论的表现——实质是“理智对世界的不负责任的行为”。因为这种单一的世界观持一种能够通约和排列所有人类的需求的出发点和归宿点，即存在着具有力量干涉人类事务的非人存在，他能告诉所有人他们的生活应当做什么，告诉他们同样的事。罗蒂毫不掩饰地讥讽一神论“一个无所不能却独断的天父的意志”以及“基督教会之外无拯救”的观念。②

罗蒂追随杜威的实用主义宗教观，信奉无神的实用主义。而且，从杜威对民主观念的热情以及对于多元性和异质性的宽容，杜威的确应是罗蒂所认为的信奉最低限度的宗教观之“多神”。但是，姑且不谈詹姆斯的前提下，罗蒂将实用主义构想为一种浪漫多神论却破坏了杜威的共同体理论。杜威虽然渴求民主、反对权威，但他在《一个共同的信仰》中表述了一种与宗教相联的人类联合体：“上帝的观念，或神的观念，也与自然的力量与环境相关——包括单个人和人类的联合体——有助于促进理想的成长并推进其实现……也就是在这种理想和现实的积极意义上我称其为‘上帝’。”③故而，杜威并没有将宗教现象还原为一种个人主义的表达。罗蒂在论文中激烈地推崇的尼采的个人主义并不是杜威式的民主观念的目标。另外，罗蒂追随杜威在宗教方面的去组织化是正确理解杜威对于“宗教的”这个形容词的意味的，杜威认为个人与神的交流并不是宗教经验的核心，所以应将“宗教的”这个形容词来替换“宗教”这个名词，这样就不会指示出一个特定的实体、组织化的机构，而且也指示出

① Richard Rorty, *Philosophy as Cultural Politics*, Cambridge University Press, 2007, p. 32.
② Ibid., p. 33.
③ John Dewey, *A Common Faith*, New Haven: Yale University Press, 1991, pp. 50 – 51.

了每一个人可能朝向的一个理想态度，但罗蒂对杜威的这种去组织化理解得并不充分。杜威的宗教去组织化只是基于其倡导理智对世界负责任的态度而不应盲从权威（教权），他并非反对在共享社会性行为当中形成共同信念、共同理想，相反，他认为真正的民主是具有共同理想和信念的社群生活，民主就是共同体生活本身。而不是无组织、无政府的个人主义。而罗蒂则"截取"杜威的反权威的"去组织化"，舍去了其对共同体生活的强调。

至于詹姆斯，如果是在其持"允许世界以一种多元方式来存在"①的观点这个意义上，罗蒂会是詹姆斯坚定的拥护者，但罗蒂发现在宗教方面，他与詹姆斯并不是同一条道路上的人：詹姆斯走的是从个体宗教经验到普遍经验假设的道路，罗蒂自己是排斥任何普遍化的观念而认宗教为一种浪漫的个人事务；詹姆斯认为人天然的错误感（罪恶感）以及联系到一个更高的力量才能从中解脱的救赎理论也是罗蒂自己绝不赞同的，他认为詹姆斯所需要做的只是区分与其他人一起合作解决问题还是个人自己解决问题两个领域。总之，罗蒂是在促进实用主义复兴以及在神圣与世俗之二元瓦解的思想前提下来筹划一种自由主义，他因此会赞同詹姆斯多元论的路径，但也当然会拒绝詹姆斯充盈的宗教感以及关联到一种更高力量的救赎观点。

综观之，罗蒂将实用主义构想为一种浪漫多神教并不是恰当而适切的。

（二）罗伊斯之一神的实用主义

罗蒂通过将宗教划归为个人私务而将有组织的宗教方式（或教会）视之为"对话的终结者"②——其限制着知识与道德的进步——而视之

---

① William James, *Writings of William James 1902 - 1910*, Penguin Books, 1987, p. 125.

② Richard Rorty, "Religion as Conversation-Stopper", *Philosophy and Social Hope*, New York: Penguin Books, 1999, p. 171.

为对社会的危害，这主要体现为他对杜威的去组织化的宗教的追随，但他漠视了共同体和人类联合体在杜威思想中的核心地位；罗蒂又将詹姆斯的联系到一种更高力量的救赎理论视为多余而激进化了詹姆斯的个人宗教情感，从而走一条实用主义多元经验之路。通过两个步骤，罗蒂的浪漫多神论切断了宗教、道德和共同体之间的联结。而宗教与道德、共同体的联结在罗伊斯看来是必然的，这使他在哲学上谈论宗教时选择一神论。而他的一神论立场与实用主义元素相结合产生出了一神的实用主义。

1. 为什么不是多神？

对罗伊斯而言，他选择一神论立场主要基于两个方面的原因：第一，他对哲学任务的认识；第二，基于他受到康德-费希特的上帝观念的影响。

（1）他对哲学任务之认识

罗伊斯认为哲学应是综合伦理的、直觉的和理性方面的一种理想[①]。而基督教一神论正是这种理想的样板。基督教一神论的发展是三种不同元素不停碰撞的结果：第一种元素，以色列先知的伦理一神论为基督教提供了伦理维度。以色列宗教将上帝定义为"世界的正义统治者""正义的执行者"以及"他的律法是神圣的"和"他捍卫着正义的胜利"等。哲学上关于上帝的观念直接或间接地受到了以色列宗教的强烈影响。第二种元素，希腊人的一神论将神界定为世界的源泉、解释、关联、秩序和理性。希腊人贡献给了哲学上所谈论的神以理智方面的元素。第三种元素，在印度的宗教土壤中成长起来的一种不恰当地称为"印度

① "在康德的《判断力批判》中，康德意识到需要进行理性与意志的综合，以及去解释审美的经验，也就是我们所亲知到的美所揭示的那种完美——这种理想，是伦理的、直觉的和理性的综合——这仍然在我们当中。虽然历经种种失败，但这种理想是哲学之无法逃脱的一个问题。"Josiah Royce, "Monotheism", *Josiah Royce's Late Writings, Vol. 1*, edited and introduced by Frank M. Oppenheim, Thoemmes Press, 2001, p. 90.

泛神论”，即称“一是神并且只是神，因为世界只是表象”的“无世界主义”，其在欧洲思想中的“直觉主义”和“反理智主义”思潮中得到明显体现。它所贡献的“神秘主义”成为基督教经验和哲学解释的一个重要因素，新柏拉图主义学派就体现出这种因素的影响。神秘主义者主张理智不能获得对于上帝的本质以及其与世界的关系的理解，神秘经验能够使人们有权获得对启示的接收，这是基督教发展中重要的元素。据此，哲学任务的理想决定了持一种集伦理的、理智的和直觉的元素于一体的一神论立场。

(2) 康德-费希特上帝观念的影响

罗伊斯在《一神论》中对康德和费希特的上帝观念评述道，“康德的上帝是正义的标尺，或者如费希特在他早期著名的文章中所述的那样‘上帝是世界的道德秩序’。但这种康德-费希特式的秩序不是希腊式的秩序，它既不是柏拉图理念领域的秩序也不是自然世界的秩序，它是‘目的王国’的秩序，是自由的道德行动者的世界之秩序，它与一个理想的崇高领域或道德完善的领域永无止境地对照着，在这个领域之下，道德行动者必然永无止境地抗争着，但是这个领域的显现却从不能通过一种神秘的视角看到或一种确定的逻辑而证明。按康德的说法，一个正义的人会说，‘我愿上帝存在’”[①]。据此，罗伊斯得出，一神论虽不能被证明，但从理性上却承认其为真。这个观点对罗伊斯的整个哲学都具有深刻的影响。

基于这两个方面的因素，罗伊斯持一神论的立场。

2. 在宗教相关问题上对詹姆斯、杜威观点的“反罗蒂”[②]的实用主义

(1) 救赎观念在世俗维度上的必要性

罗蒂在宗教问题上追随了詹姆斯的多元主义经验路线，但他认为詹

① Josiah Royce, “Monotheism”, *Josiah Royce's Late Writings, Vol. 1*, edited and Introduced by Frank M. Oppenheim, Thoemmes Press, 2001, p. 90.

② 罗伊斯当然不能直接与罗蒂对话，这里的“反罗蒂”是就罗蒂在勾画其“浪漫多神论的实用主义”中对于詹姆斯、杜威的处理方式的一种直接反驳。

姆斯的"人存在着天然的错误感且需要联系到一种更高的赎罪力量才能从这种焦虑中解脱"的观点属于多余，而他认为杜威"避免了詹姆斯对于罪的那种负疚感"之"错误"。[①] 他因此解除了实用主义在宗教立场上与非世俗力量的关联，而追随杜威的"无神"实用主义。但"救赎"观念真的是"错误"？

罗伊斯不这样认为，"如果世界上不存在基督教和基督徒，救赎的观念也会被创造出来……"[②]人类需要救赎的观念"无关乎人的天然堕落，也不是因为爱和信任的软弱"，而是基于"人类的自由"[③]，而康德已经揭示出人的意志自由的这种正反两方面的价值：作为自由意志的行动者，既能意愿向善而行，却也开启了为恶的可能。人世间恶行存在的事实就为此作了证明。罗伊斯认为救赎观念对于克服人类生存中不可避免的恶的事实具有必要性，因此救赎概念更多地涉及人类的事务，它是一个世俗维度的概念，且涉及人类共同体。这就反驳了罗蒂将"救赎"概念与原罪意识挂钩的思想，也补救了罗蒂通将宗教等同于个人事务而对杜威共同体的破坏。而且事实是，罗伊斯是与原罪划开界限的，他赞同保罗所说的"我并不知道原罪，我只知道律法"，从而巧妙地将道德负担进行了再解释。

罗伊斯救赎理论总的主张是，在解释共同体中通过创造性的解释活动实现对已产生之恶的救赎。这个理论有以下几个要点：第一，他并不为恶的根源去寻找答案，也并不辩解恶的实在性——恶作为事实业已存在，必须承认行为的不可撤回性。第二，作为主动的行动者，怎样去回应恶的事实，这才是关键。第三，真正的救赎只能发生在一个共同体中，这是救赎的本质。第四，救赎的目的是使世界变得更好，而并不在于惩罚

① Richard Rorty, *Philosophy as Cultural Politics*, Cambridge University Press, 2007, p. 38.

② Josiah Royce, *The Problem of Christianity*, Washington D. C.: The Catholic University of America Press, 2001, p. 165.

③ Ibid., pp. 176 - 177.

恶行者、宣扬道德说教，以及得到受损害的共同体的原谅。第五，救赎通过解释的三元中介结构得以实现。整个救赎理论最关键的是“共同体”和“解释”，而这两个概念再次让罗伊斯真正注重的“沟通”维度反复出现。恶总是发生在共同体的生活中，对其的救赎并不是任何一个私人的事务。而通过共同体中成员对于恶行及其后果的创造性解释，使恶行者的个体心灵发生转变，并使共同体中产生宽恕与新的接纳，从而使共同体变得比恶发生之前具有更高的善。在此，罗伊斯将语言结构与生存经验挂钩，并以语言(解释活动)的“沟通”牵出解释者(每一个人都是解释者、被解释者与解释接收者)需要共同体为其提供对话机会，从而解除生存上的危机(恶行)。

(2) 宗教、道德与共同体的关联性

罗蒂在宗教问题上转向个体经验并将宗教化约为一种浪漫艺术从而切断了宗教、道德和共同体的关系。罗伊斯无法接受这三者之间的割裂。

首先，实用主义者主张需求的不可公度性，因此应主张多元主义，罗伊斯接受这个事实，“你具有你的需求，我也一样。年轻的需求非年老时所愿……让我们成为多元主义者”①。但是，罗伊斯发现“一个多元主义者，当他批判我的时候，总是希望我与他进入到一致的联合体中”②。罗伊斯在此指出了人类的更深层次的需求：companionship(伙伴关系)的需求——“那种不仅仅是为我们自身而思考的需求，而且是找到某个人同意于我们，或者至少对我们的思维模式是赞同的”③。简言之，一种社会确认的需求是人性更根本的需求。这个维度的存在决定了共同体生活对于个人的必要性。罗蒂将宗教事务划归为私人领域的事务，并使其

① Josiah Royce, “The Eternal and the Practical”, *The Cambridge School of Pragmatism*, *Vol. 3*, edited and Introduced by John R. Shook and André De Tienne, Thoemmes, 2006, p. 12.

② Ibid., pp. 12 - 13.

③ Ibid., p. 12.

与只有合作才能完成的公共事务相对立并不成立。而且就其划分出私人领域是追求自我的不平庸、自我的完善与确定自我的希望的确立来说，作此划分只会与其追求的目标背道而驰。因为自我的发展不仅恰恰需要共同体环境，而且自我的任何进步也都是共同体中才能完成评估。

其次，宗教不可能剥离道德的维度。如果罗蒂的浪漫多神论追求的是杜威式的民主，那么他赞同的尼采式"个人主义"狂欢恰恰会更深刻地瓦解民主。杜威晚期对宗教性的回归是对作为一种生活方式的民主以及经验主义的意义进行更深层次的思考的结果，他意识到渗透到所有经验当中的普遍品质通向一种宗教启示。因此杜威必然会拒绝将宗教还原为一种个人主义的表达。罗伊斯对宗教的理解清晰地驳斥着罗蒂对于宗教的模糊理解，他认为无论是什么样的宗教都至少具有三个方面的元素：道德准则、激发对于道德准则的热情与奉献精神的表述形式（诸如神话、文学以及礼仪等）、对于世界的实在结构的一种理论性观点。道德作为支撑宗教的基本点是宗教得以在人类历史长河中得以存续的主要原因，因为它切中了人类共同体生活需要维系的普遍品质，就如杜威所觉察到的一样。罗蒂对实用主义的复兴是潜伏着其对自由主义的筹划的，所以其反对任何具有普遍强制的因素，但是，自由主义在本质上也具有一种超验价值的支撑，即相信人在本质上是有别于动物维度的存在。而从人类迄今的文化发展史来看，宗教作为一种公共的产物至少是塑造着这个维度的重要角色。故而罗伊斯的洞察更为深远，他因此而主张，一神论虽不能被证明，但从理性方面却承认其为真。①

再次，罗蒂主张有组织化的宗教（如教会）是"对话的终结者"从而阻碍了知识与道德的进步。罗伊斯的观点恰恰相反。他认为基督教保罗

---

① Josiah Royce, "Monotheism", *Josiah Royce's Late Writings*, *Vol. 1*, edited and introduced by Frank M. Oppenheim, Thoemmes Press, 2001, p. 90.

式的共同体是解释这种对话的促进者。因为真正的基督教是建立在基督的全部业绩以及需要一个更深刻的解释者来领会并传播他的意义之上，两个维度缺一不可，而保罗就是这种解释者的范例。解释者保罗将解释接收者首先视为一个人，因为解释是一个对话，是一种对等的交谈；解释是一个包含着表达与接收的精神行动，确证了接收者是一个精神活动者；而解释结果又在解释接收者之间再解释，这个过程一直开放。这样的解释共同体产生的是自由、爱与忠诚。所以，基督教的解释共同体所传达给人类的自由是尊重共同体其他成员的自由、爱是确认对方是一个人并寻求与其统一的爱、忠诚是负起不断进行解释的解释意志的忠诚。而且，就如汉斯·约那斯所主张，宗教一直并不是知识与道德进步的妨碍，而是驱动力量。

四、皮尔斯-罗伊斯式实用主义 VS 詹姆斯-杜威式实用主义①

根据上文所述，我们能清晰地看到罗伊斯追随皮尔斯的路径并与其一起论述了“皮尔斯-罗伊斯式”的实用主义，其特征与“詹姆斯-杜威式”的实用主义形成对照。

（一）根本区分点

皮尔斯和罗伊斯的实用主义基础在于数理逻辑，于他们的思想而言，这是作为一种推论的逻辑，它的思想核心点在于理智概念的目的，即关注概念的后果，且在一种总体可错的背景中不断地使概念后果与某种绝对相符合。詹姆斯-杜威的实用主义不是从数理逻辑的可能性中寻找某种终极引导，而只是关注于当前的经验，即某种短程的可兑

---

① 当然这种区分是在一定范围内而言的，这四位同出现在美国哲学“黄金时期”的思想家其思想相互激荡、互相影响是必然的，他们都分享着许多共同点，所以并没有一种最终将他们的思想截然分离的标准。

换效果、经验的可感知方面。詹姆斯的心理反思逻辑和杜威的探究逻辑并不寻求一种可对我们的思想进行彻底解释的普遍观念,而这正是皮尔斯和罗伊斯所寻求的。总之,皮尔斯-罗伊斯式的实用主义在可错误论的背景中承诺了一个目的论的绝对实在性;詹姆斯晚期虽对上帝有限地开放,但其未对绝对的东西给予明确确认,杜威则以其自然主义的立场拒绝了任何形式的超自然绝对。这是两种实用主义气质的根本分歧点。

(二) 两者对于"经验与普遍化"问题的立场

实用主义可以被概括为一种对思想和行动的关系的描述,且以有效性来考察两者的关系。这涉及两种后果①:一是采取的行动证明思想方案对于解决问题是不恰当的,即我们没有发现真的解决方案,未形成行动习惯;二是实践证明思想方案是成功的,这就存在着使该方案普遍化到其他情境的可能性范围,即个别经验的普遍化问题。对于第一种后果,詹姆斯-杜威的实用主义能够清晰地进行阐释。因为他们都是机能心理学家,对有机体和环境的适应问题他们能较好地处理:反馈信息指示行动另采方案,即经验尝试被放弃,形不成经验(真判断)。而对于第二种后果,即普遍化的问题,杜威和詹姆斯就遇到了困难。基于对激进经验主义的承诺,他们对贯穿于不同情境的普遍化有着某种犹豫,这导致之前的探索成果在新的问题处境中要面对适应性的问题,这正是他们这种类型的实用主义的麻烦之处。但杜威似乎对此颇不以为然,甚至在其情境探究逻辑中,认为这种逻辑上的局限性是一种美德。不过,如果每一个新的探索情境都要处理之前的探索成果的适用性(普遍化)的话,势必会阻碍探索的进程。皮尔斯就直接指责过杜威的这种探究逻辑的狭隘性。而皮尔斯-罗伊斯的实用主义则一直将"问题"归诸到思想上,

---

① 以下论述直接受 Randall Auxier 教授论述的启发。

即真正的怀疑是理智上的怀疑。他们采取一种先天的思维对思想范围内的问题进行探索、寻求解决答案。且通过使用理智上的工具(逻辑学、数学等)来处理"问题",这些工具业已是概念化的,只要彻底掌握方法,就能够用到其他的思想情境。①

在杜威看来,皮尔斯和罗伊斯一味在人类认知领域打转,这样的哲学并不立足于现实经验,于"做事情"无益。他认为新科学要求传统信念得到某种程度的进化——例如消除任何超自然的力量。在他看来,知识乃基于需要,不根据这种需要去制御事物的"现状",就不能真正获得事物的知识。传统哲学对知识对象那种静观的态度只会导致客体永不为我们所识,杜威认为这是一种无效的认识论。但杜威和詹姆斯对于超越个体经验之有限性的普遍化力量的犹豫,显然是对哲学史上理性主义传统的过度恐惧。实用主义是一种行动哲学,它通过行动而整合内在力量与外部世界,是旧理论在新经验的不断修正下不断生长的哲学思想,但它一定需要一个"核"来让"雪球越滚越大"(詹姆斯语),也需要哲学的理性反思来整理"新经验"对"旧理论"的添加与修正。并且最重要的是,个体经验之间如果没有某种无差别的共同基础(于皮尔斯和罗伊斯而言,这个共同的东西是探究共同体、解释共同体的先在实在性)预先确立起来并通向所有个体经验,科学和知识就无法确立。皮尔斯就认为像杜威这样的唯名论者(仅主张感觉材料和个体是实在的)是危险的,因为其排斥了科学探究所产生的普遍法则。而且,如果要在一个更大的范围内对后效进行验证,没有普遍性的基础是不可能进行这种验证的。

① John R. Shook & André De Tienne ed., *The Cambridge School of Pragmatism*, *Vol. 3*, New York: Continuum International Publishing Group, see Randall Auxier's introduction, pp. xii - xiii.

（三）两者在“目的论”上的立场

杜威不承认“生长”是趋向于善的目的论原则，他在《哲学的改造》中就认为“生长本身就是唯一的目的论原则”。他的哲学关注的是探索的进程性，心灵在经验和自然中起到一种持续的作用。对杜威来说，任何终极目的论的设定都会影响经验与自然的互动进程。皮尔斯也强调知识是通过一种过程而获得，他否认笛卡尔的基础主义是对知识的探讨，否定知识一旦获得就确定无疑，且他认为，在探究的每一步当中都会显示出某种可错的局限性。但是，他的科学探究的共同体指向了一个最终所有探究者（共同体成员）都会接受的东西——在正确地运用科学方法后产生单一的结果：“注定要被所有进行探究的人最终同意的意见就是我们用‘真理’这个词来意指的东西，而在这个意见中被表达出来的对象就是实在。”①他的探究的目的是要达到实践上的一致。另外，在其“基本范畴清单”上，“表征”（representation）这个范畴就不可避免地具有目的论指向。而且，他也主张一种“爱的目的论”，即宇宙揭示了一个朝向爱的目的论的趋向。罗伊斯的哲学思想一直是以目的论为取向的，他最核心的主张是，观念是行动的计划，是朝向某种目的的东西。对于杜威常论述的进步问题，他认为只有完成了一个善的目的时才是进步，而且还强调了人的意志元素在个体进步中的意义——进步如果无人的意志参与，则不是真正的人的进步。其实早在1880年约翰·霍普金斯大学的形而上学俱乐部的一次会议当中，罗伊斯论文《论思想的目的》就使皮尔斯意识到罗伊斯思想的核心是其目的论元素。罗伊斯晚期用“绝对的事业”来统一个体的实践目的，呼吁以忠诚的精神朝向寻求真理的绝对事业，并在这个过程中获得个人的成长。

---

① Charles Sanders Peirce, *Collected Papers of Charles Sanders Peirce*, *Vol. 5*, edited by Charles Hartshorne and Paul Weiss, The Belknap Press of Harvard University Press, 1935, p. 268.

目的论哲学体系最坚实的存在基础在于它能抵御相对主义带来的破坏性。杜威的工具主义真理观将所有的真理都视之为“假如”，由此而拒绝趋向于某种终极的目的论。他在《哲学的改造》中就将所有的概念、学说、系统看作是验证行动的工具而非行动的结局，他认为知识的对象并不是传统哲学讲的那种不变的终极实在，而是工具化的自然。但他的相对主义的“新经验”意图消融唯物论与唯心论、经验论与唯理论的争论并不充分，它在一定程度上削弱了物质世界的独立性和客观性以及真理的客观性。外部世界并不自然地满足人的需要，它客观地存在着、运动着；工具主义真理观贫化了真理的客观性，事实上，无论是对于个人效用的满足还是对于公众效用的满足，坚定地承认真理的客观性才能有效地利用它去指导人们的行动、才能成为有价值的工具，不认清这一点就是逐末弃本。在此基础上，所有知识的追求、对于自然的探索，某种目的论的预设就不可避免。杜威的情境探索和詹姆斯的改善主义都指向未来经验、指向生长和进步，但个体经验的意志是多元的，行动中如果个体经验的意志没有朝向某种统一或趋同的目的，生长和改善就会抵消在多元冲突中，甚至会瓦解探索的共同体和个体赖以生存的共同生活。

将实用主义纳入某种目的论的引导之下，一定程度上可以克服对实用主义的功利主义指责。詹姆斯-杜威式的实用主义机制以“起了什么作用作为判断标准”时，对世界和他人的判断就狭隘化了。如果不把人类的思维扩展到足够的辽远，只在“切近性”的范围内产生“去做”的逻辑，从更长远的视野来看，极有可能是有害的。皮尔斯-罗伊斯式的实用主义最终指向某种一致判断的共同体（最终目的），最后将是一个趋向于爱的共同体，具有克服这种“切近性效果”的功利性追求的急切。其实，只有超越于任何有限生命的经验的东西才能引领人们走出自我中心性，也只有这样，人类的精神才能够真正得到提升和改进。

(四) 两者在“理想”问题上的分歧

按照皮尔斯所提的实用主义准则：任何对象的意义就在于它未来的效应。这就使对“未来经验”的强调成为实用主义的必要内核。在实用主义阵营内部，对“经验”的强调并无过多分歧，但对“未来”这个时间范畴却存在决定的区别，而对未来的区分又表现在理想问题的论述上。

罗蒂认为设想一个绝对理想的事业作为人们努力的目标并不是一个真正的哲学家所应做的最好的事，而真正要做的是把握先前社会所留下的问题，找出当前社会存在的问题，并提出解决方案。而杜威也不能理解罗伊斯试图去纠正这个星球的无序状况的方案——绝对、统一、一致性——这些都在人类既有的经验当中无法觅到证据。而詹姆斯则相信人世间存在且将来也会存在各种各样的苦役，他认为理智主义者（例如罗伊斯）的乐观主义确实极具诱惑力，但现实世界多样苦难让人拒绝去相信那样一个“血气太盛的上帝”[①]（即绝对）。詹姆斯-杜威的实用主义对相对的信奉符合于常识经验，他们认为哲学理念与现实生活不一致时，就像无法发送电波的电台一样，只是个摆设。所以詹姆斯-杜威式的实用主义关注的是当前行动的筹划领域，即切近的或现世的未来。他们认为罗伊斯式的绝对未来相信宇宙的探索业已拥有完整的布局，这是心灵力量衰落的标志。这在某种程度上是对罗伊斯式未来的一种误解，绝对的未来之所以对他的思想而言为不可或缺的维度，是因为它支撑着现世未来的意义。他的实用主义所寻求的是既对“切近的未来”也对“最终的将来”起作用的东西。故而他主张，没有绝对，实用主义就不够实用主义。[②]

基于这种时间维度的理解，罗伊斯认为詹姆斯-杜威式的实用主义

① 威廉·詹姆斯：《实用主义》，李步楼译，北京：商务印书馆，2012 年，第 80 页。

② Mary Lou Briody, *An Idealistic Pragmatism: The Development of the Pragmatic Element in the Philosophy of Josiah Royce*, University Microfilms, Inc., Ann Arbor, Michigan, 1969, p. 240.

在理想问题的处理上是力量不足的。在他看来，趋向于某个超越于、高于他自身的东西，这种基本的乐观主义是人类实践行动的最基本要素，这是朝向未来经验的基础，一种当前的确信。而罗伊斯则用他的伟大共同体（世俗层面）、解释共同体（存在方式层面）和爱的共同体（宗教、精神信仰层面）来描述这种绝对的理想，并力图为这种理想提供到达途径。

在罗伊斯和皮尔斯看来，理想虽不是直接经验，但理想所提供的可能性却是可以被直接给予的，它可以被经验为一种意识而驱动着朝向未来的行动。皮尔斯和罗伊斯通过概念化的方式来表述理想，阐明理想是作为共同生活的未来可能性，从而给予理想以实在性，继而能够为人类生活的计划给出向导。其实，杜威在阐述“生长”概念时已引入了理想，但他主要是以生物体的繁荣来类比。其实，生物性的繁荣与精神上的理想并不必然构成同步，也并不能构成一种类比关系。如果要在理想上生长，引入一种目的论就不可避免。杜威在其思想发展中也趋向于主张和拥护某种至善，即朝向某种生活质量的全面提升的目标。虽然作为相对主义的自然主义者，杜威只承认“改善中的人类”以及“生长是唯一的目的论原则”，但他在用“希望”来表述生长的朝向时，便已经在偷偷贩运其理想了。实用主义是一种行动哲学、进取哲学，如果没有统一实践目的共同理想或这种共同理想不够清晰，或者对于超越个体经验的共同的东西不给予确信，“希望”只会是支离破碎的。

理想在皮尔斯和罗伊斯那里是一个具体的概念，在詹姆斯的评价中是苍白的抽象，在杜威那里则是约定性的注解。[①] 杜威的探究逻辑其意图就在于给出一种警告：为那些术语寻求本体论的根源（比如理想的绝对性）并不必要，关键是其所指示出该做什么。但是当实用胜过本体论追溯时，人的思维的清晰度是打折扣的，仿佛一个思维不足够清晰的人

---

① Randall Auxier, *Time, Will and Purpose: Living Ideas of the Philosophy of Josiah Royce*, p. xiv. 此页码为奥西尔教授手稿的页码，并非正式出版著作的页码。该书于 2013 年 10 月，由 Open Court 发行。

带着冒险一试的心态扎入行动(doing)。而皮尔斯和罗伊斯寻求的最终真理在于能够力图对现在给出一种彻底的解释,确证一种更根本的思维清晰性,从而获得行动的信念坚定性。

(五)"情境"问题上的不同立场

杜威强调每一个探索都是在特定的情境当中,而且,情境确实规定着在时间中的事件的条件总和,作为实践活动的探索如果不全面地衡量情境的制约性与助益性,探索就难以取得实际效果。但是,从哲学反思的角度来看,为每一个探索设定一个情境作为一种"临时的本体论"却无法解释清楚情境本身是什么,情境的情境又是什么,如此追溯。兰德·奥西尔认为"情境之情境需要以一种全体的方式来构想"[①]。正在被探究的情境属于全体的一部分。有限的个体意识不能遍历这个全体(即绝对)。但其作为一种不可避免的哲学假设为实践和道德动机提供了一种更深远的价值源泉。而且,从罗伊斯的视角来看,绝对对于个体探究者而言,还具有一种重要的内涵在于:绝对意指行为的不可撤回性,即一个个体一旦做出某种行为,就成为这个人的历史情境而存在。这种绝对性需要个体对每一个当下情境中的决定承担不可撤回之重负,这为道德生活的可能性提供了基础。"对于有意志的人来说,再也没有一种观念比信仰我们的行为的绝对不可撤回性而更具有实用性了。"[②]

情境的特定性从表面来看是排斥一种通用于所有情境的绝对法则的。但囿于情境的狭隘而不从一种超越特定性的普遍、总体观点来看待所有生命进程(对于人来说是经验进程)的话,人将会是自大的。罗伊斯

---

① Randall Auxier, *Time, Will and Purpose: Living Ideas of the Philosophy of Josiah Royce*, p. 110. 此页码为奥西尔教授手稿的页码,并非正式出版著作的页码。该书于 2013 年 10 月,由 Open Court 发行。

② Josiah Royce, "The Nature and Use of Absolute Truth", *Lecture I of the Harrison Lecture in Response to John Dewey*, Presented February 6 - 8, 1911, p. 29.

就不满意于仅通过人类经验来解释一切。他在《基督教的问题》中，要求将我们人类自身看作环境当中众多存在物的一种，而个人也是众多人当中的一员。杜威强调每个探索者都面对某种境遇，詹姆斯更是以其现实主义风格突出个体的独特境遇性。皮尔斯由于其思想风格而鲜少谈到个体的具体处境，但罗伊斯对于个体在认知等方面都强调其处境的前提性。罗伊斯承认，在实现个体或集体对真理的追求时，具体的社会境遇是一种实用的前提条件，但他认为这并不充分，“我们还需要一个永恒，从这个永恒当中‘借取’它的真理性”[①]。因为在绝对当中存在着对终极经验进行验证的确信，这种确信可以使当下行动具有坚定性。基于此，他认为他的实用主义比詹姆斯-杜威式的实用主义具有更彻底的对世界的解释方案，他称自己为“绝对实用主义者”。他也认为自己的实用主义是真正朝向未来经验的。

詹姆斯-杜威的实用主义强调未来指向，罗伊斯也强调一种包含着思想和实在的根本结合的未来经验。但与詹姆斯和杜威不同，罗伊斯所考虑的实用主义则包含着两种未来，一种是切近性或现世的未来，它构成了我们当前行动的筹划领域；另一个是在绝对当中，经验的完全实现。杜威和詹姆斯排斥绝对，认定相对真理的真理性。但从人类的思想特性来看，一种无时间性的绝对信念是完全必要的假设，它使当前的时间经验的多元和相对朝向一种统一和理想的规则序列，只有设定它，真理的相对性才能成立。事实上，人类的生命长河中倘若缺乏超越现实精神力量以及理想的绝对所产生的必要自我“欺骗”，生命的历史将会暗淡无光。

综上所述，罗伊斯以一种“绝对实用主义”加入实用主义这个家族中，其思想沿袭皮尔斯的思路并进行创造性发展，从而构成对于詹姆

① Josiah Royce, The Eternal and the Practical, *Philosophical Review 13. 2*, March 1904, p. 142.

斯-杜威式实用主义的补足。在与罗蒂所塑造的实用主义思想的“对话”中，呈现了罗伊斯与罗蒂对于实用主义观点的趋同与差异。罗蒂对实用主义的复兴带着自由主义的筹划，故而其所取的古典实用主义者皮尔斯、詹姆斯、杜威均是“被切割的”：他推崇詹姆斯的多元主义经验，而丢弃了他在宗教上的救赎与充盈感；他跟随杜威的无神实用主义、去组织化的宗教，但破坏了杜威的共同体理论；他认为皮尔斯还残留着基础主义的东西，故而认为其只是为实用主义提供了一个名称，而未领会到皮尔斯对于笛卡尔知识理论的决定性反驳。而罗伊斯的绝对实用主义为实用主义家族奉献出一种“不彻底的”反基础主义——其肯定知识的公共性与绝对方面——却意外补足了詹姆斯-杜威式实用主义在真理方面的“软”；罗伊斯以一种“一神论的实用主义”形成了对罗蒂所构想的“浪漫多神论的实用主义”的强有力对话。总而言之，在理解古典实用主义时，罗伊斯的绝对实用主义是不可忽视的一脉。

按德国哲学家阿佩尔的说法，罗伊斯确定地作为实用主义家族中独特一员的思想元素主要表现在其与皮尔斯一道完成的“先验解释学”，据此我们可以看出罗伊斯在其晚期所表述的解释思想的张力。下文我们就将罗伊斯的解释思想与维特根斯坦后期哲学进行一种比较，从而为使我们看到实用主义内涵中沿“语言”这一脉而进行的思想生发。

五、罗伊斯在皮尔斯思想基础上发展的先验解释学与维特根斯坦[①]

维特根斯坦的哲学思想的发展是从前期对一种反映世界图像的理

① 这一节内容已发表在《社会科学家》2013 年第 11 期上。

想语言的构造的设想转向了后期在多样化的“语言游戏”中获得语言的充足意义，实际上是从对精确的语言逻辑的“迷信”转向了对生活情境中语言实际使用行为时语词意义自足性的“信赖”——强调“生活形式”已提供了语词有意义使用的先验框架。罗伊斯在他成熟时期（1912—1916）集中表述的解释思想中，指出一个解释的“元问题”——我们在开始解释之前，已经在解释之中了；解释是在一种先在的框架中达到解释目的（即理解）的，也就是在解释共同体——人类文明历史即生活形式史中达成了沟通和理解。我们看到，这两者在此都有一种对语用维度的先验性的强调。将这两个人的思想放在语用维度上来比较，将是一种有趣的尝试。

（一）前期维特根斯坦与罗伊斯

维特根斯坦在《逻辑哲学论》中力图表述：通过对语言逻辑形式的分析，就能够获得相对应的世界图像，命题显示出实在。也就是说，世界与语言同构，从语言的逻辑形式中“显示”出世界的图景。后期的维特根斯坦放弃了对于语言逻辑形式的精确性追求的理想，转而引入了“语言游戏”规则的差异化和相对化，从句法分析、语义分析转向了语用维度。这种“语用化”转向实际上是将世界的解释放进人类的活动当中去，从而要考量生活形式、习惯、制度。后期的维特根斯坦对于语言规则的非经验性的反复强调，使其哲学带有了先验的色彩。这种对“生活形式”的妥协来自他意识到，要构造一种无矛盾的、又是可应用的普遍计算语言——理想语言的梦想的不可能性。语言使用者不可能被剥离一种在时间中的历史维度。而我们看到，罗伊斯是将解释这种语言行为放置到历史发展中的某个共同体当中的。他认为，只有在历史的演化着的群体当中，才能创造出像语言这样的产品；而且，人本质上的社会性使他的行为从属于特定的社会秩序。故而，罗伊斯认为，在解释行为开始之前，

"一个解释的共同体必然存在和必需要形成"[①]。而这个解释共同体的存在是解释活动得以可能的先在条件。

对前期的维特根斯坦来说,对世界的理解,由语言主体所使用的语言的逻辑相同来保证意义的一致性即沟通的达成。这种沟通的保证是基于一种先天结构的一致性的认可,但是语系的多样性和差异性以及相应的逻辑结构的不同,使这种保证只能在很小的范围内具有保证力,而且,这种语言结构的静态性也限制了意义扩展的可能性。在罗伊斯的解释共同体(也是一个语言共同体)当中,解释参与者(实际上是所有的人,因为罗伊斯认为人是作为解释的动物而存在的)的连续会话的序列打开了意义扩展的可能维度。因为每一个解释者是一个符号的集合载体,他在参与解释活动时,要将解释对象(也是一个符号序列)的意识通过一种"翻译"机制转译给解释接收者。解释者的这种中介行为将不同的符号序列统一进解释活动(也就是一个小的解释共同体)中,使比较、连结和属类判定成为可能,从而产生了新的意义可能性。总之,解释活动是一个动态的开放过程,并且作为解释结果会被放置到更大的解释共同体当中进行意义的验证或充实了更大的解释共同体。

(二) 后期维特根斯坦和罗伊斯

1. 解释的元维度与"语言界限"

罗伊斯指出一个解释的元问题——我们如何能够解释世界?我们在解释开始以前,我们已经在解释之中了。也就是,作为历史性的解释主体的人,本身需要获得一种先行解释——我们如何能够解释世界?这个先行理解,其实质也就是,我们如何就世界给予我们的材料达成一致的理解的问题。因此,主体间沟通问题在罗伊斯的解释理论中首先需要

---

① Josiah Royce, *The Problem of Christianity*, Washington D. C.: The Catholic University of America Press, 2001, p. 325.

得到阐明。必定有某种一致性统一体的先在存在，才能使每一个判断取得效力和根据。而我们看到，罗伊斯设定了这样的一致性统一体——解释共同体。这个解释的共同体也就是一个交往的共同体，主体间沟通的可能性和有效性正是在交往活动中开展的。交往性作为主体间的元维度是一切有效解释的可能前提，也正是在这个元维度上，达成了有效性和意义性的一致性统一——“约定”。罗伊斯并没有明确地用“约定”这样的表述来阐述他的思想，但是，一个历史的一致性统一体的存在本身就表明了这种“约定”是其题中之意。因为达不成约定或约定无效，任何借助于语言的交往活动根本就不可能发生。解释没有这一先验前提，是不可能发生的。但是，“约定”的含混性在于，它从何处取得或确立其有效性。如果追溯到做出约定的最初意愿，结果就是，意愿者与自身取得一致。但这并非至此而成为一种个人的任意决断，因为，在罗伊斯那里，这种同意的意愿所指向的内容是“对他人的承认”——罗伊斯是拒绝作为知识的基础的实体性自我的，取而代之的是一个无限的符号序列的自我。这个自我只有通过符号系列的开展才能形成它的意识、确定自身的意义，而这个过程只有在共同体中和其他符号系列的自我进行比较才能完成，比较的必要性同时也设定了与他人自我的“可比较性”——他人的意识和内心生活与我的是同样的。

这样，主体间如何达致理解这个在先的条件就是一切解释行为的可能性条件。交往共同体的先在是符号自我（这个符号自我需要生成过程）的更根本维度。所以，解释，作为一种符号运作的过程，包含着主体间沟通的元维度——即真正的起点是“我们已经在世界中存在”，这个“已经在世界中存在”作为解释的先验条件表明了，人类的历史性活动以习惯、制度等形式表现了人类共同体中深层的一致性统一。正如阿佩尔所分析，比如在自然科学领域，“任何一个自然科学家都不可能作为孤独的自我仅仅为他自己而力求说明某物。即便仅仅为了知道他应该说明

‘什么’,他也必须就这个‘什么’与他人形成某种沟通”[①]。

罗伊斯对于解释活动所诉求的先验维度——人类文明史的存在使他具有了历史眼光。也就是说,作为某个历史性存在的解释者,必须对历史中的观念进行理解和解释,从而保证知识的历史连续性。阿佩尔就评述说:“美国黑格尔主义者 J. 罗伊斯联系实用主义创始人皮尔士的思想,用以下形式表达了我们的上述观点:人类不但要面对自然‘知觉’感性事实并构想‘观念’,而且同时还要与某个历史‘共同体’的其他成员的持续交流中‘解释’观念。”[②]

关于这种“先在条件”,维特根斯坦在《哲学研究》中也有相关表述。“人们以为自己是在一次又一次地追踪着事物的本性,可是他们只是在沿着我们借以观察事物的本性的形式而行走。”[③]也就是,一种先于观察意图的先在形式已经决定了我们有意向的观察方式,我们的行为超不出先在的“形式”所决定了的框架和界限。表现在语言的使用当中,即:只要我们还在使用语言,语言的界限就会先框定我们的言说范围和形式,也就是维特根斯所说的“语言界限”。这种在先的“语言界限”作为规则具体化为语言用法、生活形式和情境世界所构成的世界。但维特根斯坦也表达出,要理解日常语言所依赖的那种默契是极其复杂的,所以,他将日常语言作为一种终极性的“元语言”来看待。而这就与罗伊斯的思想旨趣是相似的。

2. “私人语言”的不可能性与解释共同体的在先性

维特根斯坦的洞见——“私人语言”的不可能性——表明语言使用的正确准则就在于:将解释活动放到一种他人能够审查的公共领地之内,而这个领地内的审查机制是建立在对一种共同规则的遵守达成了一

---

① 卡尔-奥托·阿佩尔:《哲学的改造》,孙周兴、陆兴华译,上海:上海译文出版社,2005 年,第 68 页。

② 同上书,第 70 页。

③ 维特根斯坦:《哲学研究》,李步楼译,陈维杭校,北京:商务印书馆,2000 年,第 72 页。

致性的“约定”——表现为习惯、制度等。这样，一种公共性的机制作为一种参照系、同时更是一种意义的生成机体是语言行为有效性和有意义行为的必要条件。

在此，维特根斯坦的思想与罗伊斯再次交汇。马塞尔在《罗伊斯的形而上学》中论述罗伊斯的解释理论时，就表述过，对罗伊斯来说，“只有在相应的共同体是实在的情况下，解释才是实在的，而且只有在共同体达到它的目的时，解释才为真”①。马塞尔的评述是切中罗伊斯思想的要点的，罗伊斯在主张“人是解释的动物时”就表明，只有在一种共同体背景当中，人的解释活动才是可能的和有效的。成熟时期的罗伊斯的思想是深受皮尔斯的符号理论影响的，即所谓的“皮尔斯化时期”。符号是罗伊斯解释理论中的关键元素，他认为符号是一个意识的表达，但没有一个符号是纯粹私人的表达，只有在一个解释的共同体当中，诸解释之间的比较和印证才能够确保一种更高程度的客观性。

从这可以看出，罗伊斯和维特根斯坦都致力于在一种公共的语言运作中或者在一种公开的语言的框架中寻求所表达命题的意义和有效性。而且其共同点还在于：对罗伊斯来说，一个符号作为一个意识，其形成的条件是解释的共同体的在先性，也即解释活动何以可能的先验性。“我们—世界”先于任何一个“我”或自我意识，只有在历史的演化着的群体当中，才能创造出像语言、艺术、宗教等的产品。J. E. 史密斯在为罗伊斯的《基督教的问题》的重印本作的导言中就正确地强调，社会关系在时间中的存在，先于独立个体的自身观念。而他所说的“社会关系”，在罗伊斯的解释理论语境下，是不同时间跨度中不同意识在各种层面上的符号交流。

后期的维特根斯坦强调，“语言游戏”中的规则是区分行为是否有意

---

① Gabriel Marcel, *Royce's Metaphysics*, translated by Virginia and Gordon Ringer, Westport, Connecticut: Greenwood Press, p. 127.

义的标准，而这个规则是与人的“生活形式”和“世界”交织在一起的先在框架。一个人要拥有关于语言的正确使用的任何准则，他就必须将他所遵循的语言规则放置到他人能够审查的境况当中，也就是置于公开的语言游戏当中。阿佩尔就说：“只有以一种语言游戏的存在作为前提，也即以一种出于‘习惯’或一种社会制度的存在为前提，才有理解和可理解行为。”①也就是说，语用规则成为语言行为的先验维度，在使用语言交往的人类行动当中，语言规则先天地规定了行为的意义标准。被给予的关于世界的经验材料也是在语言框架中被构造起来的。所以后期维特根斯坦对语用维度的强调并不仅仅是说语言的意义只有在情境语境中、与“活动”交织在一起时才能通达，而仿佛是在主张语言框架对于行为意义的更根本性：“人类行为只有在语言游戏的框架内才是可以通达的，即才是有意义的和可理解的行为”②。维特根斯在分析“读”这种语言行为时就表明了这种立场。他认为，读是一种具有某种高度特征性的事，“当人们读的时候，这些口说的词简直可以说是溜进来的”③。他认为，在口说时，某种深层次作用下的先行语词会自己出现，“它们的出现并不像，比如说，我把它们虚构出来时的那种出现。——它们是自行出现的”④。维特根斯坦用“被引导的经验”来说明这种“自行出现”。被什么引导呢？他认为是某种无法描述的、更内在、更根本的东西。我们看到，这里与海德格尔的语言在言说的思想有了汇聚的倾向。

罗伊斯的解释活动的成立与维特根斯坦的“语言游戏”的先在性是一致的。他将解释活动放到一个公共的结构中，也就是说，只有在一种公共生活的开展中，解释活动才有一个起点并取得其意义和有效性。而

① 卡尔-奥托·阿佩尔：《哲学的改造》，孙周兴、陆兴华译，上海：上海译文出版社，2005 年，第 43 页。

② 同上书，第 42 页。

③ 维特根斯坦：《哲学研究》，李步楼译，陈维杭校，北京：商务印书馆，2000 年，第 100 页。

④ 同上。

且在罗伊斯的论述当中，一个人在学会正确使用语词之前，他已经在共同体当中了，故而对于习得语法规则，“不是你意愿，而是被完成”。这与维特根斯坦的旨趣无疑是相同的。

3. “语言游戏”的接受者与解释共同体中的解释者

后期的维特根斯坦认为，语言的“空转”现象——即进入对无意义的形而上学问题的表述——是因为语言的使用脱离开了实际的语境。而要真正消解这种语言的“空转”，就只能回到生活世界的“语言游戏”中。“真正的发现是这样的发现：它使我能够中断哲学研究——如果我想这样的话。这种发现使哲学得到安宁，从而使哲学不再被那些使哲学本身成问题的问题所折磨。——相反，现在则是用实例来演示方法；而实例的系列可被人们中断。——诸问题都得到解决（困难被消除），而不是单独一个问题。”[①]一种精确语言的假定在“实例”中被抛弃了。维特根斯坦的这种“语用化”，实际上是将对世界的解释放到人类具体的生活形式、习惯、制度，也就是具体的生活情境当中；只有在活生生的生活实践的语言使用即“语言游戏”中，语言才能获得它的充分意义。“在这里，‘语言游戏’一词的用意在于突出下列事实，即语言的述说乃是一种活动，或是一种生活形式的一部分。”[②]而作为人类生活形式组成部分的“语言游戏”本质上要求一种参与性，这种参与活动就假定了接受者的角色。接受者不但接受游戏规则，而且会承认和内化语言游戏的效果，从而最终完成一桩“语言游戏”。

维特根期坦这个在“语言游戏”活动中的角色假定与罗伊斯的三元解释理论中的解释接收者的角色是类似的。在罗伊斯的解释三元关系中，解释者将被解释对象的意识解释给接收者，在这个“翻译”过程中，解释者是一个关键的角色，他表现为一种统一的力量，将被解释对象、解释

① 维特根斯坦：《哲学研究》，李步楼译，陈维杭校，北京：商务印书馆，2000 年，第 77—78 页。
② 同上书，第 17 页。

接收者统一在一起。但是，解释过程的落脚点却是接收者，即为了这个接收者而解释被解释的对象。这其间蕴含着双重的承认：首先，承认他人的意识和自己的意识的同质性；其次，承认解释运作的效果。而解释接收者（解释者、被解释者和解释接收者均可在不同的解释共同体中成为该角色）的承认是解释效果的关键，这与维特根斯坦的思想产生了交汇。卡尔-奥托·阿佩尔在阐述维特根斯坦的"语言游戏"所涵盖的内容时就说，"更进一步，我们还必须把受制度性规则支配的接受者的行为包括进来，因为在这种接受者行为中发生了对被说出的、被演示的或被展出的理解的同化，而且只有这样，才完成了解释学理解的应用"[1]。而且，阿佩尔在此处的脚注中写道："在这里，我们可以确立语言游戏理论与罗伊斯的三元分析相关联……"罗伊斯对解释接收者的承认使解释活动具有了真正的意义；维特根斯坦的"语言游戏"参与者中包括了接受者，这才真正使语言活动获得"活动性"和"完整性"。而且，罗伊斯理论中潜在的"承认"与维特根斯坦"语言游戏"中的"同化"，事实上是语言行为的意义达成和印证所具有类似的功能（只是罗伊斯的"承认"具有主动性和强烈的伦理维度，维特根斯坦的"同化"具有一定程度上的被动性）。

将这样两位思想家的理论放到一起研究是一种有趣的尝试，无论这种比较成立与否，不可否认的一点是，对语言的重视标示出了现代哲学的一种变革：语言转向。是否承认这个转向实质上并不能阻止语言分析的兴起。尼采将人们的视线引向语言本身就成了这个转向开始的信号，他在修辞方面的论述表明了他早已意识到：所谓真理也是用语言表述出来的真理，而只要涉及语言，在他看来就成了修辞，也就无所谓真理了，所以一切都是解释。尼采对真理的消解是通过对语言这一媒介的不

---

① 卡尔-奥托·阿佩尔：《哲学的改造》，孙周兴、陆兴华译，上海：上海译文出版社，2005年，第40页。

信任来完成的，从而也就真正将人们的思索引向了语言。二十世纪初开始的分析哲学运动便将对哲学问题的研究归结为对语言的研究。经过几个阶段的发展，分析哲学实际上体现了这样的趋势——从句法结构向语义最终向语用维度转变，维特根斯坦的前后期哲学的转向也体现了这个变化趋势。罗伊斯通过吸收皮尔斯的思想发展了自己的先验解释学，一定程度上体现着语言这个维度在哲学发展中扮演的角色，并演示着美国哲学与德国哲学在解释学传统上的亲和关系。

第四章

绝对与个体[①]

我们的伙伴为我们自己的意义碎片提供了源源不断的必要补充。

——罗伊斯

在现代的思想家如海德格尔、阿伦特、列维纳斯、让-吕克·南希等人的思考中，“绝对”是有着一定深度并令人恐惧的。这多缘于他们将绝对的一体化力量与极权主义联系到了一起，在这种联系中，绝对的逻辑是一种排除他的逻辑，并且是一种压碾掉个体性的逻辑。因此对于黑格尔的“绝对”概念的反对就成为他们的哲学主题或主线。但不可否认的是，这样的思考向度带有回溯式的添加——就如同经过黑暗禁闭的人会视所有无光的空间都具有“迫害的意图”——添加上原意之外的意图。而我们所要进行的只是回到思想者关于此的思考。

绝对与个体这两者的关系在思想史上多被表现为神与人的关系、一与多的关系以及整体与部分的关系；从契约论传统所持的国家是联合在一个人格中的公共意志来说，这也表现为国家与个人的关系；十九世纪孔德创立社会学以及在斯宾塞的社会有机体理论影响下，“绝对与个体”的关系也被表述为社会与个体的关系。而十九世纪作为一个思想多极与转折的世纪，既存在着整体力量对个体的决定（在现实上表现为社会

① “绝对”在本章中作为整体、社会的同义词。而个体(Individual, Individuality)这个词，最初是指不可分割的事物，后来又指具有独一无二的事物。西塞罗、诺特克尔、莱布尼茨在“个体”这个词的发展上作出了贡献。参见鲁道夫·欧肯：《近代思想的主潮》，高玉飞译，合肥：安徽人民出版社，2013 年，第 293 页。

与个体的关系上强调个人只是作为社会有机体的组成部分而无法独立于社会)，同时在十九世纪后期，国家和社会对个体的包围引发了宣扬个体的运动(以及“个人主义”一词的出现，以及强调个体的思想的反弹，例如尼采、克尔凯郭尔等人的思想)。在这两种力量的交错中，以思想变革为主旋律的十九世纪包含着人类多面的精神经验：技术力量的意外强大激励着人类作为整体的优越感和开拓、改善世界的使命感以及分工的发展等结集成的复杂力量抵制或逐渐消除着个体独立的可能性，加之人的生存条件的改善或改变反过来塑造着个人的精神结构，这使个体定义自身的方式无法离开组织、国家与社会，而国家与社会的力量也抵御着个体的独立；但个体在整体力量的包围与压制之下开始了防御性的反弹，以阻止个体特征的消除，扶助岌岌可危的个体独立性，于是就产生了各种各样的“活出自己”——比如尼采与叔本华就明确地号召“成为自己”——的呼救。这种个体的呼声意在强调个体是所有精神生活的唯一源泉，社会(整体)作为共同生活的载体只能联合这些个体。这两种力量于是在十九世纪就表现为社会作为绝对力量统治着个体的生活，而个体灵魂在社会一体化的碾压之下谴责着对社会一体化的屈从，要求宣示个体的独一无二性。

罗伊斯就是在这样的思想潮流涌动下探讨着绝对与个体的关系，基于其哲学家的思考方式，他的探讨是哲学式的。而思想总是在争论与回应中获得其论题的清晰性和完整性，故而本章以在共同论题上的比较、批判与回应来呈现罗伊斯的论点。但罗伊斯的哲学探讨却意在于为每一个作为个体的人提供一种思考自身存在的思想维度——一个孤立的个体在本质上是一个迷失的、注定失败的存在[①]，而只有在找到他/她所

① Josiah Royce, "The Social Character of Scientific Inquiry", Lecture Three of "The 1914 Berkeley Conferences", *Josiah Royce's Late Writings: A Collection of Unpublished and Scattered Works*, ed. Frank M. Oppenheim, Thoemmes Press, 2001, p. 20.

属的、所投身奉献的“事业”①后，才开始找到生活的意义和存在的价值。阅读罗伊斯的文本后，我们会发现，罗伊斯一生都在致力于寻求一种社会秩序，可以让孤立的个体和孤独的自我融入其中。他的这种探求形成了他丰富的共同体思想，也使他成为一个公共哲学家。

一、他山之石：黑格尔和克尔凯廓尔

罗伊斯对绝对与个体关系的论述在很多方面承继于黑格尔，但同时他的思想又是后黑格尔哲学时代中对于黑格尔哲学的一种“消化”。基于此，在论述罗伊斯对于绝对与个体的处理方案之前，参鉴黑格尔本人的论述以及同样走在后黑格尔哲学时代的克尔凯廓尔对相关问题的论述实有必要。

（一）黑格尔对绝对与个体的关系的论述

黑格尔对绝对与个体的关系的处理是基于他对康德那成问题的“个体”的不满。康德把人拔得很高，他认为若只是按自然的因果律行动，那么根本就不会有道德行为；道德行为的存在在于人有能力作出理性的选择——这就是意志自由。但是这种独立自主的理性会导向一个封闭的“个体”——完全依赖自己的意志和判断来确定行为准则的“个体”。这种“意志自由”不仅开启了恶的深渊——我能为善亦能为恶——而且这样的个体孤立无援，彰显了思想史上一直存在着的成问题倾向：“我”与“他人”及由他人组成的社会，“我”与“自然”是外在的关系，是彼此分离的；“我”是一个单数。简言之，世界作为一个完全外在的对象，存在于我的认知之外。黑格尔认为这种思维倾向极成问题。在他看来，个体只有

① 罗伊斯的“事业”概念并不仅是社会学或常识生活世界所意味的“事业”，其具体内涵将在“‘绝对’与‘忠诚’”一章中进行论述。

在整体形式的更高精神宿命当中才能产生自我识别与认同；人的意识作为一种精神媒介物就是“绝对精神”在创造自己实存中的外化。在黑格尔那里，事物的本来面目并没有一个“外壳”隔断着，它只是精神的无意识状态，所以在更高的意识（例如人的意识）面前终会通过对现象的把握而被认识——现象是本质的体现。黑格尔的思想方案是一种无可置疑的整体论，可以表述为“物我一体”“我们是世界，世界是我们”。在他的方案体系中，世界最终敞开，我们最终彼此透明。由此他完成了对哲学鸿沟的填补和分裂世界的捏合。

黑格尔对绝对与个体的关系的观点主要集中在他的 Sittlichkeit（伦理）这个概念的论述中。而如查尔斯·泰勒所解读的那样，黑格尔把 Sittlichkeit（伦理）置于道德生活之巅是基于他对古希腊城邦生活的那种个人与共同体完美统一的向往，并渴望它以一种新的方式得到重生。黑格尔强调一个更大的共同体对于个人的道德生活的前提性，其根本动机在于反对将道德标准降低或等同于个人权利。国家是伦理理念的现实，它是个体的“实体”[1]。这个实体性的统一体本身即是自身的目的，而“成为国家的成员是单个人的最高义务”[2]。因为个人要成为个体，只有把自己完全限制于需要的某一特殊领域，才能达到他的现实性[3]，即个体化。而这个个体化的过程就是使自己成为市民社会中的某一个环节，也即通过活动、勤劳和技能得到他人的承认，同时也承认他人。我们看到，国家是一种更高的生活，是目的，个体所服务的那个目的是他的自我同一性的基础。因此，黑格尔说，共同体对个体来说既是“本质”也是最终目的。[4] 对黑格尔的解读者们据此而认为黑格尔式的国家是一个高于个体的东西，而个体只是作为国家的这个目的无关紧要的“牺牲

---

① Charles Taylor, *Hegel*, Cambridge University Press, 1975, p. 379.

② 黑格尔：《法哲学原理》，范扬、张企泰译，北京：商务印书馆，2010 年，第 253 页。

③ 同上书，第 216 页。

④ Charles Taylor, *Hegel*, Cambridge University Press, 1975, p. 379.

品”。而且这也构成了一直以来抵制黑格尔哲学的根源，因为这样的国家以牺牲个体来供奉更高的共同体。但在查尔斯·泰勒的解读中，黑格尔的意图是在于说明个体的同一性基础，从而需要把自身置于某个文化世界中：“当我们思索一个人的时候，我们并不仅仅将其考虑为一个活的有机体，而是将其视为一个能思考、感知、做决定、被触动、会回应、能与他人建立关系的存在；所有这些都暗示着一种语言，一系列体验世界、解释他人的情感的相关的方式，以及暗示着去理解他与其他人、过去、未来、绝对等等的关系。”[①]通过参与到这种更广大的语言与文化共同体中，个人拥有了他自身的同一性。

查尔斯·泰勒这种社群主义的解释并不能令所有钻研黑格尔哲学的人满意，尤其是持国家只是作为服务个人的工具的功利主义者，或者是契约论传统旗下的各种自由主义者。但黑格尔的 Sittlichkeit 这个概念所承载的道德在一个共同体中得到实现的观点抵制了个体主义的道德冲动以及“我”只是作为一个个别的理性意志而遁入空虚的观点。这也符合罗伊斯在他自己所处的时代与国家状况中所要寻求的对于个体与国家（共同体）的关系的解释。

（二）克尔凯廓尔的论述

克尔凯廓尔的哲学实际上代表着黑格尔哲学之后哲学思考的一种转向，他根本反对黑格尔“纯粹思想的皮影戏”将思想范畴与实际存在颠倒，而要求哲学对实际在此的“个体”的有问题的处境给予说明。确实，黑格尔的哲学经过马克思、克尔凯廓尔的批判，特别是青年黑格尔派的反动之后，许多人都认为它只是一种向新的思想世界形态过渡的思想形态。

总体上，克尔凯廓尔以强调“实际在此”的实存个体来反对黑格尔的

① Charles Taylor, *Hegel*, Cambridge University Press, p. 380.

普遍化“绝对”的无所不包。他将黑格尔的“绝对”这种普遍性的敉平力量化解为个体的实存，这些实存个体这样或那样地做着自己的抉择，彻底反叛了黑格尔所持的历史进程中个体所做出的决断的“无关紧要”。他把以伦理方式实存的个别的人视为是对崩溃时代的唯一拯救，以现实实存的为基点反叛黑格尔把个别与普遍、思维与存在包裹在一个“绝对”之体系中，转而强调个别化的本身才是实存的最真实现实；他认为相对于历史的普遍性，去爱、去行动、去信仰的个别是更显明的现实。基于此，克尔凯廓尔将黑格尔在“绝对”中调和一切（市民社会与国家、国家与基督教等）的方案彻底否决，并以“情欲”和“激情”为抉择基础的个人来颠覆“绝对”的无限统治。他的哲学意在强调，“绝对”的调和仅是以思辨的方式敉平了差别和矛盾，“无所不包”最后只是把多样的个体包成“一个绝对”——仅是一种观念上的枯死实存。

但克尔凯廓尔是用一个面向上帝的个体的伦理实存来拯救个体，也就是说，他的个体首先是一个“信仰的骑士”——服从于上帝的绝对意志的个体，这就不可避免地出现对绝对意志的服从与个体意志的完全自主之间的张力。就像克尔凯廓尔在《恐惧与颤栗》中分析的那样，亚伯拉罕要以杀死自己的儿子以撒的方式来完成上帝对他的考验，这说明克氏意识到了伦理模式与信仰的兼容问题：伦理要求个人服从于自己内心的道德准则，将对这种准则的遵从视为“成为自己”——一个完整的独立自足个体——的界限；信仰要求对一个绝对意志的服从，即一个人必须逾越个人的伦理界限，为了完成一个高于自己的意志，他必须“悬置伦理”。总而言之，克尔凯廓尔通过其文本向我们透露了个体在追寻不为人知的使命时所面临的痛苦抉择，他认为亚伯拉罕以人类无法理解的标准博得了“伟大”之名，前提是他以信仰悬置了伦理。亚伯拉罕把自己（作为个体）放在与绝对的“绝对联系”中，用神意（绝对意志）代替了现实的个体困境，实质上是贯彻了绝对意志而放弃了个体的完整性，如果因此而堪称“伟大”，那么对于伦理中的个人来说，这也只是可怕的“伟大”，或“伟大"的可怕。

有研究者认为,克尔凯廓尔最终是想表明,信仰是只有在一个人道德上足够成熟之后才会产生的"一个人的最高激情",而且,如果一个人是真正觉悟了的,他自然会做出正确的选择。所以,人还是处在完全独立自足的领域——一个伦理的世界,对神的服从最终就是对自己义务的服从。克氏的个体始终是一个最内在的自我,最终诉求的是成为一个完整的人,这让人想起尼采"成为你自己"的吁求。但尼采与克尔凯廓尔不同的地方在于,尼采认为作为个体的自我"躲在习俗和伦理背后"[①],即尼采的个体要求破除既定的伦理束缚,而克尔凯廓尔则要个体成为伦理的个体。不过两者都共同地要求人应对"独有一次"的自我负责。他们的哲学主旨代表了黑格尔之后"人的哲学"对思辨哲学和物之哲学的反抗,接下来由萨特正式成就的存在主义运动就是以此为先声。具有自我意识的个体过着具体的生活,进行着或此或彼的抉择,不再是绝对精神实现自身的工具,也不完全只是受自然因果律和习惯性力量支配的对象。

这就是克尔凯廓尔在绝对与个体方案上的结论,对克氏来说,在"绝对"与"个体"之间,他选择了"个体"。这样的个体要成为宗教的—伦理的个体,便面临着或此或彼的抉择,由于个体单独面向上帝时要"悬置伦理",这样的个体还是处在了绝对意志(神意)之下。他的方案的困难之处在罗伊斯那里同样存在,但罗伊斯则给出了不同的解决策略,而且用了一套不同的论述话语。

二、罗伊斯论述绝对与个体的关系之具体背景

一元主义与多元主义的争论是十九世纪德国哲学的核心议题。针

① 尼采:《作为教育家的叔本华》,周国平译,南京:译林出版社,2012年,第1页。此文为《不合时宜的考察》系列论文之一。

对这个争论，黑格尔哲学给出了一种方案。他的统一哲学企图统一多样的冲突力量，并且渴望找到个体/有限性与绝对/无限性这两种对立面的调和之道。另一种方案是人格主义的方案，是由雅柯比（F. H. Jacob，1743—1819）寻求的复兴个体的方案。他认为人格主义是对经验的多元和一元都给予承认的唯心主义，并且能在意识的统一性、人格的自由活动中找到最终的实在。雅柯比的观点被谢林、费希特、洛采等人继承，而通过洛采，这种人格主义传到了波士顿。鲍恩（B. P. Bown，1847—1910）和霍伊森（George Holmes Howison，1834—1916）是美国人格主义的代表，尤其是霍伊森的唯心主义多元论思想，借多元的个体人格来反对绝对唯心主义一元论。人格主义对罗伊斯的思想留下了持久的影响。

除了人格主义通过强调多元来反对绝对唯心主义的一元论之外，美国精神中固有的"强的个体意识"所塑造的文化精神底色也对绝对唯心主义产生了抵抗。就整个社会的思想文化而言，美国文明虽脱胎于欧洲，但并不面临着欧洲那样的革命后的"重建"任务，即涉及处理旧文化、旧体制与"想要成为的文化、体制"之间的张力。美国只有"创立新世界"的任务。对欧洲文化的模仿使契约自由的理想、政治民主的理想、教会之外结社自由的理想都成为美国精神意识中的常在元素。但美国人从未从这诸多元素交织成的组织结构（社会）中揭示出什么是实在的本质。相反，他们认为是先驱者们、国父们"创立"了这样或那样的组织，形成了各样的共同体。换言之，在美国人通常的意识中，共同体来自于个人（复数）的努力，而不是个体从共同体中产生出来。就如托克维尔所言，"他们习惯将国家繁荣看作自己努力的结果"[①]。这种"创立"意识铸就了强的个体意识，致使即使在强调统一或更大范围的社会环境对个体的影响下，个体依然非常显著地与整体对抗着。这就是罗伊斯处理"绝对"（作

① 托克维尔：《论美国的民主》，曹冬雪译，南京：译林出版社，2012 年，第 117 页。

为包纳个体的整体)时的社会思想背景。

罗伊斯在德国留学时对斯宾诺莎的研究,他所受到的德国浪漫派思想的影响,以及美国国内当时的社会思想背景一起影响了他对"绝对"与"个体"的关系的论述。"绝对"并未占据他的全部思想,"个体"一直在思想天平的另一边。这使得他的思想要在"绝对"与"个体"之间找到一个平衡方案。他的思想发展轨迹清晰地显示出他的这种努力,并最终使他的思想既不同于其源头的德国古典哲学论述的"绝对唯心主义",也有别于同时代英国的"绝对唯心主义者"布拉德雷。其实,罗伊斯的代表作《世界与个体》中的"与"字就指示出了这种平衡性考量,故而他在《世界与个体》中主张许多的个体表现着这个世界、表现着绝对的各个方面:"个体是绝对之各种表达,因此成其为多;因为此时这个一的自我表达的每一个方面和元素都是独一无二的。"[①]按罗伊斯的思路,个体是对绝对的部分实现,这是绝对之现在所是以及能够所是的必要条件。据此,罗伊斯对于"绝对"与"个体"的平衡性考量得以成立。虽然杜威在对《世界与个体》这本著作的评述中指责罗伊斯的"绝对"吞没了"个体",但杜威对罗伊斯的考察一直是不完整的,他过分依据于罗伊斯的早期作品,而未看到这个"绝对主义者"在蜕变着,并最终在《基督教的问题》中成为一名"绝对实用主义者"。

罗伊斯同时代的许多人无法理解罗伊斯对于绝对与个体的关系的论述。如作家约翰·杰·查普曼(John Jay Chapman)、思想家杜威都直接或间接地表达了他们对罗伊斯的"担忧"——悬浮在天地之外的"绝对"不但解释不了实实在在的个体,甚至无法解释自身。在以他们为代表的大多数美国人的思想中,日常生活中具体的人类个体的存在是所有论证的当然前提,而形而上学的唯心论宣称,一个普遍的主

---

① Josiah Royce, *The World and the Individual*, *Second Series*: *Nature*, *Man*, *and The Moral Order*, New York: The Macmillan Company, 1923, p. 336.

体(绝对)才是对个体进行着真正的对错判断的那一个，这是“疯子式的假想”。显然，这源于美国人有一种对事实而非纯理念的固有热爱，就像约翰·杜威关于哲学知识的看法——哲学不再是形而上学的问题，而是运用结果进行实验、验证的程序的问题——不再是抽象的学术行话，反对任何形式的“无用的思辨性沉思”，这也许就是美国事实观的最好表达。但正如罗素这样一位分析的实在论者意识到的那样：也许杜威对于“沉思”(contemplation)“有某种误解”，罗素认为正如人们发现的那样，沉思性的知识在宗教中具有价值，在实践中同样具有价值——它“能够净化和提升实践，使它的目标更大更开放，使对它的失望更不具有摧毁性，并且使它的胜利更不具有麻醉性”。[①] 基于罗素的哲学立场，由他来为杜威指出这一点，多少显得有趣，但也更有说服力地说明了以杜威为代表的很多美国思想家的思想盲点：人的精神深度绝不是只有一种表达方式最为恰切，人类的追求也并非都急于产生“效果”——如罗伊斯在《近来讨论的真理问题》中指出的那样，在人们对于纯粹数学和逻辑的持久探究动机中就可窥见人们对于绝对真理的追求。[②] 而恰是通过创造性行为(例如数学理论的构造行为)，有限个体与绝对关联了起来。

罗伊斯的思想就如他自己所述，处在一个人们对知识的兴趣开始转变的时代——由人们的知识是否符合“实在”而转向知识能否让人们更好地适应世界(即人们能否在行为中找到自身困境的解决方案)，体系哲学如黑格尔哲学正在被不同方向的力量所瓦解，比如克尔凯郭尔，他的整个哲学思想都是出于理解自己本身——作为一个个体实际在此——的需要，所有思考的出发点是这个实存个体的存在，而不是黑格尔的纯

---

① Bertrand Russell, “Professor Dewey's ‘Essays in Experimental Logic’”, *The Journal of Philosophy, Psychology and Scientific Methods*, Vol. 16, No. 1, Jan. 2, 1919, p. 19.

② Josiah Royce, *William James and Other Essays on the Philosophy of Life*, *Essay IV*, New York: The Macmillan Company, 1912, pp. 202, 203.

存在。克尔凯廓尔的思想表现出黑格尔哲学之后的一种转向：人们只是想在现实存在中理解自身，并不想从“绝对”体系中知道一切“最终究竟是什么”，并在理解实存的个体自身之后再去信仰、行动和爱。这种思想处境在美国的最鲜明体现是实用主义的兴起。古典实用主义运动伴随着进化论以及新心理学，冲击着哲学史传统的信条。实用主义运动对罗伊斯的哲学的影响甚至修改作用是巨大的，这将在后文的论述中一一揭示。另外就是人格主义所强调的个体的多元性、独立性也冲击着罗伊斯最初的绝对一元论。在与这些思想的争论中，罗伊斯的绝对唯心主义渐渐退却“绝对”话语的论述色彩，使其哲学思想具有了亲和性。总之，罗伊斯虽被定义为“绝对唯心主义者”，但他对个体的考量一直是伴随着他对绝对的论述，这不仅与他早期在加利福尼亚的开拓者生活经验有关，也与他早期的美国清教主义经验的延续[①]有关。清教徒开始于个人受难的经验，但他们希望去建立一个新的共同体，一个新的锡安(Zion)，在其中，上帝会现身。在罗伊斯一生的论述中，我们可以清晰地找到这种个体与共同体的关系的痕迹。

麦克德莫特教授认为，“绝对”与“个体”的关系贯穿在罗伊斯思想发展中。[②] 他早期将注意力放入“绝对”——全知者——之中，后来又将“意志”和“经验”放入“绝对”，同时也强调了个体的地位与作用对于“绝对”的平衡。[③] 在皮尔斯的符号理论影响下，他最终形成了多元个体共存于一个“解释的共同体”中的学说。总之，罗伊斯的“绝对”是一种极富美国特征的宽容的一元论。

---

① Edited and with introduction by John J. McDermott, *The Basic Writings of Josiah Royce*, *Vol*. 1, New York: Fordham University Press, 2005, p. 5.

② Ibid., p. 10.

③ 在《世界与个体》的附加文章中，他已经预告了他对于个体与绝对的平衡性考量。

三、罗伊斯之具身化和社会性的“自我”概念

“自我”这个概念在十九世纪末至整个二十世纪的哲学思想史上被不同的哲学主张所高扬或贬抑。英美分析哲学的无主体性承续自休谟将自我消解为凌乱的“知觉束”的极端经验主义，在“语言转向”之后，作为认识和思维的主体被语言所取代，“自我”在哲学的视野中被淡化。即使是熟悉语言分析哲学传统的欧洲大陆哲学家，也十分重视自我概念，例如哈贝马斯和保罗·利科。在他们看来，自我是作为交往者、行动者的基础。而以胡塞尔为代表的现象学则将自我的意向作用推到意义来源的基础性地位上。存在主义大师中，萨特通过意识的纯化寻找“超越性的自我”从而消解自我，这是主体性色彩很浓的哲学；而海德格尔的“此在”并不是自我，而是“共在”，他据此实质上用另一种语言表达着黑格尔之自我意识的存在依赖于对象（他人和世界）的观念，“自我”并没有消失。梅洛-庞蒂从身体的现象学反思得出具有身体的主体，这个从第一人称视角体验到的身体主体是与自然、他人形成关系的自我，他作为行动者和经验者首先是作为具身化的自我在这个世界中存在。

从以下罗伊斯关于“自我”的概念内涵的剖析中，我们可以看出，罗伊斯的“自我”概念以及相应的个体观是拒绝笛卡尔以来的原子式孤立个体的，因为无论是从（1）他对黑格尔遗产中那个互主体性的“我”，还是（2）具有意向性、时间性结构的现象学之“我”，抑或是（3）自然主义化中的“我”，或（4）具身化的社会性的“我”，这四个方面都贯穿着罗伊斯的“我”与“更大的我”的关联性结构与在时间中的互增长性，而这些特质，使罗伊斯坚持个体能够在绝对中拥有自己的位置并与绝对相关联的思想结论。

（一）自我概念中的黑格尔遗产

罗伊斯的“自我”概念与他的经验概念都极其复杂，但这两个概念却

恰是他的哲学思想意图超越传统认识论哲学的基础概念。他的经验概念已在本书第一章得到探讨，在此处，勾勒罗伊斯的“自我”概念的思想图貌成为必需。因为，只有理解了罗伊斯的“自我”概念，才能理解他关于“个体”的论述（在一定程度上，他将自我与个体等同），也最终才能理解他对于绝对与个体的关系的论述。

罗伊斯的“自我”概念从总体特征看，是立基于他对黑格尔的“自我意识”的理解与吸收之上。罗伊斯并不把黑格尔的思想完全理解为“主体性哲学的巅峰”，他认为黑格尔的“自我意识”实质上是具有“主体间性”的，因为它是指一个自我在另一个自我的意识中找到自己，也就是在“非我”之中找到自己。罗伊斯在解读黑格尔的《精神现象学》时就曾阐明：“它（自我意识）曾宣称是属于自己的东西最终变成了外在于它的东西。它曾宣称是离它最遥不可及的、并且就是一个非我的东西最终变成是它自己活生生的构成部分。”[①]实质上，黑格尔在自我意识中确立起的互主体性原则对于以“实践”范畴为核心的哲学思想起到奠基性的启示作用。黑格尔相较于德国古典哲学的其他人（康德、费希特、谢林）发现并阐明了自我意识是一个形成过程，他通过引入“他者”“非我”而开展了自我意识发生学的考察，最终而达到“自我意识只有在一个别的自我意识里才能获得满足”[②]。也就是说，自我意识的发生是以他人（另一个自我意识）的存在为条件，并在与他人的关系（相互承认）中形成的。罗伊斯在“近代哲学的精神”的演讲中表述了黑格尔自我意识是个形成过程的论述：“……自我是有机形成的，黑格尔要表达的是……这个不断地自我塑造的过程不仅是必然的，而且是永无止境的。”[③]罗伊斯吸收了黑格尔所论述的自我意识是

① Josiah Royce, *Lectures on Modern Idealism*, New Haven: Yale University Press, 1919, p. 153.

② 黑格尔：《精神现象学》（上），贺麟、王玖兴译，北京：商务印书馆，2013 年，第 137 页。

③ Josiah Royce, *Lectures on Modern Idealism*, New Haven: Yale University Press, 1919, p. 209.

一个无止境的形成过程且是一个互主体性的东西的思想。他在《世界与个体》中就用了一个术语“绝对经验”来表达这个过程性的、永在追逐着“他者”的自我意识：“这个无止境的序列，就是一个实在，它必然表现为一个确定的秩序，它就是绝对经验。它是一个持续进展着的过程，但最终，它也不会是完整的，这就表明它自己的可能性并未完全实现。”①

可见，罗伊斯的“自我”概念中就吸收了黑格尔的互主体性以及过程性。他在《自我意识、社会意识和自然》的论文中阐述：“一个有限者的自我意识全然不是原初所有物，而是一种后天获得的结果，它是具有理性能力的人在与被理性所重置的世界中缓慢学习如何前行的磨合过程中获得的产物。”②“我的自我意识和社会意识都获得了他人的帮助，也受到了他人的制约。因为每一方的存在都在与对方的比较中存在，并且在你来我往的社会交流中得到组织化和发展。”③他在晚期著作《基督教的问题》中使用了皮尔斯的“解释的共同体”和“连续性”的概念来说明作为解释者的个体自我，并借此以一种新的形式来延续早期的唯心主义承诺。罗伊斯主张宇宙是由符号以及符号的解释者构成，而认知就包含着社会性的和共同体的面向，因为一个符号的解释是另外一个符号，且这个过程没有终点。罗伊斯所要表明的是，每一个意义都依靠一个解释者，一个自我。所以，每一个符号、每一个解释者、每一个自我都具有社会性维度，且解释、意义的获得是一个连续的过程。

（二）自我的现象学结构（罗伊斯与胡塞尔）

罗伊斯是美国思想史上较少的熟悉胡塞尔早期作品的思想家之一，

---

① Josiah Royce, *The World and the Individual*, *First Series*, New York: The Macmillan Company, 1920, p. 568.

② Josiah Royce, “Self-Consciousness, Social Consciousness and Nature I”, *The Philosophical Review*, Vol. 4, No. 5, Sep., 1895, p. 474.

③ Ibid., p. 485.

在 1902 年 1 月，罗伊斯在美国心理学会主席就职演说“最近的逻辑探究及在心理学上的意义”中就明确地提到了胡塞尔。[①] 并且业已有一系列的主张来证明罗伊斯的思想对胡塞尔现象学的形成产生直接影响。H. 施皮格伯格(Herbert Spiegelberg)在其《现象学运动》中用了颇长的篇幅来论述了这种直接影响。[②] 施皮格伯格的观察对于我们理解罗伊斯的个体概念、自我概念是有帮助的：“罗伊斯的作为目的的、可由‘现实性’充实的意义理论，或如罗伊斯对不同个体之间意义的同一性的关心(这种同一性是他的社会自身理论的基础)也与胡塞尔的意向性现象学有相似之处。同时，罗伊斯的社会唯心主义及其坚决主张个人在绝对之中的作用也与胡塞尔后期的主体间性理论以及他的超验单子共同体的思想相符合。”[③]

罗伊斯的“自我”与心灵、意识一样都是意向性的、时间性的和社会性的过程。[④] 他认为自我并不是一个物，也不是亚里士多德和笛卡尔意义上的一个实体。[⑤] 综观罗伊斯的著作，他是将时间性放在其思想中心的，“对罗伊斯而言，时间是自我的构造的基础；时间是人类所有意义的所在地。我们人类经验的时间序列就是对一个目标的追求”[⑥]。他对时间问题的解决思路来自于新柏拉图主义传统、康德以及德国浪漫主义传统，即时间问题的解决依赖于对主体性的分析、对自我意识运动的分析。

---

① Josiah “Royce, Recent Logical Inquires and Their Psychological Bearings”, *The Psychological Review*, Vol. IX, No. 2, March, 1902, p. 111.

② 见赫伯特・施皮格伯格：《现象学运动》，王炳文、张金言译，北京：商务印书馆，2011 年，第 189—192 页。

③ 同上书，第 191 页。

④ Jacquelyn Ann K. Kegley, “Mind as Personal and social Narrative of an Embodied Self”, collected in *Josiah Royce for the Twenty-First Century: Historical, Ethical, and Religious Interpretations*, edited by Kelley A. Parker and Krzysztof Piotr Skowroński, Lexington Books, 2012, p. 230.

⑤ Josiah Royce, *The World and the Individual, Second Series*, New York: The Macmillan Company, 1901, p. 268.

⑥ Jacquelyn Ann K. Kegley, *Josiah Royce in Focus*, Indiana University Press, 2008, p. 15.

罗伊斯在论文《时间的实在性》中曾作如此论述："所谓的时间的序列，就是一个理性的存在想要它如此，它被看作是一个新颖和个体化的事件的序列，每一个时间序列都被看作是某个人想要去做某件独特的事，并据此找到他在这个世界中的位置的当前意志。"[①]对于罗伊斯而言，经验的时间形式就是意志的形式，而时间的秩序就变成个体的意志行事之间的前后序列关系："时间就是意志的形式"，"在追求它的目标中，自我生活在时间中"。[②] 所以罗伊斯说："我赞同柏格森关于时间的实在性就是生命与行动的实在性的观念。"[③]据此，罗伊斯将自我理解为一个通过意志序列（时间）串联起来的个体。他在日记中这样写道："每一个人都生活在当前，并且思考着过去和未来。这构成了他的整个生命。未来和过去都是阴影，而只有当前是真实的。但是对这阴影的思索却全然是真实具有的东西；如果没有这阴影，这真实对我们而言就既不可能具有生命力也不可能具有价值。再也没有比这更普遍的意识事实了，因此其值得在哲学中居于更高的地位。"[④]在罗伊斯看来，对过去的承认和对未来的预想是理念的构造，依据它们我们可以构造出一个在"此时此地"的自我连续经验。

因此，自我是居于意识流动性中的，它是在当前的、构成性的，无法与过去和未来"切割"开来。这里要提的是，罗伊斯关于时间在意识中的流动性的论述早在 1880 年就与詹姆斯有过深刻的讨论，在写给詹姆斯的信中，他对时间的流动性做出如下论述："时间之流是基本事实……它持续不断。别切断它，这样你就不会被过去和未来困住。当前的这一片

① Josiah Royce, "The Reality of the Temporal", *International Journal of Ethics*, Vol. 20, No. 3, Apr., 1910, pp. 257 - 271, p. 269.

② Josiah Royce, *The World and the Individual*, *Second Series*, The MacMillan Company, 1923, p. 133, p. 134.

③ Josiah Royce, "The Reality of the Temporal", *International Journal of Ethics*, Vol. 20, No. 3, Apr., 1910, pp. 257 - 271, p. 269.

④ Josiah Royce, *Fugitive Essays*, Harvard University Press, 1920, p. 31.

刻，并不仅仅是作为当前的一个原始事实，而是我们自己的构造。……我们关于过去和未来的知识是一个行动的表述，在这个行动中，我们承认一个意识的直接给予内容并不是独立自存的，而是与其他并未被直接给予的内容具有确定的联系。过去和未来是一个当前之所以成为这个当前的构成部分，且它们并不是在一个意识中构造出来的意识内容。"①

罗伊斯的意向性理论体现在他关于错误这种认知中的现象的思考。罗伊斯以一种类似于笛卡尔的方式反思了怀疑与错误之间的关系。他认为只有通过一种活跃的信念才能去对抗怀疑的侵蚀作用。这与皮尔斯强调怀疑、信念与行动之间的关系如出一辙。然而，罗伊斯以一种康德式的方式转换了对怀疑问题的思考：由当前经验所构成的世界中怀疑是如何可能的？"如果任何超越于当前经验的事物都是值得怀疑的，那么甚至怀疑本身又如何可能呢？"②判断与判断的对象都是经验中的独立事实，且"一个判断有一个对象，是因为它想要具有一个对象；一个判断符合一个对象是因为它想要去符合于对象"③。那么，一个判断符合于对象的主张如何能够得到理解？判断的错误又如何可能呢？因为我们是通过判断的意向才使一对象被选中，并且意向中本就具有它要选择的对象的知识（否则它不会去选择它）。实在论的判断对象是"外在于"判断的，"独立"对象的理论在罗伊斯看来是不能从中找到答案的。必然要使判断与判断、判断与对象之间具备内在关联，错误现象就能得到解释。故而罗伊斯需要一个"更大的经验"，它包含且完成了我们在判断时对于过去和未来的考量。这种终极视角将承认并且克服在整个时

---

① Josiah Royce, *Letters of Josiah Royce*, edited with an introduction by John Clendenning, The University of Chicago Press, 1970, pp. 81, 82.

② Josiah Royce, *The Religious Aspect of Philosophy*, New York: Harper & Brothers Publishers, 1958, p. 389.

③ Ibid., p. 397.

间进程中任何部分性视角所固有的局限性。[①] 也就是说，当前经验只有在其永恒意义之下才能够被完全理解。而“绝对经验”的预设就成为每个当前经验的必要预设。（“绝对经验”包含着所有思想及其意向的实现，它是精神生活的有机统一体，相当于观念的一个完整体系组织。[②]）据此，罗伊斯在一种柏拉图传统中采纳了一种数学的和目的论的实在观。他通过错误的可能性的条件是现实经验[③]的考察结论而将认知中的过去、现在和未来三个维度系在当前经验中，从而完成了认知上的意向性理论。据此，自我意识的结构也呈现出这种意向性结构。故而，所谓“自我”，就是当前、过去和未来经验这三重结构的融合，并且是一种流动性的结合。

罗伊斯的“自我”虽是具有意向性的，但与胡塞尔在纯粹理性内部进行本质直观的“先验自我”是不同的。首先，胡塞尔的“先验自我”是意识的意向活动本身或者是意向性的基础，它并不构成世界的组成部分，甚至可以说它是先于世界的并给外在的世界、对象乃至于身体赋予意义。罗伊斯的“自我”沉浸在世界当中并且本身是世界的一部分，它具有意向性，但这种意向性是镶嵌在经验内容中表现为一个人的生活史的各种倾向，且是参照着共同体中其他个体的生活史而获得其意义的。（“如果不紧密联系着超越有限个体的生活和意义，个体自我是绝不会出现的。”[④]）其次，胡塞尔在论证不同的“自我”、不同的意识之流的统摄者的同一性问题时遭遇到困境，他也曾借助“移情”“统觉”等概念来弥合“先验自我”与主体际性之间的困难，但始终没有真正解决胡塞尔对“先验自

---

① Richard J. Donovan, Royce, “James and Intentionality”, *Transactions of the Charles S. Peirce Society*, Vol. 11, No. 3 (Summer, 1975), pp. 195 - 211, p. 200.

② Ibid.

③ Josiah Royce, *The Religious Aspect of Philosophy*, New York: Harper & Brothers Publishers, 1958, pp. 429 - 430.

④ Josiah Royce, *The World and the Individual*, *Second Series*, The MacMillan Company, 1923, p. 269.

我”的自明性的真正确证，这也许也是胡塞尔后期转向“生活世界”的原因。罗伊斯的“自我”并不存在主体际性的问题。他的“自我”从意向结构上就是在有众多自我的共同体中塑造而成的，每一个自我的存在都关联着社会且相互依赖，清晰的自我是在彼此参照中形成的。在这点上，黑格尔、皮尔斯、费希特都对罗伊斯产成了强烈影响。故而罗伊斯的“自我”是一个社会性的自我：“一个人若没有通过其社会关系来对他进行界定，他的自我是没有内容、没有筹划、没有目标的。”①“我并不是先有自我意识，其次才意识到我的同胞们。相反，我之所以意识到我自己，完全是因为我与某个真实的或理想的同胞共同体的关联，具有了我的同胞们的意识之后，我才产生出了自我意识的习惯和状态。”②再次，胡塞尔的具有绝对自明性的“自我”是意识流中的体验主体，是不断变化的意识流中的不变者。罗伊斯不承认关于自我的知识是一种“直觉式的”亲知知识，当然也不赞成胡塞尔式的“绝对自明的”“不变的”自我：“关于自我的直觉性的和直接的知识只是一个幻觉。”③他认为，关于自我的知识虽然区别于“knowledge about”，即“一个人只能通过自我而看到自我……”甚至是“在我的内在生活中，我感知到我自身”④。但是，自我实质上是具有生长结构且通过外在表达而得以实现的意义集合过程：“你自己的真正自我不仅是现在被你所经验到的那一瞬，它属于过去并属于将来，如同属于现在一样；它需要你用整个人生去体验它并活出它的意味来。……获得自我的知识的人会说：‘让回忆和行动揭示我。我的生活是我的作品，在我的创造性劳动中，在我的给予中而不仅仅是在我的感觉中、我的表达中，

---

① Josiah Royce, “Individualism”, *The Social Philosophy of Josiah Royce*, ed. by Stuart Gerry Brown, Syracuse University Press, 1950, p. 105.

② Josiah Royce, “Self-Consciousness, Social Consciousness and Nature I”, *The Philosophical Review*, Vol. 4, No. 5 (Sep., 1895), p. 468.

③ Josiha Royce, *Josiah Royce's Late Writings: A Collection of Unpublished and Scattered Works, Vol. 2*, ed. by Frank M. Oppenheim, Thoemmes Press, 2001, p. 129.

④ Ibid., pp. 127 – 128.

更不仅仅是在我的内部’。”[1]最后，从论证方法上，胡塞尔的“先验自我”是以“哲学的态度”将世界“悬置”而得出的还原结果，其遵循的是一种苏格拉底、笛卡尔、康德式的纯粹哲学方法。而罗伊斯在阐释“自我”概念时是集合了哲学、心理学、逻辑学、符号学、社会学的方法的，从思想方法路径上有一个从哲学思辨逐渐向社会性转变的过程。据此就不难理解，为何罗伊斯对米德的社会心理学产生了深刻影响，也对 C. I. 刘易斯的概念实用主义产生影响。

（三）作为具身化的“自我”

在反思笛卡尔传统所预设的身心二元图景中，罗伊斯论述了一种具身化的“自我”在认知活动中的不可或缺性。而当代心灵哲学对于具身化的认知经验的重视表明，罗伊斯作为美国哲学古典时期的思想者的先行性，而且，也能使他在二十世纪的现象学运动中成为对话资源。罗伊斯与其他古典实用主义者一样，都在破解“心灵与世界”这个传统认识论所下的咒语。而“意识”“自我”“自我意识”等概念就成为探讨心灵的主要范畴，古典实用主义者用它们来消除笛卡尔的实体心灵：皮尔斯借助的是符号的无限运动，并用“语言”来替换了“思想”，从而建立起一种心灵与世界的符号论模型；詹姆斯和杜威是通过将“经验”这个传统认识论哲学中的概念改造成存在论意义上的概念，并将实践活动引入到该概念之中，从而将以往哲学的二元论结构（心与物、现象与实在、经验与自然、理论与实践、知识与信仰等）统统打破；罗伊斯同样拒绝实体自我[2]，他在论述知识问题时引入了自我的意向性，并从皮尔斯那里接过符号论所勾勒的“无限解释共同体”思想，最终完成了对于康德的先验自我的改

---

① Josiha Royce, *Josiah Royce's Late Writings: A Collection of Unpublished and Scattered Works, Vol. 2*, ed. by Frank M. Oppenheim, Thoemmes Press, 2001, p. 131.

② Cf. Josiah Royce, *The World and the Individual, Second Series*, The MacMillan Company, 1923, p. 268.

造，形成了他独具风格的“解释生存论”的作为共同体中的自我。据此，我们可以看出，罗伊斯与詹姆斯和杜威一样，持一种罗森塔尔所说的“存在论的认识观”，即一种“把存在看作为一切知识之根本基础的认识观”。[①] 而在对认识论进行存在论改造的过程中，身体经验出现了，也即具有身体的行动者（或经验者）构成了解释心灵和世界（自然、他人与自我）的着陆点。就像舒斯特曼对实用主义运动的解读就坚定地支持“身体维度的而非命题维度的经验”[②]。詹姆斯对身体之于经验的原初性的强调显而易见：“思想和感觉是活动的，但是它们的活动性终止在身体的活动性中，只有唤起身体的活动，思想和感觉才能够开始去改变身体之外的世界。身体是风暴的中心，是坐标的原点，是经验之链的固定着力点。”[③]在杜威那里，没有身体概念是没有办法对经验概念和自然概念以及经验和自然之间的连续性进行解释的，身体是人的第一自然。所以在詹姆斯和杜威那里，身体作为自我的一个据点是牢固的，并且身体还与意识一起构成了经验与世界之间的原初统一关系。

哲学理论必须批判性地表达我们作为人类自身在这个世界中的生活。一种恰当的心灵理论必须要提供一种恰当的自我理论。在《世界与个体》中，罗伊斯主张：“人类的自我的概念，就如同自然的概念一样，首先，是作为一个经验的概念而给予我们，建立在一个确定的经验集合之上。”[④] 那么，“作为经验的自我”又是什么？罗伊斯如此回答：“所谓的经验自我，就是存在于所有种类的直接和间接对象中的自我。当仅仅是作为直接知识的一个对象时，也就是仅仅是一个有机的感觉综合体时，无论我思及的

---

① S. 罗森塔尔：《古典实用主义在当代美国哲学中的地位》，载《哲学译丛》1989 年第 5 期，第 56 页。

② M. 吉海勒：《拓展经验：论舒斯特曼在当前实用主义中的地位》，王辉译，载《世界哲学》2011 年第 6 期，第 49 页。

③ William James, *Writings 1902 - 1910*, Literary Classics of the United States, Inc., 1987, p. 803, footnote.

④ Josiah Royce, *The World and the Individual*, *Second Series*, The MacMillan Company, 1923, p. 256.

是我个人通常的幸福还是不幸时，我为自己而存在。作为经验的自我，我通常将身体也包括进来而作为我的一部分。我的生活，我的诉求，我的福祉，我的力量——是的，我的孩子或是我的祖国，我都能将其归于经验自我的组成部分。在这样的意义之下，我自己的存在是大量的经验对象和条件的集合体，在一个更大或更小程度上的一个整体……"[①]我们可以看到，罗伊斯的"自我"概念，不仅具有意向性、时间性和社会性，而且，不是作为一个"经验主体"，"当我对我真正的自身进行一种经验性的寻求时，我'进入到我自身'，可以说，我发现我并不在家——在那里并未发现在经验世界中作为同一主体的自己"[②]。因为在罗伊斯看来，"经验主体"的设立会使它与世界对立起来，而实质上"自我"是具有身体性的、是进展中的经验对象和条件共同构成且一直处在构造中。

罗伊斯的"自我"概念首先是一个特定经验的集合，它是包括身体经验（包括神经学上的生理经验）在内的诸事实的总体，当然也是一个包括感情、欲望、回忆的内在生活经验和现象的自我。这里突出强调的是，罗伊斯的"自我"是作为一个意识生活的统一体的具身化的经验自我。其次，"自我"的形成中一直贯穿着一个心理学的原则，即我们的社会性起源的"对比作用"，也就是说，区分自我与非自我的心理起源在于我们真实的社会生活。在论述这个心理原则时，罗伊斯倚重于"模仿"这个概念[③]，正是这个概念揭示了"自我"形成的社会根源，并提示了在个体发展中"从自我到他人"（self-to-other）这样的模式，这样就将他者（an alter）与"自我"并置在一起，克服了近代哲学以来"我思"的个体封闭性。再次，真正的"自我"是一个体现在一种意识生活当中的"意义"。"你的

---

① Josiah Royce, *The World and the Individual*, *Second Series*, The MacMillan Company, 1923, p. 330.

② Ibid., p. 333.

③ 兰德·E. 奥西尔教授的研究表明，"模仿"这个概念对于罗伊斯形成个体概念是重要的，它揭示出个体的社会性基础。

自我……是一个历史，一出戏剧，一个生活追求……你的整个生活需要体现和活出它所意味的东西。”[①]在这里，罗伊斯将自我的生命看作是一项任务、一个筹划，一个朝向某个目的性的“事业”。

对“自我”概念的倚重也与那个时候美国哲学强调“自我性”与“自我行动”的总体思想氛围有关，这种强调是美国十九世纪八十年代和九十年代在美国占主导地位的个人主义在观念上的形而上学表达。[②]

在这样的“自我”概念之上的个体，首先在身体上是独立的，即每一个自我都是具身化的；其次，这样的个体又不仅仅是身体性的存在，它还是按照计划、目的而活的一个生命，因此而是一个有意向性的存在。而且这样的个体具有三元性的时间结构：过去的“我”、现在的“我”和将来的“我”。这三个“我”通过生命计划的连贯性来统一起来。(1)对于过去之自我，是已经历过的、不可撤回的事实构成，“我”只能在对过去承认的基础上才能形成“我”的行为的一个历史，行为的连续性才能使“我”开始新的行为，“我”才因此而具备了道德和意义的前提。在此方面的论述中，“承认”概念将起到至关重要作用。[③] (2)当前

---

① Josiah Royce, “The Self”, *Josiah Royce's Late Writings*, *Vol*. 2, edited and Introduced by Frank M. Oppenheim, Thoemmes Press, 2001, p. 131.

② W. H. Werkmeister, *A History of Philosophical Ideas in America*, New York: The Ronald Press Company, 1949, p. 133.

③ 在1881年的论文《康德与现代哲学的进程》中，罗伊斯论证了“承认”在认知活动中的重要性。他认为，在每一个认知活动中，思想首先要承认过去，因为对当下做出事实判断的基础是记忆，是记忆将当下已不存在的事实与当下形成比较；其次，思想要对未来的可能性进行承认，以进行一种预想的综合，否则认知活动就无法继续进行；最后，也是最重要的一点是，思想要承认我之外的意识与我的意识具有同样的地位，并承认有一个外在的世界真实地存在着。这种承认活动，尤其是对自我之外的他人意识的承认（包括对他人的经验、意志的承认）并不仅仅是作为一种单纯的事实去承认，而是作为至高的任务去承认，所以，认知活动本质上是被伦理动机所引导的。但是，承认活动除了作为义务而去进行之外，还可能是基于对自身良好生活的影响的考量而去进行的。基于此，自私作为思考道德的基本因素之一就浮现出来。认识到自私作为一种基本的道德上的恶的同时，也同时会认识到多元意志的冲突，而这就同时要求有一个包容性的更大的意志来决定对所有个体意志都有效的目标，并且，这个意志必须是作为业已建立的事实——这就是绝对主义。因此，唯意志（转下页）

的“我”是以“服从性”[1]为主导原则的，它使过去的“我”与当前的“我”相联系，也就是过去的个体经验被现在接纳，从而使过去的某些被选择的东西在当前仍然起作用。个体之被视为个体，就是基于我们经验中发生的事实“沉淀”，此个体过去所发生的经验使当前的“我”的存在状态有一种可以信赖的总体倾向。被保留的过去使当前的行动的开始与过去具有连续性，这就“串起”了过去的“我”与当前的“我”。个体具有了可预测的标识。在此罗伊斯使“个体”具有对于“其他个体”的开放性和可识别性，而去除其完全的封闭性。(3)将来的“我”与“预测”和意向相关。“预测”是基于当前的判断而使个体具有在思想上的行动趋向与规划。这是个体在已经是其组成部分的具体环境中所产生的假设，此假设作为一个目的性的东西而被一直意向着，形成了对于将要进展的个体的引导和约束。在罗伊斯的论述中，“忠诚”精神运行在这三个时间性的自我中，以个体对某项生活计划(罗伊斯也称为“事业”)的忠诚而统一了自我，从而形成一个个体。

据此我们可以看出，罗伊斯的个体是在目的的意志的导引下去行动，从而以被共同体所承认的实践性的结果来塑造其个体性。为此他反对尼采那种对自身和对他人都同样残酷的个体。罗伊斯的个体不蔑视任何在时间中遭遇的个体，因为这些个体要为同样忠诚的事业进行共同劳作；罗伊斯的个体所共同构成的世界也不是尼采那种“无真理的唯心主义、无信仰的一种宗教、不期望一个天堂的殉道”[2]，而是有一个包容

(接上页)主义就必然要诉诸绝对主义。换言之，要走出多元的意志冲突的伦理怀疑主义，就必须承认具有理想本质的绝对的实在性。罗伊斯在此所表述的就是，“承认”表达的是对一种先于个体经验的东西的诉求，与它密切相联的就是“给定的”这个术语所表述的东西，但最终，“承认”活动必须以这种活动本身的意义——也就是道德价值来辩护。

① 兰德·E.奥西尔在论文《罗伊斯哲学中的心理学、现象学和形而上学的个体》以及其著作《时间、意志与目的》中对于罗伊斯《心理学大纲》(1903)中的“服从性”(docile)这个原则在个体的形成中的重要作用进行了论述，在此的论述都是依据于他的相关论述。

② Josiah Royce, *Lectures on Modern Idealism*, New Heaven: Yale University Press, 1919, p. 68.

所有个体意志的精神共同体存在，在其中诸个体按照自己的意志最终朝向一个普遍的事业，并由解释精神“为所有人解释所有”，从而形成一个“爱的共同体”，让个体真正安顿自身。

四、罗伊斯回应杜威与詹姆斯对其绝对与个体关系的批判

思想与学说总是在回应批判中才能真正确立其论说的清晰性与有效性，罗伊斯关于绝对与个体关系的论述亦然，他同时代的两个有力反对者杜威与詹姆斯据其思想立场而对于他的学说给予尖锐批驳。罗伊斯在回应这些批判中将其思想与主旨真正清晰地呈现出来。

（一）杜威的根本立场：反对绝对与个体的“二元存在”

杜威是根本反对罗伊斯这种个体与绝对“二元存在”的论述，在他看来，既有一个绝对，又有个体，这两者的实在性是冲突的，这暗含着两个并存世界的设置。杜威在1894年出版其《伦理学研究：一个纲要》时就批判了罗伊斯在新出版的《近代哲学的精神》(1892)中所作的对“描述的世界”和“评价的世界”的区分，称其是一种在自然和价值之间的二元对峙。而且他更言辞激烈地指责罗伊斯将“绝对”描画为一个固有的而不是逐渐形成的理想，他反对道：“这固有的或绝对的理想，不仅不可解释，而且是假设的和现成的。”[①]在罗伊斯那里，绝对被视作一个“最高的自我”，有限之“我”在其中只是作为一个方面、一个片断在表现，还有影响着我的自我的其他自我也在进行着表现，当然，它们也受到我的影响、他们相互之间亦进行着影响。只是，包含在“绝对”之中的内在物（即正在表现着的个体意识及个体意识相互影响形成的诸层次级别的更大个体意

---

① John Dewey, “The Study of Ethics: A Syllabus”(1894), *The Early Works of John Dewey (1882 - 1898)*, *Vol*. 4, edited by Jo Ann Boydston, Carbondale: Southern Illinois University Press, 1991, p. 258.

识)如何统一成一个单一意识——绝对的意识?而且,如果个体只是作为绝对的一个方面、一个片断的话,就会产生与常识相悖的问题:一个人的生命以死亡为终点,届时可论其"一生"——即这个个体的完整人生已经表现完结,已经表现了他生命的全部意义;如个体只是片断,如何论其为"整个生命"?就像杜威在对罗伊斯的《世界与个体》的述评中所言,"绝对作为绝对必然包含着片断性,但因此片断就不能是真正的片断"①。杜威指出,作为个体的片断性失去了其作为片断的整体性。在杜威看来,罗伊斯却又强调个体作为个体也有其独特的意义和目的,个体是作为独一无二的个体而存在——潜在意义便是,既然是"独一无二"的,就必定有其自身的界限而与他物截然分开,那个体便是一个整体,便是一个"绝对"——这样,杜威就断定罗伊斯"在进行着一项自我矛盾的任务"②。他认为罗伊斯的形而上学有着"双重视野的幻象","有两种关于时间的思想和关于永恒的思想"③,"所以罗伊斯的绝对在我看来仅是现实所经验到的经验的丰富性和具体性的一个苍白的和形式的符号"④。杜威认为罗伊斯在《世界与个体》第二卷中对经验的元素的强调和倚重仅是名义上的,"绝对"这个名称在杜威看来只是描述我们人类经验具有终极意义和价值的一个最恰当的术语。所以,杜威最终宣告,罗伊斯的统一"绝对"与个体的任务是不可能的,因为"我们的意识与绝对是完全不同的形式"⑤。

(二)罗伊斯对杜威的回应

总结下来,杜威的指责主要集中在以下几个方面:第一,罗伊斯不是从个体性的经验事实开始,而是选择从普遍的观念开始;第二,罗伊斯

---

① John Dewey, "The World and the Individual by Josiah Royce", *The Philosophical Review*, Vol. 11, No. 4, Jul., 1902, p. 404.

② Ibid.

③ Ibid., p. 405.

④ Ibid., p. 406.

⑤ Ibid., p. 407.

的个体在绝对之中的主动性与位置是存疑的；第三，罗伊斯的意义理论是僵化的，没有动态的参照系作为其有效性依据。

1. 开端与经验的承诺

在杜威看来，运用和理解观念是思维从现实经验中抽象出来的东西，日常生活中具体的人类个体，其实存是所有思维论证与观念分析的当然前提。唯心主义者在运用这些概念来分析世界或与世界互动时，却赋予了它们独立存在的现实性，思想、观念抛弃其源自的实存基础，自诩其自给自足。就如克尔凯廓尔在分析黑格尔时认为其以“思想的皮影戏”颠倒了思维与实存的关系一样，在杜威的分析中，他也认为罗伊斯在这条路上确立的起点将会一直扭曲其思想的发展，简言之，他认为罗伊斯确立了错误的起点。

客观地看，罗伊斯的论证分析确实易于给人留下这种印象，如他以“错误的可能性”的分析确证了“绝对”及其作为无所不包的意识（而这指向了上帝）这一点就被引证为新版本的“本体论论证”。[①] 罗伊斯本人似乎并未对此种指责喊过冤屈，他虽未对此作过明确说明，但从其著述中大致可反映出他的“观念证辞”：首先，就他的第一个论证来说，以“错误”这种现象为论证的起点本就是对个体人的经验世界的说明与解释，而且他并未否定过原初经验是哲学反思的最初来源和价值的最终检验这一点，他只是认为我们对世界的说明是从一些预设开始，这样不但更有效率，而且也能进一步帮助我们去弄清观念的起源与经验的秘密；他虽未详尽论述“被给予”（given）这个概念，但他认为以此为哲学分的起点是重要的。确如他所言，哲学并不是在遍及所有经验领域后才产生的，而是从超越经验的理想“给予”开始的。其次，观念虽是源自经验而

① 对此的相关论据可见于 Leonard P. Wessell, “The Ontological Argument: Reconstructed According to the Idealism of Josiah Royce”, *Sino-Christian Studies*, No. 8, 2009, pp. 53 - 80。而且，关于“本体论证明”的批判，康德已经做了示范，要从概念的完满性推出概念所指对象的存在，这是不可能的。

在其后才产生，但在思维与论证时，却是在逻辑上在先的，而这正是最能凸显哲学特性的地方。对此，康德的先验方案是最佳例证，也如柏拉图对概念定义的研究是哲学的开端一样。其实依托经验来论证实在确实存在缺陷，比如我感知到颜色与形状而得出关于颜色和形状的观念——颜色和形状确实是由感觉而来，但从感觉中能导出颜色和形状的观念吗？所以就“做哲学”来说，先验分析和概念分析是必要的。罗伊斯在这种“做哲学”的意义上坚持着这种概念性分析，这似乎只能看作是他对于哲学方法的坚持。

当然，对于杜威认为其不是从经验开始的指责，最有力的反驳还是阐明罗伊斯哲学思想中关于经验的论述。就通常所理解的实用主义对经验的激进承诺来说，罗伊斯的思想中也有着同样的倾向，即原初经验是哲学反思的来源和其价值的最终检验。

罗伊斯的哲学思想从未离开过对经验的论述，集中表述他对经验的承诺的是在 1895 年的《上帝的概念》中，“所有我们所知和所能知的……必然是通过我们的经验而指示给我们。没有经验、没有原初事实在直接感觉中刺激着我们，就没有知识……”[①]而且，在《世界与个体》中，他对经验的态度是，“我根本就不知道任何没有经验性真理的真理”，“上帝和人不会遇到没有感觉材料的直接事实”[②]。霍金（William Ernest Hocking）在其《论罗伊斯的经验主义》中甚至主张，从某方面来看，罗伊斯是一个激进经验主义者。[③] 而且霍金发现了罗伊斯对经验的论述预示了二十世纪的存在主义和现象学运动。[④] 最集中反映罗伊斯对于个

① John J. McDermott ed., *Basic Writings of Josiah Royce, Vol. 1*, New York: Fordham University Press, 2005, pp. 363 - 364.

② Josiah Royce, *The World and the Individual, First Series*, New York: The Macmillan Company, 1920, p. 362.

③ Hocking, William Ernest, “On Royce's Empiricism”, *The Journal of Philosophy*, Vol. 53, No. 3, Feb. 2, 1956, p. 60.

④ Ibid.

体经验的重视的作品是《宗教洞见的来源》，他的表述是“无论是怎样的宗教洞见”，“如果没有个体的经验作为基础，它就不可能获得”①。而且，罗伊斯还超出个体经验而最终寻求一种绝对经验——作为有限经验的统一的整体，并认为这种绝对经验对于个体经验而言是一种最终的价值校验标准。这是罗伊斯思虑的深远之处，他洞见到人和他人、和整个世界有着不可逃离的关系，所以需从整体上来进行判断，也即从绝对的高度来看待碎片化的有限经验。

他认为经验的性质反映着实在的性质，因为存在以某种方式在经验中遇到。但须注意罗伊斯对经验的内涵的理解。我们易于将我们所遭受的比如声音、颜色等当作原初事实般的“直接经验”。罗伊斯则告诉我们，经验一直是“观念化的经验”，被认为具有原初性事实的“直接经验”实际上渗透着超越于“仅是如此的事实”的意义，也就是说，我们的“直接经验”已是富有意义的经验。例如痛感这种“直接经验”，实际上渗透着对痛的界定以及教化中关于痛的相关情绪与评价（如痛是难受的、遭受痛的人是不幸的等）。罗伊斯认为经验的这两个方面即“原初材料”与“观念赋予”是结合着的，对实在的理解离不开经验这两个方面中的任何一个方面（在这里我们再次看到康德的影子）。他的经验主义优越于杜威-詹姆斯的经验主义的地方在于他敢于从整体上对事物作出断言，并且不避讳自己要成为富有建设性的形而上学者的使命。

另外，罗伊斯也在1909年哈利森基金会组织的关于实用主义真理理论是否适当和可信这个问题的辩论性讲座上表明了人们在常识和科学中怎样利用和进入到绝对真理，他举了一系列的经验例子阐明“绝对”

① Josiah Royce, *The Sources of Religious Insight*, New York: Charles Scribner's Sons, 1912, p. 24.

在个人的经验中的例子。[1] 通过这些例子，罗伊斯说明了其思想论证与现实经验之间的关系。而且，罗伊斯的绝对概念产生自我们理智的有限性的经验、意志的冲突的事实以及这个世界所呈现的恶。这也许可以说明他的绝对概念的经验起源。

2. 有限个体的主动性与多元个体构成的解释共同体

与詹姆斯一样，杜威强调的是个体和与之相联的一个多元的宇宙，因此他不会接受一个单一的、最终是理性的整体的宇宙的观点。[2] 杜威指责罗伊斯将其思想方案建立在"绝对"与"个体"这两极之间的摇摆上，詹姆斯对此指出，绝对主义有神论的实质是一种"二元论"，因为这种观点把绝对与有限个体分别当作各具其独特性的实体，故绝对(上帝)的完备自足与有限个体无共同之处，因为任何赋予绝对以类似有限的性质都是贬黜了它的绝对完备性，也即与经院主义神学中的观点——上帝不能与任何东西同属一类——是一样性质的观点。所以罗伊斯哲学如若要强调在绝对的包容之中的个体实在性，则就是在一元实体论面目下的二元论。詹姆斯在《多元的宇宙》中对绝对主义者如罗伊斯、布拉德雷的绝对主义进行了批判。他进一步指出，这种二元论会进一步得出绝对真理是业已建立的而与我们有限个体的认知毫无关系的"激进的二元论"[3]。

詹姆斯对绝对的观点正是杜威对绝对的批判要点之一，"具有刹那的统一性"的绝对——绝对立刻整个地就是绝对的那个样子——与在不

① 这参考到罗伊斯所做的三个哈里森讲座，以下参照的文本是按在哈佛档案馆第85号档案(HARP85)中的讲座序号和页码；因此 HARP85，1：2代表85号档案讲座1，第2页。对于这些讲稿的最得当的总结见克莱敦宁的《罗伊斯的生活与思想》第326—328页。这里所举的例子见于 HARP85，3：1—8。

② 但罗素主张，实际上杜威未能从绝对唯心主义立场的"整体论"中逃脱出来。Cf.，Bertrand Russell，"Dewey's New Logic"，*The Philosophy of John Dewey*，2nd ed.，P. A. Schillp，ed.，New York：Tudor Publishing Company，1951，p. 139.

③ 威廉·詹姆斯：《多元的宇宙》，吴棠译，北京：商务印书馆，1999年，第15页。

断地认知着且由于我们的有限而不断犯错着、好奇着、不幸着、因无知而痛苦着的个体如何兼容？在杜威看来，罗伊斯的在绝对中整个形成一个晶莹透明的意识总体的方案是一项矛盾重重的任务，个体只能扎在时间里，永恒的方式我们全然不知。在杜威看来，芝加哥的《一元论者》的创刊词“让我们模仿大全”纵不是突发奇想，也少不了做梦成分。因为在詹姆斯和杜威看来，“绝对”对我们有限个体来说总是一个异质的存在。就如詹姆斯所言，“我是有限，无法改变，我的万种同情和这个有限世界本身以及具有一个历史的诸多事物交织在一起。‘我的幸福来自大地，而它的太阳照耀着我的痛苦”。詹姆斯的批判思路与陀思妥耶夫斯基在《卡拉马佐夫兄弟》中所要表现的思想主题无疑是一致的：高高在上的绝对心灵却遭受到时间的有限的完全背叛，遭受父母虐待的五岁女孩、被主人的猎狗在母亲面前撕咬成碎片的八岁男孩，从绝对的角度来看，这些时间中的安排都被认为是正当的；孩子们所遭受的苦难、成人所遭受的折磨都会被认为是上帝对这个世界进行的正当安排。詹姆斯认为这种“道德的休假日”平息不了在有限的时间中活生生的个体那失去的痛苦以及尚未复仇的愤怒，绝对救赎不了任何苦难与失去，那最终的和谐只是“那该死的绝对”。

罗伊斯对于陀思妥耶夫斯基的观点当然了然于心，也知道他亲密的同事詹姆斯的观点，但他还是提出在“绝对”中调和个体的一切。不过，他的“绝对”观念绝不是素朴的唯心主义观点中的绝对，“调和”也绝非消极承认“主啊，您的所有安排都是正当的”。他的方案赋予了有限的、时间中的个体以很大的主动性与责任感。

罗伊斯认为，每一个个体作为自我是通过不同于其他自我的生活计划而与他人区分开来；每一个个体不是惰性地被包含在一个普遍的生活中，他的本质是其意志、意义以及目的。因此，绝对的普遍生活是包含诸个体的生活，但普遍生活是通过作为个体的我们以及我们的行动才成为实在的；我们当中的每一个个体，我们的每一个意志的搏动都具有一种

“与这种普遍生活的独一无二联系”[①]。

其次，罗伊斯要求承认错误现象的不可抹消性，也就是在时间中所发生的事都无法撤回，这是绝对的。但只有在个体组成的更大的共同体中，这种错误、所有事件才能被认识[②]，在认识之后才有可能去介入这种错误的结果、这些事件的结局，也就是进行救赎。但救赎并不是一个复数的个体（共同体）的一种补偿或任何形式的惩罚。而实质是“没有这种损失就绝不会获得”[③]的东西。“获得”并不是牺牲了那个犯错或受苦的个体为获得的代价，而是包括那个体在内的共同体成员以“创造性的行动”来从错误与受苦当中获得一种更高的认知与精神上的滋养与升华，从而使共同体成员达到一种更紧密的联系与爱。以此可以看出，罗伊斯的思想凸显“时间中的共同体”这个观念，在其中，每个个体成员均以其“创造性的行动”来完成对共同体生活的参与，同时也在参与中成为个体自身。[④]

至此，罗伊斯的思想重点已从超时间性移到了时间内，共同体以其在时间中的进程替换了超时间性的“绝对”。有限个体的多元形象凸显出来，“绝对”意识的一元性隐退其后，而且时间中的世俗行动覆盖了“绝对意识”对于所有个体的静态认知。

另外，罗伊斯成熟时期（1912—1916）的思想与其最初表述的“绝对知者”“绝对经验”在表达上发生了根本的变化。他将由“解释精神”所解释的多元个体组成的“解释共同体”代替了最初的“绝对”。罗伊斯确证“解释的共同体”作为最终的实在是基于解释“是一个更大的意识统一体

① Jena Wahl, *The Pluralist Philosophies of England and America*, translated by Fred Rothwell, London: The Open Court Company, 1925, p. 41.

② 如前文所分析，个人的判断是无所谓对与错的。

③ Josiah Royce, *The Problem of Christianity*, Washington D. C.: The Catholic University of America Press, 2001, p. 181.

④ 不过，不得不提的是，罗伊斯对于个体的“创造性行动”的发生机制并未做过清晰的论述。虽然共同体生活的记忆与对共同体未来的希望共同塑造着“共同体内的个体”，但每一个个体的“创造性”的发生机制却还是未明与神秘的。

的到达”，“是解释教会我们去处理活生生的、具有意义的和真正的实在”。[1] 在这个解释共同体中，个体作为解释活动的参与者，其意义与地位是任何其他个体无法取代的。他的方案具体说来是皮尔斯（C. S. Peirce）的比较理论和解释中的“第三者”（third）的中介作用在罗伊斯的解释理论中得到创造性的运用。皮尔斯认为，需要一个“第三者”作为中介者将被比较的观念统一起来，才能达到比较结果，而比较结果本身也是属于另一个比较统一体的被比较元素，也就是说，比较结果本身是需要被验证的且一直处于验证过程中。这样，就形成了一个三元性的结构，且保持开放状态。罗伊斯的解释结构就具有这样一种三元性，解释者、被解释对象、解释接收者（接收解释结果的对象）这三者统一在解释活动中，每一个解释者的解释本身也是被解释的对象，因此解释的过程就是无止境的。这样，罗伊斯在实质上就将解释放到了一个公共的结构当中，只有在一种公共生活的开展当中，承认他人的实在及他人内心生活和我们一样的时候，比较才能进行，解释才能进行。罗伊斯的解释理论还因其这种三元性而具有伦理指向。

在罗伊斯的解释共同体中，每一个个体既是一个“为所有人解释所有”的解释者，其个体本身也是一个三元的解释共同体——现在的我将过去的我解释给将来的我。他借符号的概念来完成这种三元性的连结。每一个符号都是一个意识的表达，但符号并不是自身的解释，只有在一个符号序列中，通过比较才能发现其意义。“比较必须是三元性（triadic）的，以达到清晰明了和完整性。相似性和不同点是一个符号的比较所需要的。但是，这些符号并不是它们自己的解释。”[2]二元的比较对罗伊斯而言是“危险的对子”，而只有一个“第三者”的中介符号才能完

① Josiah Royce, *The Problem of Christianity*, Washington D. C.: The Catholic University of America Press, 2001, p. 306.

② Ibid., p. 300.

成解释活动，从而确证一种意义和一种存在模式。"'第三者'符号或概念致使比较和属类识别成为可能，并能使新的符号或诸符号成为个体和共同体交流境域的一部分。"[①]由此，"第三者"符号的作用是关键性的，它保有了相同性和差异性于自身，并通过解释的公共结构(解释的共同体)而验证自身的比较结果。但这个符号并不仅仅是被解释的，它也主动参与了符号共同体的解释活动。这样，一个符号就具有双重印记，一方面它属于一个巨大的符号系列中的一个结点，由此承载着其他相关联符号传递给它的意义；另一方面，它又主动去创造关联，丰富着其他相关联符号的意义。

罗伊斯最终的"绝对"与"个体"的关系问题以"解释的共同体"的方案结束。最终实在的是"解释的共同体"，个体既是解释者亦是被解释者和解释中介者，个体作为不可替换的"符号"在解释的序列中找到自己的真正实存价值。解释的共同体既不压制个体，亦不让个体游离其外成为一个无意义的迷失个体。虽然罗伊斯最终诉诸"爱"来维系个体与共同体的联系，但诉诸不可言说却人人都欲说的东西恰是哲学最有魅力之处。

3. 整体的前提性与意义的开放性

杜威的批判还集中在罗伊斯的"绝对"是"现成的"，即"一下了给定的"这一点。在他看来这是一种惰性的做法，且窒息了人的探索进程与人的创造性。杜威关注的是探索的进程性，人在不断地与自然的交互作用中使自然逐渐人化，从而也就不断地使意义渗透到自然中，又从自然中析出来回馈于人。他的思想进路是典型的"过程性"的思想，这种思想进路源自于自然科学探究所取得的巨大成就的示范性效用。杜威的思想根基中进化论思想与机能心理学都确证着一种"过程性"与"试错性"，

① Robert S. Corrington, "A Comparison of Royce's Key Notion of the Community of Interpretation with the Hermeneutics of Gadamer and Heidergger", *Transactions of the Charles S. Peirce Society*, Summer 1984, Vol. 20, Issue3, p. 280.

它需要人在面对世界时“创造性”地产生一个假设，然后以这个假设为基点开始探究过程。过程中的成功或受阻的结果反馈给最初的假设，进而确证这个假设或改进这个假设。这个思想是皮尔斯的思想图景的模式。自由游戏、机会和创造性的行动模式是皮尔斯的思考中的关键元素。这些元素反映出“各种阻碍和机会的连续性流变包含在一个探索者的共同体中，在这个共同体中探索者们的思想产生‘可达到的结果’”①。杜威对皮尔斯的探索共同体最终会达到的“一致结果”并不感兴趣，因为他会认为，如此的话又会滑入对某种“绝对”的信仰当中。他汲取了皮尔斯的探索过程中的可错性与交互往返地对最初创造性假设的修正机制。每一次被“有效”所确证的结果沉淀进经验的库存中，并且由此具备了一个应对世界时的“现成工具”。杜威的每一个被成功确证的“真理”只具有一种功能性的属性，而并不具有一种终极的意义，简言之，在他的语汇中，“真理”并不具有那种整体的硬质和不可修改性，它是一个软的真理，随情境的变化而变化。因此，杜威的哲学中，意义、价值都不可能具有终极性，相反，它们是在情境中不断被赋予、不断被修正，甚至被否定的。

詹姆斯和杜威对罗伊斯的绝对主义最大的指责在于其会抹消个体的存在和价值。他们的指责实质上指向了绝对主义者历史目的论，即绝对将个体的意义以总体之名借走了，因为只有那最终的意义才算数，个体的当下独一性并不是为其自身，而是为某个异者（the Other）而存在，因此也就无所谓个体的独一性的持存了。

在罗伊斯看来，个体的意义首先来自此个体在某个总体中的位置关系。个体性在本质上是自我认同或自我意识，他在“社会学的历史方法”的讲座中就说明，先于自我意识的首先是对他人意识存在的意识，就像镜中的婴儿首先意识到的是镜中人的存在一样；其次是自我到他人的关

① Frank M. Oppenheim, S. J., *Reverence for the Relations of Life: Re-Imagining Pragmatism via Josiah Royce's Interactions with Peirce, James, and Dewey*, University of Notre Dame Press, 2005, p. xiii.

系的意识，即我的意识牵动着他人意识构成的意识之网。通过这样的分析，罗伊斯强调，只有在一种整体的背景中，个体的意义（个体性）才能得到界定；在现实生活中，只有在一种共同的事业中，在一个有机的整体当中，个体的价值和重要性才能找到基础。

其次，詹姆斯与杜威对罗伊斯的"意义是现成的、僵化的、一下子给定的"之指责是源于他们并未全面地看待与理解罗伊斯的思想，尤其是其晚期的思想。罗伊斯晚期的解释理论以意义的公共性与开放性为前提，这体现在他对于皮尔斯的哲学思想的理解当中。他在解释我们迄今所持为标准的自然法则时说，"如皮尔斯通常所说的那样，我们实际所服从的自然法则是这样的法则，迄今为止我们能证明它们是近似的真（approximately true）。所有的估量都是不准确的，且需要更进一步的估量来矫正"[①]。也就是说，在罗伊斯那里，当知识（认知结果）以规则、法则的形态表现出来的时候，也并不是就此固定不变，除了"近似的真"之外，还需要进一步的探索和印证，也就是需要进一步的解释。而解释是解释共同体中每一个解释者（个体）的创造性活动，在解释中，每一个解释者将其信念与意义系统运用在被解释对象的解释中，从而开启了意义系统的创造性发展序列——解释的结果又会成为新的被解释对象，如此下去。每个解释者作为一个解释过程中的符号，其意义具有在时间中的展开结构，即一个符号的意义集过去、现在和将来可能的意义以及在当前解释中多个解释者和可能解释者的意义叠加于一身。这就反驳了杜威对其"意义是僵化的"指责。

综上所述，罗伊斯的绝对唯心主义是一种宽容的一元论。这与其哲学初衷有关，他认为多样性只有在一个统一体的背景中才能获得支撑，否则根本不会有多样性的知识：从逻辑上来说，相异只是最远的相同；

① Shook, John R., and Andér De Tienne, ed., *The Cambridge School of Pragmatism*, Vol. 1, London: Thoemmes Continuum, 2006, p. 201.

从人类历史的发展来说，社会结群性会越来越导致人类作为类存在的根本性趋同。但他的一元主义也是唯意志主义的，甚至是个体主义的。因为只有一个观念是个体化的，只有它占有的经验内容是任何其他的经验所不能替换的，它才有价值。而且，他也主张普遍性意味着实践上的缺陷。①

在绝对与个体的关系问题上，罗伊斯并不是"冷漠"地为"证成"绝对之无所不能而漠视有限世界的恶，相反，他承认了有限世界之恶的存在事实，在这个事实的基础上他持一种世界改善论的观点——只有通过人类整体、共同体不断地与恶抗争而克服恶之后果，从而超越恶达到更好的世界，进入更高的精神统一体。詹姆斯沉浸在时间中的种种恶的事实中，而罗伊斯则站在克服恶、超越恶的更高点来对待世界。这也就是罗伊斯称实用主义不够彻底的地方，也是他说"我们必然是实用主义者，但不能只是实用主义者"这句话的真正意涵所在。道德的动机一直在引领着罗伊斯的哲学探究，在绝对与个体的关系上，罗伊斯的这种立场再次成为主导：道德的意义存在于达成社会整体的利益，而整体作为一个主体比组成他的孤立个体更适合于作出判断并控制愤怒以及其他情感——这是亚里士多德的洞见，罗伊斯也是在这样的思路之下来探讨整体与个体的关系。因此，罗伊斯并不否定个体的始源性与实在，但他总的认为，社会生活作为总的精神结构体的实在是绝对的，它对于个体灵魂的塑造与渗透的力量是先在的。所以，"绝对"对罗伊斯而言并不是抽象的，而是一个内在的、本质的支配性问题，它是作为人（尤其是作为社会性、道德性的个体）生存的奠基性经验，给每一个个体提供着一种稳定的存在感与生存模式。正是基于"绝对"在背后隐而不显的授权，个体才能在变化的生存经验中意识到自身的统一性，并预展将要经历的不确定

① Jean Wahl, *The Pluralist Philosophies of England and American*, translated by Fred Rothwell, London: The Open Court Company, 1925, p. 38.

性。“绝对”既深藏于个体生存的根基中，也悬于作为伦理道德个体的上方。罗伊斯承袭的“神—人”结合的行动哲学并不要复苏一种旧传统，而只是基于重建个体的道德敬畏感的需要。罗伊斯的“绝对”是对可能意义的完成，在个体向绝对的寻求中获得了一种差异和间距，同时也获得了一种时间的深度。差异与间距是个体辨识自身之不足的前提条件，否则，错误就不会发生；时间性的深度使得“绝对”拥有的容纳力量得以彰显，它的永恒性包含了时间中的全部表现过程。个体向绝对的寻求被包容在绝对的深度之中，在其中，个体的意义得到理解。

第五章

绝对与忠诚

忠诚，会带给我们在碎片化生活中对完满的一瞥。

——乔赛亚·罗伊斯

从罗伊斯整个哲学生涯的思想发展来看，在他的思想从“绝对”过渡到“共同体”的过程中，“忠诚”这个概念具有重要意义。这种重要性可以简要概括为四个方面：(一)通过“忠诚”概念，罗伊斯不仅提出了他的道德哲学的根本特性，而且通过其指示出实在世界的结构；(二)“忠诚”概念带出了“我们”这个第一人称复数对于“我”这个第一人称单数的替换，使罗伊斯对多元的重视浮现出来；(三)“忠诚”概念直接引出了“事业”概念，而事业概念所意指的共同的、精神上的统一生活使罗伊斯实现了从“绝对”向“共同体”概念的过渡，并处理了个体与共同体之间的关系互动，从而真正论证了个体与社会的关系；(四)“忠诚”概念将基督教精神世俗化为共同体精神，使他的富有宗教精神的“解释共同体”成功替换了早期的具有包容性的却是单一的“绝对意识”的称谓；(五)通过“忠诚”概念而将道德与宗教绑定在一起，完成了他的哲学初衷——一种“伦理的—宗教的”哲学。总之，“罗伊斯最具综合性的观念是忠诚，这个忠诚既不是排他性的政治术语，也不是军事意义上的术语，而是表述了为一个事业或一个目标的全心奉献”[①]。

---

① John E. Smith, Introduction for *The Problem of Christianity*, Washington D. C.: The Catholic University of America Press, 2001.

在探讨罗伊斯的忠诚伦理学内涵前，须对他之前的道德哲学中的一个困难进行揭示，在此基础上我们会看到其以“事业”为指向的忠诚伦理学在解决这种困难上的优势。

一、忠诚伦理学与绝对预制的世界

自休谟以来，在道德事业的建构上存在着一个一直解决得不彻底的问题：在去除了“神”的绝对保证与维系之后，个体的自我同一性问题与个体之间如何保证一种共通性或可通约性？这就涉及休谟以来在道德哲学上一直隐秘地运行着的一个“绝对预制的世界”，而罗伊斯的忠诚伦理学用忠诚这个普遍事业而将这个世界表述出来，并代表着他解决这个问题的一种努力。

休谟哲学反映了思想史从神到人的过渡，这被黑格尔在《哲学史讲演录》中归诸过渡时期的哲学。黑格尔认为，与在彼岸的神身上寻找根据的近代之前的哲学不同，过渡期的哲学立足于与此岸的和解，立足于独立的人性、精神的固有原则。这种转移从由休谟影响的康德一直延伸到整个德国古典哲学。但康德在《纯粹理性批判》中确立的严格世俗化论证还是要面对一种近乎只有神才能做到的“绝对”之保证，即先验的“我”的结构与“他人的我”是一致的，而且诸个“我”之间同在一个相互能透视的世界中——也就是诸“我”对在某处的同一样东西是得出同样的经验。思想家虽然不再以神之名来论说世界的统一性，但却离不开对世界的统一性假设的保证。在这种假设之中，“我”直接确信与别的“我”的立场的可互换性。这个假定在近代以来的哲学中隐而不显，且看起来相当简单而无害，但对于思想家们的论述来说却是奠基性的，其产生的道德意义是深远的，它假定了人的巨大相似性（在斯宾诺莎的《伦理学》中就对此明确论述过），而这是休谟哲学以及以后的经验主义建立道德哲学的基石。“同情”或“移情”不仅使不可通约的经验个体能够处在另一个经验个体的立场上去理解与感受，而且指派给别的“我”与自己同样的主体性。这样隐秘的预制世界的统一性一直在支撑着经验论传统和先验论传统的论述。

休谟的“同情”理想最能反映这个隐秘的“预制的世界”之绝对性，因此本书以休谟在道德上建构的基础——同情理想——来说明其不充分性，并以此来说明罗伊斯提出的忠诚伦理学相较于这种传统的优越性。

（一）休谟的同情理想及其困难

休谟承继洛克的经验主义立场而全盘否定了一切普遍的东西，他因而是一个彻底的怀疑论者。但与古代的怀疑论者不同的是，他以确信现实为基础。在这样的确信之上，他的探究必然要返回到个别意识。而他哲学的困难因此而出现：精神实体被他消解之后，自我如何建立？更进一步，个别意识与他人意识如何共在？道德的基础和社会规范的柱石何在？事物的根源（人们把此根源称为“神”）又何在？也就是说，休谟在用他的自然主义、经验主义反对理智的形而上学的时候，他如何能把思维引导到一个稳固的立足点上，由此来为他的哲学赢得一种积极的意义？休谟因此在建设道德事业时需要同情理论——“同情”这种理想机制能沟通个体经验的不透明性，通过同情的运作，我们把对他人的情感的观念转化为我们自己的印象，从而追求一种多元个体间的“共性”，突破个体经验之间的不可通约性——来完成他道德建设的基石。休谟为了完成这种“感同身受”的同情理想以完成他的道德公共性要求，他首先在人性中放置了“合群性天性”①，使同情能够具有发生的前提条件；其次，他照搬斯宾诺莎关于人的心灵具有巨大相似性的论述，凡能激动一个人心灵的东西也能激动别的心灵，这使同情机制有现实发生的契机；再次，习惯（以及习俗）这个原则在休谟人性论中是最强有力的原则，它使同情成

① 休谟在《人性论》中对“人性的总的观察”的结论就是人的社会性。

为人的心灵的一种倾向，从而能够普遍发生。

同情机制对于解决休谟的哲学论述中的困难确实不可缺少，但是，它也包含着无可回避的困难：首先，同情在本质上局限于个人的心理机制中；其次，其也不具有美德行为中自主选择的精神高度；再次，同情也是以经验为其构成部分的，而每个个体都有自己不同于他人的个人经验史，在此基础上，对同一对象的同情其结果就会是多元的，甚至是冲突的，如此对道德持有诸多视角的旁观者们来说，怎样确立一个普遍的标准呢？因此，从根本上来说，同情在其本质上只是一种理想性预设，但却被休谟以及同时代人当作已经预先完成了的——一个预制的世界已经运行，它是绝对的。相应的，它的困难被当作已被解决了，但事实是，这种预制世界之绝对保证——保证同情能有效发生、保证某种透视性——还是神秘的，并且是被断言给予的，并不是被论证的。也因此其道德学说还是不彻底的。换言之，经验学派以感性可靠性来确保一种主体通性，但这种“确保”的有说服力的论证却被直接省略了。

罗伊斯通过其忠诚伦理学而必然指向的“事业”能有效去除这种道德所需要的共同性之“神秘性”，而真正地将人置于一种伦理共同体中，并有效保证其论证的合逻辑性，而不是直接“跃入”一种绝对的预制世界之中。罗伊斯的忠诚伦理学从根本上倚赖于“事业”这个概念。

（二）“事业”：隐秘世界的敞开

1. 社会学理论的成就

如前文所述，近代哲学在一种人与人之间相互可以透视的预设的基础上来建构具有公共性的道德。这种“思维经济”的预设无法避免“神秘性”的质疑，并且其并不具彻底的说明性。从人的社会性天性着手来进行道德建设的方案在休谟那里已经表述得十分明显，用习俗、习惯来塑就人们行动的可预测性也是经验主义一贯的主张，但纵观所处时代，还未形成完整的社会学说来说明个体对于社会整体的依赖性，故而其说明就不可避免地带有神秘性的论断。但到了罗伊斯的时代，以奥古斯特·孔德为代表的理论家已创立了完整的社会学说（社会有机体理论，它源于把个体重新纳入整体的目的），这种强调整体的思潮在十九世纪一直在推动着对个体的研究与说明。其实这种社会整体的有机生活观自古就有且从未断链过，并且还在一直得到大思想家的不断给养与支持，比如黑格尔强调的"国家是存在于地上的神圣观念"就是对整体力量的鼓舞，扼制了个体的独立与逃离。这种强调社会整体有机生活的思想还结合着报刊、铁路、邮电等社会事业的蓬勃发展，个人在社会舆论网中成为这种排山倒海的力量中的一粒尘埃，其行为模式与运动方向只能是逐浪而行。社会生产力发展所结成的各种社会事业又以其自身独特的特征决定着个人的生活模式并继而影响其思维方式。在十九世纪，传统生活模式不断瓦解，各种社会事业之间结成的紧密结构使人与人之间的联系越来越紧密。在此基础上，个体越来越无法脱离其所依附的整体，社会生活对个体灵魂的渗透要比过去任何时代都要深刻。孔德为代表的社会学家就用人的社会环境来证明个人的彻底局限性。

2. 实用主义的意外影响

十九世纪后半叶兴起的实用主义思维方法以意外的方式影响了罗伊斯忠诚伦理学对"事业"概念重视。实用主义运动虽然在继续着休谟式的经验主义，并在一定程度上代表着十九世纪末强调个人主义的思想趋向，但它将行动所带来的实用效果（一种外在可验证的效果）用来验证信念，并进而明晰进一步行动的方向。这样，实用主义带来一种全新的思维模式，通过评判给人类事业带来的服务而作为评价标准；并且因为验证并不是一次完成的，也即通过信念来克服怀疑的斗争是在一个探索共同体中长期努力才会达成的，所以，实用主义就通过共同的探索任务将人们的行动方向统一起来，与此同时，它将外在显在的行动效果作为评价内在信念的当前标准。实用主义代表了一种有形世界的现实主义，内在的信念需要外在的"事态"来表现与反哺；实用主义事实上也代表了一种对普遍事业的追求——经验绝非个人的经验，不断地探索是对人类共同经验的有序化与批判扩展的事业。实用主义如果不预设这种人类经验的统一体是真正的实在，且所有探索者过着一种共同的生活的话，像"科学这种事业就只会是一个隐喻，它的真理就只是一种幻觉，它的结果就仍是奥秘"①。实用主义的思维方式给罗伊斯带来的冲击是巨大的，他最终赞同了皮尔斯的实用主义思维要点：共同体、共同的任务（事业）以及统一的探索精神对探索共同体成员的行动方向的确定。这为他形成为事业而忠诚献身的忠之哲学起到重要作用。但罗伊斯有自己的思考风格，并且认为实用主义站在科学水平线上来讨论哲学会降低人类精神的高度。故而，他结合自己的宗教关切与观念论立场，用"忠诚于忠诚"的伦理学揭开了人们行动的共同趋向性以及相应的道德维度，并最终表述了一种作为精神性存在的实在。

3. "事业"概念的形成与影响

十九世纪文明技术的急速发展形成了具有严密结构的组织与专门化机构，借此来为整体社会的运转任务作分工，这种巨大的经济技术力量毫不掩饰地反对和吞噬着个人主义，并且将个人与事业绑定在一起。而且在经济并发症的危机面前，个人的独立毫无希望。相反，对于个人身份的识别却依赖于其所从事的事业以及相应的贡献。这在理论上促成了社会学说的蓬勃发展，也促成了唯心主义对个体优越性的抵制。在此情况下，"事业"这个概念所代表的严密组织化的有秩序的工作成为定义与识别一个人身份的首要指标，并以其特有的规范要求和塑造着个体的行为特征甚至是语言行为。其次，"事业"所代表的人与人之间的交流与合作与社会进步的理念挂钩，个体团结起来为更高的生活而奋斗成为一项使命，这种使命感也引发了精神生活的具体重建——主体间维度成

① Josiah Royce, "Loyalty and Insight", *William James and Other Essays on the Philosophy of Life*, New York: The Macmillan Company, 1912, p. 85.

为精神结构的必要组成部分,“我”开始由“我们”替代。思想家们也在现实的世界中寻找着维系这种共同性元素,比如“语言”开始成为哲学思考世界的引路者、“商谈”具有极高的规范力量。再次,“事业”以其“做”与“生产”的方式运动并产出结果,使人类的创造性观念在有形世界表现出来并验证着人类观念进而改变人类的精神结构。

综而观之,“事业”概念成为罗伊斯哲学思考的转折点有其合理性与必然性。“事业”在为同情、移情的释放提供客观的共同基础,诸多个体的意志共同指向的共同目的成为维系个体沟通性的纽带与中介,对于打破休谟的个体的不可通约性真正建立了外在机制与内在机制结合的空间。并且,“事业”指示着具有相同或同类意志的人们的协作性,这就为“共同体”观念的论述起到过渡作用。罗伊斯就认为黑格尔的哲学实际上就是一部精神的“创业史”。精神在征服异己、充实自己的时间进程中赋予所有的现象(精神的存在状态)以意义,同时也渐次地显现出精神自身的全部内容。罗伊斯认为,个体要获得其为独特个体的界定与生命意义的释放,就必须在时间的进程中通过“事业”来忠诚劳作。如果没有一种外在的业绩,没有一种他人的维度与共在、共做的意识,一个精神性的生命也就无所谓意义,也无法界定自身的边界与内容,从而无所谓个体。

只有在理解了罗伊斯的忠诚概念的内涵后,我们才能进一步理解罗伊斯的忠诚伦理学用忠诚、事业概念所表述的对生命意义的探求之意图。

二、忠诚概念的内涵

麦金泰尔(A. MacIntyre)在《追寻美德》中表明的是,具有一种恰当目的的人类生活才能产生良好的道德秩序。在他的语境中,“具有恰当目的的人类生活”就是进入能够培养出道德个体的社会共同体中过一种有目的生活。因此他主张回到亚里士多德的目的论伦理学传统。实际上,罗伊斯比麦金泰尔更早地呼吁采纳一种德性来修复道德标准,他虽未明确主张目的论的伦理学，但他提出了一种忠诚哲学，核心是强调“忠于忠”，并主张忠诚作为道德生活的一个核心原则。[①] 他认为当忠诚得到恰当的界定时，整个道德法则就能得到实现。正义、仁慈、勤奋、智慧、精神，所有这些都能根据忠诚的指示而得到界定。

罗伊斯在著作《忠之哲学》(1908)中一开始是这样定义忠诚的，“忠诚就是一个人自愿地并且在实践上彻底地投身奉献于一个事业”[②]。在著作的最后章节他完善这个定义为：“忠诚是尽其所能地去表现永恒之意志，也就是，一个个体自我在行动的形式中表现的有意识的和超个体的生命统一体。”[③]结合罗伊斯在《忠之哲学》之外的文本，忠诚这个概念在罗伊斯那里的内涵包含以下几个方面。

（一）忠诚指向一个事业

所谓事业，就是通过某种任务从根本上将许多自我融汇进一个统一体。[④] 对罗伊斯来说，事业并不抽象，而是一个活的存在。这个活的存在给予了个体自我生活的计划与重心，从而定义了“我”。换言之，只有个人持续地服务于一项事业，并且在内在意志上是自愿地从事于这项事业时，才能解决个人的日常生存困境以及对于“我”的形而上学追问(“我”是什么?)。据此，事业是一个“大我”与“真我”。个体的我忠诚于它并不阻碍个体意志的表现，而是只有在忠诚地投身于这个事业时，我的意志才得到表达与丰富。所以，从逻辑上来说，事业先于忠诚的个体而存在。

---

① Josiah Royce, *The Philosophy of Loyalty*, New York: The Macmillan Company, 1908, p. 13.

② Ibid., pp. 16 – 17.

③ Ibid., p. 357.

④ Josiah Royce, “Illustration of the Philosophy of Loyalty”, *Josiah Royce's Late Writings Vol. 2*, Thoemmes Press, 2001, p. 4.

（二）忠诚的事业是忠诚主体的意志所选择的事业[①]

这涉及罗伊斯“意志”概念的内涵，本书第二章第五节已对其唯意志主义进行论述，在此不赘述。罗伊斯的意志不仅仅是与理性相分离对立的意志，也不仅仅是叔本华、尼采、柏格森那绝对化、本体化的意志。罗伊斯研究当时正在快速进步的逻辑学科，主张就像存在着一种理智的逻辑一样存在着一种意志的逻辑，但他更进一步地主张，所有的逻辑都是意志的逻辑，并不存在纯粹的理智。[②] 因为思想者的一个观念是一个行动计划，它是在当前意识中对某种目的的表达。所以，在罗伊斯那里，意志与理性并不是分离的。思想作为一种行动模式，其构成成分中不但具有理性的普遍性与自控性，而且更包含着目的和动机的显在性与内在欲望的清晰性。在这样的“意志”之下，其所赞同的事业不可能只是基于情感上的冲动或盲目。换言之，忠诚并不只是一种情感，他/她忠诚的对象是基于理性并结合情感与意志的考量后才确定的。

那么怎样确定一份事业是值得付诸忠诚的事业？在今天的视野下，比如一个“恐怖分子”对于其所效忠的“事业”的忠诚又如何看待？罗伊斯对于此类“忠诚之冲突”所给出的答案是：一个事业如果是善的，不仅仅是对于“我”而言，而是要对所有人而言为善才能称其为善，也就是，这个事业本质上是对于忠诚的一种忠诚，即“忠于忠”（loyalty to loyalty），它须是有助于深化人们的忠诚的。[③] 按罗伊斯“忠于忠”的根本原则，如果一个人参加的事业是一个侵略性的事业，通过推翻、破坏其他人的忠诚而存续，那么它就是一个邪恶的事业，因为“它包含着对于忠诚本身的

① Josiah Royce, *The Philosophy of Loyalty*, New York: The Macmillan Company, 1908, p. 17.

② Josiah Royce, *William James and Other Essays on the Philosophy of Life*, New York: The Macmillan Company, 1912, p. 234.

③ Josiah Royce, *The Philosophy of Loyalty*, New York: The Macmillan Company, 1908, p. 118.

不忠诚”①。因此，罗伊斯所说的对事业之忠诚是有价值论基础的，恐怖分子对其极端行为的效忠并不是真正的忠诚，他们的“忠诚”并未建立在对有价值的事业的正确理解之上，而且最终并不是促进和增加了普遍的忠诚，而是破坏了忠诚这项事业本身。

（三）忠诚主体践行了其选择

忠诚的人做了事情，而且所做的事情服务于其事业，所以忠诚的人是遵循着其事业的引导而去行动了，他/她是一个起作用的人，以其客观化、外在化的行动建立起了在他/她所忠诚的事业中的实效与绩业，而且这个外在的客观事业中融汇着行动者的精神与创造，它并不是一个与自然物同样的实存物，而是其中有着人的因素的“更高的客观”。这是对传统静观哲学的突破。静观哲学以现象—实在的二分为前提，由一个非人的力量可以改变的客观基础来决定人对它的认识是否相符（真理符合论），这样从根本上排斥了人对于“实在世界”的任何影响与参与。而具有人的精神创造性参与和主导的事业却依赖于人在其中的作用，人的因素努力塑造着事业的外形与内涵。据此，这种“更高的客观性”打破了静观哲学中人只能被动地以其认识结果去符合与对照的境况，而将“实在的世界”界定为人在参与、塑造的世界。

（四）忠诚将个体提升为更高类型的存在

一个忠诚于事业的人，必然控制或抑制了其自然的、多样的欲望，而听从客观的事业的引导。无自控的忠诚是不可能的。但自控并不意味着去伤害一个人的全面性，恰恰相反，这种自控的精神成就其为更高的存在类型。而且，忠诚于一份事业并不阻碍个体意志，而是在这个事业中丰富

① Josiah Royce, *The Philosophy of Loyalty*, New York: The Macmillan Company, 1908, p. 119.

和表达了个体意志。因为,忠诚于某份事业能统一个个体的生活,给予其方向、生活的重心与稳定性。忠诚强化了一个人的自我意识,并给予一个人的意志以目的①,最终完整地定义一个人。② 就如罗伊斯所说,你所加入的任何事业,都是你在其中生活而教养着你的社会秩序;你在头脑中所产生的计划,在实践上都隶属于将你的生活纳入其中的社会的总计划……因此,你实际上是一个社会存在物。③ 但罗伊斯也指出,社会秩序并不完全决定你的生活计划,人也不会接受这样的命运。忠诚的个体在事业共同体中的具体行动是自决的,以自身的创造性活动去不断丰富着、推进着事业的进展,并在参与到对自己或者他人的不忠诚选择进行修复的救赎活动中来。这种救赎活动将个体提升到了爱与牺牲的精神性高度,超越了自我。

(五)"我"与"我们"

"要理解'忠诚'的意味,就思考一下是什么动机促使你使用'我们'这个词。"④罗伊斯认为,"我们"这个第一人称的复数代词出现时,它意味着具有共同利益与意志取向的一个团体、一个同盟。因此,"我们"就是忠诚的代词。⑤ 而当"我们"发声时,表明"我"遇见了"他人",此时"我"意识到了多样性,并将他人视为与自己一类的个体⑥;同时,"我们"所表达的目的与利益的共同性让"我"意识到统一性。在真正忠诚于一

---

① Josiah Royce, *The Philosophy of Loyalty*, New York: The Macmillan Company, 1908, pp. 41 - 42.

② "在你的事业中,有你的生活,你的意志,你的机遇与你的实现。"Ibid., p. 42.

③ Ibid., pp. 81 - 82.

④ Josiah Royce, "Illustration of the Philosophy of Loyalty", in *Josiah Royce's Late Writings*, *Vol*. 2, Thoemmes Press, 2001, p. 9.

⑤ Ibid., p. 11.

⑥ 值得注意的是,在《偶然、反讽和团结》中,罗蒂的团结概念大致相当于忠诚这个概念,而且他分析"我们"时也得出了一个与罗伊斯一样的结论,即"我们"代表着将他人视为与我同样的"我们中的一员"。Cf., Richard Rorty, *Contingency*, *Irony and Solidarity*, Cambridge University Press, 1989, p. 190, and note 1.

个事业时，个体就理解了“一与多”的关系，意识到个体利益与共同体利益的不可分离，“我们既是许多，也是一”[1]。

“我们”所忠诚践履的事业作为不同层次的社会联合体以不同的方式教会我们：第一，真正的自我是什么。游离的原子式个体无所谓自我，亦无自我的内容与身份定位。真正的自我是共同体中与他人一起生活的个体。共同体才是使我之成“我”的“大我”。第二，忠诚的共同体要求个体生活逐步转化到更高的人类共同体生活——最后是对普遍的忠诚的忠诚——对忠诚的爱。在这个精神统一体中人类的伦理生活得到最完善的表达，忠诚精神不仅给人提供一种“生活哲学”，还提供给人一种“从迷信当中解脱出来的宗教”——忠诚宗教。[2]

（六）忠诚具有宗教内涵

罗伊斯在基督教中找到了这种忠诚宗教最充分的表达，因为它区分、表达着个体的意志，个体以具体的行动参与到对自己以及他人的不忠诚行为的救赎中，而每一个成员的这种爱的奉献将个体提升（lifting）到一种普遍的完善生活。[3] 罗伊斯认为，基督教在人类救赎史上起到过重要作用，使徒保罗阐释的基督教本质——所有经验必然都是个体经验，但除非整个宗教共同体去共享它，否则这种经验就只是无意义的东西，即只有共同体生活才能真正实现对个体的真正救赎——切中了人类

---

① Josiah Royce, “Illustration of the Philosophy of Loyalty”, *Josiah Royce's Late Writings*, *Vol*. 2, Thoemmes Press, 2001, p. 10.

② 罗伊斯在 1912 出版的《宗教洞见的来源》中就专门有一章题为“忠诚宗教”。Cf., Josiah Royce, *The Sources of Religious Insight*, New York: Charles Scribner's Son, 1912, pp. 166 - 214.

③ Frank M. Oppenheim, *Royce's Mature Philosophy of Religion*, University of Notre Dame Press, 1987, p. 290.

最深的宗教需求。[1] 因此，罗伊斯认为，基督教在本质上是人类历史上发展程度最高的忠诚宗教。它要求一种普遍的忠诚，即个体将爱奉献给共同体。[2] 这就致使罗伊斯在《基督教的问题》(1913)中将忠诚定义为"忠诚，这个词我所意指的是，将一个个体的爱奉献给一个共同体……"[3] 忠诚的劳作就是爱的劳作。

罗伊斯将论述从基督教扩展到理想的人类精神生活，这种生活的核心和动力就是忠诚。一种所有忠诚都朝向的普遍忠诚统一着个体生活的私人层面和公共层面。它将个体对于家庭、宗族和国家的自然忠诚提升到反思层面，使所有个体为受祝福的共同体(the Blessed Community)共同劳作，并在这种精神统一体中获得价值与生活活力。这就使个体忠诚的对象超越时间性对象而指向某种永恒，恰如罗伊斯所意指，对于"不可见的"东西的忠诚才是真正的忠诚。而这也使忠诚不受制于终有一死的忠诚个体的有限、亦不受制于忠诚的具体对象的可朽。

三、忠诚的事业与普遍共同体

"忠诚"这个术语在历史上的用法易于与政治军事上的"效忠"挂钩，极权主义的劫难也给了"忠诚"这个词不良的声誉。但在罗伊斯的忠诚哲学中，这个词绝非前述意义上的"忠诚"，也非通常意义上的"愚忠"。通过以上对忠诚概念内涵的揭示，可以看到罗伊斯的忠诚伦理学对于近代哲学中道德困难的克服不失为一种恰当的选择，且忠诚哲学的内涵指示出了其思想向"共同体"转变的过渡。但罗伊斯的共同体并非一群觉

---

① 罗伊斯认为，保罗的这种洞见……是基督教的本质。Cf.，Josiah Royce，*The Problem of Christianity*，Washington D. C.：The Catholic University of America Press，2001，p. 41.

② Ibid.

③ Ibid.

悟了的个体达成一致意见后组合在一起生存自保的共同体，它是一种人类的更高生存状态——普遍共同体。它首先是一种由明确忠诚目标与意志的个体组成的非强制性共同体，忠诚有着非政治性力量的机制；其次，它是有着价值基础的共同体，虽然罗伊斯最终未能清晰地论述出一个支撑其忠诚事业的价值学说，但他所阐述的忠诚事业是建立在价值的基础上的；再次，它辩证地处理了对普遍事业的忠诚与对地方主义的忠诚的关系；最后，它指示出了人类精神生活的理想形式。

（一）非政治性力量的忠诚共同体

在阐释“忠诚”时，罗伊斯对“我们”以及“共同体”的强调表明他意识到，人需要客观的和超越个体人的某种约束才能在道德生活上有所建树，在个体人的纯粹内在中并不存在着能够使他去忠诚于一个事业的坚定立场。罗伊斯在涉及忠诚事业时，常使用“引导”“控制”和“驱使”这样的范畴，这显示出他对于个体人的脆弱性的认识，故而需要一种外在的力量（大于个体的内在力量）来引导和控制，因此这种力量是忠诚事业的构成部分，因此对于忠诚的个体来说也是外在权威的体现。但罗伊斯同时也强调，个体对于外在权威的服从是自愿接受，也即这种顺从构成个体的自我意志的一部分，它是一种责任（duty）。① 而这是通过共同体的生活方式所确立起来的。从这里可以看出，罗伊斯较早地提出了一种非政治性力量对于个人意志的造就的理论雏形。在罗伊斯的共同体生活当中，政治性力量所起到的作用当然是一部分，但并非全部。从他的论述当中，这种共同体更多地是一种基于生命长河的生活流淌而形成的人

① 罗伊斯1915年秋和1916年春在波士顿大学的伦理学扩展课上以“责任的观念”为题讲过课，在其中，他意在唤起人们对于“责任”这个以色列先知所强调的古老伦理观念的关切，并强调，没有责任这个观念，我们至今所称为文明的东西将无法理解。他认为所谓正义就是通过一种有责任的意志去形塑生活的一种主动意志。因此并非只是“服从与遵从”，更是一种有道德的人生的更高选择。Cf. Josiah Royce, “The Idea of Duty”, *Josiah Royce's Late Writings*, *Vol*. 2, edited and introduced by Frank M. Oppenheim, Thoemmes Press, 2001.

类共同体，人们在一起劳作、相互扶持中改善了生存条件，结出共同的精神成果，同时也增强了协作感与纪律性。当然，这种"人类共同体"是罗伊斯的一种对各种形式之下的人类生活具体样式的理论化提纯，他意在强调一种非压迫性的当然也就是自愿的、主动的生活兴趣与选择，在这种自由的、自然的社会生活积淀当中，罗伊斯提炼出了人类生活的"共同的精神兴趣"——一种真正的忠诚的生活：这种生活赋予个体成员以力量去为所有理性人类的事业持久地服务。[1] 而早在罗伊斯的第一本哲学著作《哲学的宗教方面》中提出过进入一种更高生活方式的方法是"寻求真理的活动"[2]，因为真理是人类最高的财富。这种对最好生活的认识无疑有着苏格拉底忠诚于 Logos 的生活模式的影响。

作为对其在《忠之哲学》中的忠诚伦理学的深化与扩展，罗伊斯在《基督教的问题》中对这种非政治性的人类共同体生活做了假设，并以一种实在的社会理论将世界看作是一个解释的共同体[3]——"世界就是它所显现的问题的解释"[4]。罗伊斯将解释这种语言行为等同于存在模式是富有洞察力的，他觉察到人的语言行为结构当中沉淀着人类生存的结构。而解释作为语言活动当中的一种主动的行为表述了一种创造性——创造性是生命力量的标志——的存在，"去解释"是一种基于安放

---

① Frank M. Oppenhaim, *Royce's Mature Philosophy of Religion*, University of Notre Dame Press, 1987, p. 287.

② Josiah Royce, *The Religious Aspect of Philosophy*, New York: Harper & Brothers Publishers, 1958, p. 213.

③ "解释的共同体"已在前述的第二章中做过专门论述，它作为一种最终的实在形态是罗伊斯出于对人类理想精神生活的设想，但它却是具有现实的意义与价值的假设方案。"真正的世界仅是我们对这种充满问题的处境的解释。"(Cf. Josiah Royce, *The Problem of Christianity*, Washington D. C.: The Catholic University of America Press, 2001, p. 337) 这将解释——一种语言行为——与存在联结起来，证明了罗伊斯洞察到了沉淀在语言结构中的"我们"的存在，换言之，语言活动结构与存在结构是同构的，故而以"解释"作为对存在的表达。在这点上，罗伊斯是富有预见性的。

④ Josiah Royce, *The Problem of Christianity*, Washington D. C.: The Catholic University of America Press, 2001, p. 361.

自身的存在的命令——“将一个存在放在和它自身的沟通当中”①。而解释活动有一个元维度：“我们—世界”先于任何一个个体解释者而存在，因为只有历史地演化着的群体中才能产生语言。而这种历史演化当中“我们—世界”的先在性赋予了个体互相理解的心理基础，以及深层一致的实践指向、社会指向。解释活动将诸意识带到一种确定的关系中，在其中产生某种形式的互动性、理解、爱和忠诚。每一个存在者都是解释者，基于安放自身的存在而投身于解释活动，寻求自身被理解的过程也就是对真的寻求、爱的寻求，这使他忠诚于解释的对象、忠诚于他解释的事业和共同体。

这样，罗伊斯就论述了一种非政治性的忠诚事业——解释的共同体，去除了忠诚这个概念的政治性力量的话语色彩。忠诚在罗伊斯这里恰恰表述的是“自由”与“爱”：真正的自由无法离开社会性，只有在“我们—世界”的范围内尊重共同体中其他成员的同等地位而去选择与行动才会获得自由；而忠诚就是对“爱”表述，而且超越了对个别性的爱而接纳一种合作性的奉献，不仅为特定事业的忠诚，而是对于忠诚事业本身的忠诚，从而是对永恒的精神共同体的忠诚。

（二）具有价值维度的忠诚

罗伊斯并未形成明晰的价值学说，但他的忠诚伦理学无疑是有价值支撑的伦理学。“罗伊斯在很多地方所给出的论述都表明，如果不参与到价值中，忠诚的事业将缺乏它的重量、稳固性、意义以及重要性。”②如果没有一种对于正确的和有价值的事业的评断，关于忠诚的讨论就不可能是完整和有效的。这一点是罗伊斯所意识到的，故而他的忠诚哲学以

---

① Gabriel Marcel, *Royce's Metaphysics*, translated by Virginia and Gordon Ringer, Westport, Connecticut: Greenwood Press, p. 125.

② Krzysztof Piotr Skowronski, *Values and Powers: Re-Reading the Philosophical Tradition of American Pragmatism*, Editions Rodopi B. V., 2009, p. 86.

“什么是值得忠诚的有价值的事业”以及“事业才是人类生活的价值来源”为奠基性问题。

罗伊斯认为事业的价值基础并不是个人的、主观的、想象的和偶然建立的，他从心理学、人类学和社会学方面论证了事业中价值的源泉。首先，从心理学上来说，个人意志的脆弱性、情感上的变动混杂性使单个人的价值判断并不具有普遍性，因此，价值的判断标准并不可能来自个人，而是需要一个更高的裁决在相互冲突的主张中做出决断。而对于个体心灵来说，来自其自愿投身的事业的共同体的价值裁决是最有接受可能的。其次，从人类学来说，价值标准作为一种人类理想并不能自然地出现。这既揭示出人作为类生存对于外在世界的依赖，也表明一种共同生活与有目的性的协作是价值的起源。再次，从社会学来说，诸事业共同构成的社会性共同体以一种复杂的机制确定着每个时代对于“真、善”等价值的表现的价值标准。

据此，一种有价值支撑的忠诚事业，从外在来说转化为个体人与他人一起在共同体中有目的地协作性劳作，从内在来说塑造个体人的精神结构提升其为更高的存在类型，从最终来说忠诚事业会是精神的共同体，而忠诚于这个共同体的精神使个体的实存获得意义的支撑。忠诚并不吞没个体，相反“忠诚尊重个体，但其目标是将他们带进一个共同的生活当中。忠诚所要求的是‘许多的单个灵魂成为一个不分离的灵魂’”①。在此，罗伊斯表明他在道德哲学上的根本立场，反对个人主义之恶。“通过对于这样一个事业的忠诚，通过投身于一个理想的统一的社会性团体，并且只有通过这样的忠诚，人类个体性的问题才能解决。”②

总之，通过探讨事业对于人的价值判断的作用，罗伊斯要表明的是

---

① Josiah Royce, “Loyalty and Insight”, *William James and Other Essays on the Philosophy of Life*, New York: The Macmillan Company, 1912, p. 56.

② Ibid.

共同体生活及其共同体精神对于人的有意义生活的教养与塑造作用。从其哲学动机上来说，他是在寻求一种“更高的客观性”来统一人的内在生活与外在生活，以及多元的个体冲突。事业以一种包含着主观与客观的“更高的客观性”来表现内在生活和外在世界的渗透与会合。内在生活与外在世界综合在一起，最终并不以“事业”来统御人类的灵魂，而是表现为人所特有的精神性生活的不断扩大，它使人远远高于客观的自然性。但精神生活并不能自我满足而成一个独立王国，它仍然被世界的内容所占据。而作为单个的个体——拥有着内在精神的微观世界的个体——忠诚于这个“更高的客观性”是唯一能够成就一种“不朽生活”的理想方式。

（三）忠诚与地方主义（provincialism）

罗伊斯在强调“忠诚于忠诚”的一种普遍性时，他从实践的可行性上将人类现实生活中存在的“地方主义”纳入他的忠诚哲学，并将地方主义视为其建立道德生活与实现普遍忠诚的基础。罗伊斯理解的地方主义是从哲学视角来看的，故而他并不是从给定一个地理边界、当地居民的语言（方言）、某种政治组织方式……任何一种具体的元素来论述地方主义。一个地方是“一个国家范围内的一个组成部分，它在地理上和社会上是充分统一的，具有它自身的统一体的意识，为它自身的理想和习俗感到骄傲，并且具有与国家的其他地方区分开来的其自身的独特性意识”①。他所意指的地方主义是一个更大整体中的组成部分基于其地位的一种独特性。

罗伊斯的忠诚伦理学强调对于“统一体”的忠诚以抵制个体主义以及个体的游离性，但辩证的思维并未使其忽视地方主义的价值。他强调

① Edited and with introduction by John J. McDermott, *The Basic Writings of Josiah Royce*, *Vol*. 2, New York: Fordham University Press, 2005, p. 1069.

应以一种积极的眼光来评价地方主义的价值，将其视之为一种拯救的力量。他的这种观点基于：首先，所有文明的基础都来自于特定的“地方主义”；其次，地方主义以一种可行的方式增强其更高的实体（如国家），并防止后者成为一个不可理解的庞然大物[①]；再次，忠诚于国家与忠诚于地方能够互补而并不必然冲突。“只要地方主义得到明智恰当的引导，就不会产生不忠诚于国家的情况。”[②]

从忠诚与地方主义的辩证关系的论述来看，罗伊斯所主张的忠诚与地方主义的关系现在看来也不是那么陈旧。欧盟就是一个例子。欧盟成员国均遵从自己的传统、语言、习俗，但成员国都遵从欧盟宪法。而且从一种全球化思维角度来看，罗伊斯的忠诚哲学也许可以思考人类是如何从忠诚于地方、盟约等到忠诚于人类精神共同体的一种有益的思考向度。

（四）忠诚的理想共同体

在罗伊斯的忠诚事业中，单独的个体遇到了“他人”，世界是“我们的世界”。第一人称复数的“我们”发声的时候，意味着：第一，我确认他人与我一样是一个意识着、生活着且为某项事业在行动着的人；第二，“我们”有着共同的利益与意志取向；第三，“我们”共在一个统一体中，因此形成一个共同体（comm-unity，comm-作为共在，-unity 作为统一体、同一性）。但罗伊斯特别表明，“我”是在”“我们—世界”中意识到“我”的，即在共同体中我发现了我的生活计划、目的，从而确定了“我”是个什么样的“我”——而这时，我才真正成为“我”。

罗伊斯借助于“我们”来解释忠诚的内涵时，他意在表明，个体这个概念如果不在一种诸个体共同生活的事业或任务中的话，它只是无意义

---

① Edited and with introduction by John J. McDermott, *The Basic Writings of Josiah Royce*, *Vol*. 2, New York: Fordham University Press, 2005, pp. 1083 – 1084.

② Ibid., p. 1070.

的原子残留——无身份、无目标、无内容且不可打开。而“我们—世界”的共同体是成员之间基于任务和利益而有机构成的亲密联系（故其反对控制），它是众多成员对于同一性生存模式（表现为行动模式）的共享，并通过共同体的事业机体的认同而确认。罗伊斯最终在《基督教的问题》中确认了他的这种理想共同体模式——保罗式的解释的共同体，他认为基督教对“基督身体”的神秘之爱中蕴含着理想共同体的忠诚共契。这种忠诚共契的爱使个体投身于普遍的事业中，以不断地进行着解释的生存模式修复着有限人类因不忠诚选择而产生的恶，从而不断地增进共同体的忠诚，从而将许多灵魂组成一个不分裂的灵魂，他们的生活构成一种神圣的生活。这就是罗伊斯关于人类生活的理想生活形态——普遍共同体。

综上所述，罗伊斯对于忠诚的注重不只是基于对其哲学体系的论述需要，在根本上，他意识到了人类对于正确行动的渴求。内心的意志付诸外在的行动时，总是面对着世界的阻力，而且人不可能真正关心与其存有毫无关系的事物。因此双向的同化——主体对世界的同化、世界对主体的同化——就发生在人的“事业”中，“事业”将人的生活提升到自然冲动之上，它包含着主观与客观的会合与渗透，它是一种“更高的客观性”。在人类的“事业”范域内，事物因人类的参与而能够更准确地显现其本质，而人类的精神结构也因外在世界而获得了内容，并深化了对自身精神结构的认识，寻找到了真正的自我。这个客观与主观的综合为人类的生活设定目标并树立标准，有限而多变的人类生活因此获得更深邃的精神基础，当个体的经验心理过程所决定的行动与此精神基础相联系时，他就因其业绩而成为永恒的一分子并显出人的力量与伟大，并因这种精神基础的内在连贯性而形成历史。

罗伊斯的忠诚伦理学也是对世界的实在结构进行探究的形而上学。他的根本前提是，世界的实在结构只能通过生活来获得。这意味着，人通过投入某项事业的劳作，借助主观与客观的不断综合，并以“更高的客观性”不断地渗透到真理深处。而现实经验不断反馈给我们的也是如罗伊斯的忠诚哲学所主张的，只有发现你所属于的真正事业后，你才会找到生活本身的意义。故而，世界的实在结构与生活的意义是无法分开探究的：世界的真正结构在人的生活意义之外是无意义的，而生活意义只有在世界的真正结构基础上才能寻得。

第六章

“绝对”概念的反对者：杜威的工具主义

工具主义，有滑入自我决断的危险。

——乔赛亚·罗伊斯

杜威是作为一名绝对唯心主义者开始其哲学生涯的，但其成熟时期的工具主义思想却对任何超自然、超人类的“绝对”进行极端拒斥而关注探索的进程性。他思想的这两个端点不仅吸引着杜威研究者的注意力，也对研究绝对唯心主义的学者构成兴趣点。不管这两种观点看起来多么相异，却抹消不了以下共同点：唯心主义不仅对于工具主义来说是其产生背景，对于二十世纪早期大陆哲学和分析哲学来说也是背景，甚至有学者认为实用主义和工具主义是从唯心主义长出的果实。[①] 这一点对于探究黑格尔之后的美国的绝对唯心主义与杜威的工具主义的关系是一个前提，也是一个相异的类同性方面的提示（就如逻辑学家所说的，相异只是同类事物中相距最远的而已）。故而将杜威的工具主义思想与罗伊斯的绝对唯心主义的某些方面放在一起来考察，会发现他们“对立的思想”之间存在的并不是毁灭性的论战，杜威的工具主义与罗伊斯的绝对主义各以不同的思维视角来看待人类的存在，并以不同的方式来处理人与世界打交道的方式，但从更深的层次来分析，两者又是互补的。

---

① Cf., John Passmore, *A Hundred Years of Philosophy*, London: Gerald Duckworth and Company, 1957, chaps. 3 and 7.

一、杜威的工具主义思想的变革作用

(一) 工具主义逻辑[①]二元对立的消解

在《逻辑理论的研究》(1903)中，杜威区分了认识论的逻辑学家和工具主义的逻辑学家。在他看来，认识论的逻辑学家错误地对待反思性思维，并最终得出实在与思维的两个端点，而这两个端点如何联系起来就成了不可解决的问题。杜威认为这是一个不真实的问题，因为根本就不存在这两个端点。工具主义逻辑学家拒绝设定"思维本身"，而将反思看作是对"特定刺激的回应"[②]。杜威当然是赞同后者。他反对任何神秘的、幽灵般的精神实体，认为反思性思维的价值只是依据它是否适应于唤起它的特定刺激而确立。而且，反思性思维也只是通过相关于现实的、公开的、可观察的探索活动而获得其意义，不会有一个空的、普遍形式的"思维本身"的存在。杜威认为，接受这种工具主义的逻辑方案，传统认识论产生的思维与存在二元鸿沟就根本不会出现。因为，思维是对问题的一种适应性回应，它只是人类在生存斗争中使用的工具，评价它的唯一方法是看它是否对于生存性具有价值。据此，思维的自然史研究就成为一个关键的问题，"进化的方法"就取代对于"最终实在"的符合的真理性与谬误性区分的研究。

而且，按照杜威的工具主义方案，认知与其他的人类适应生存需要的功能就并置到了一起，而不再是传统哲学中几乎占据所有视线的核心问题。认知只是人类的一种生理功能，认知的结果——思想——只是经

① 对于杜威在这系列文章中使用"逻辑"一词，罗素有异议，他指出："他称为'逻辑'的东西在我看来并不属于逻辑……"参见 Bertrand Russell, "Professor Dewey's 'Essays in Experimental Logic'", *The Journal of Philosophy, Psychology and "Scientific Methods*, Vol. 16, No. 1., Jan. 2, 1919, p. 5。

② John Dewey, *Essays in Experimental Logic*, New York: Dover Publications, Inc., 1953, p. 93.

验的一个方面，它能使人获得更进一步的丰富经验。思想只是技艺(technē)中的一个方面，而技艺是包含着思想、感觉、意志的创造性过程，它是作为无所不包的人类经验。也就是说，对世界的把握是“多于认知的”。这样，在传统知识论的思维与实在的二元对立中，独占一端的“思维”之优势地位就被消解掉了；而在经验中显现其特征的自然也绝不仅仅是思想，它是一种比知识的对象更多的东西。

基于对“思维本身”的消解，杜威对只研究思维的形式和结构的形式逻辑也不怀好感，而认为应用逻辑是“真正的逻辑”。因为应用逻辑是关于特定的问题和主题的思想的现实运用，而形式逻辑对于知识内容的研究不起任何作用，它只关注“分析的一致性”①。而且，他还指出形式逻辑只是一种自我包含的推理形式的研究，据此杜威批判形式逻辑学家是在真空中寻求思维的自我一贯性。杜威所主张的是，真正有效的推理应是致力于解决在实际生活过程中(不管是在试验室中还是在市场上)所遇到的问题，这才是一种走在正确路上的逻辑。总之，杜威始终反对将思维与实在分开的二元论，强调在经验中致力于去解决人类生存的问题，这是他的工具主义思想的初衷。

(二) 工具主义的知识论

杜威并不信奉唯心主义者的“理性在经验中无所不在”的主张，而是在某种程度上倒置了这个主张，他相信“在经验之外无理性”。这一倒置使大量的非反思性经验在“经验”所标识的领域中凸现，并打破了理性和反思性思维成为一种本体论范畴的唯心主义传统。但这种打破使杜威须处理非反思性经验与理性的关系，否则，理性和经验的关系就不能得到恰当的理解。杜威的做法是将经验(包含着反思性经验)理解为一种

---

① John Dewey, “Notes Upon Logical Topics”, *The Journal of Philosophy, Psychology and Scientific Methods*, Vol. 1, No. 3, Feb. 4, 1904, p. 57.

生物有机体的功能、一种生物现象，它与有机体周围环境互相依赖，而且它本身就是一组有秩序的材料，具有一定程度的对未来情况的预测与判断，即经验并不是被动的过去事件的当前集合，“反思性思维产生于一种已经组织化了的经验，并且是在这样一种有机体中运行的”①；当有机体的处境变得有问题时，探索或特定的反思性思维就出现，并就有问题的处境给出一个新的解决方案。据此，探索的作用并不是将经验到的世界转化为理性的内容，而只是对成问题的处境找到一种安全和有效的解决方法。这样，杜威就将很多认识论术语转化为工具来使用，他的探索的工具主义就消解了理性的独立的本体论范畴性质，理性不再是唯心主义者所主张的一切知识的源泉，理性思维也只是生物有机体的一种功能性运用。

但杜威并不是据此贬低理性的地位和作用，他明确地论述过任何探究活动必有一个主导目的，而这是理性的作用结果，而且理智与思想使经验变形，参与了“实在”的呈现。换言之，理性思维参与了“实在”的构造，最终呈现的“实在”世界是经过理智与思想参与塑形过的经验所感知到的世界。②

总的来说，杜威对经验进行的生物学解释只是致力于拒斥传统知识论的二分对立，并反对将经验吸收进理性中。而且他也意在表明，经验作为一个更具包容性的东西，它所呈现的世界大于认知的世界、可理解的世界。杜威由此而参与到反对理智主义的认识论的瓦解工作中，主张依据功能性来理解经验的不同形式（尤其是认知这种形式），而不是从本体论范畴上去理解。

---

① John Dewey, *Essays in Experimental Logic*, New York: Dover Publications, Inc., 1953, p. 129.

② 也就是说，在杜威那里，事物在探索中被改变了，并且探索以这个“被改变了的”事物为起点，因此并不存在某个固定不变的自然事物等待着观念与其相符合。

（三）工具主义的真理观

杜威功能化地界定了真理的本质，在他看来，“真理”就是一个观念去做它所要做的事并实现其功能。这是杜威在新的心理学以及进化论的思想背景下对于真理这个传统哲学的核心问题所给出的方案。他的工具主义思想拒斥任何终极的、超经验的绝对真理，他认为这只会窒息人类探索的进程性。在他看来，人类的观念和判断是人作为一种生物有机体适应自然世界的努力的一部分，检验观念和判断的方法和标准就是使人有效地保存生命，使生活更加稳定、安全，而那些具有此种价值的判断和观念就是真理。观念并不是要成为与事物本身完全符合的东西，而是使成问题的经验材料成为清晰有条理的工具，并且在这个过程中经验材料因观念的理解而被改变了，也即事物在探索中被改变了。据此，就不存在观念与事物符合的问题（这是唯心主义一直存在的问题），最终只有我们根据不断升级的观念系统去经验世界（同时也是转化世界）这个过程。这就是杜威所理解的“思想具有实践的特征”，它的激进性在于“并不仅仅是理论具有实践内涵，而是，理论就是变化中的经验材料”[①]，这样，理论就是某种类型的实践，也是某种经验。因此，整个世界就是经验的世界。

杜威对真理问题的工具主义方案就使人们摆脱了传统哲学中认知主体如何认识独立其外的客体世界的问题，同时也摆脱了本体界与现象界之间的区分与沟通问题，统一了知与行，即“真”就是“起作用”。真观念就是在实践活动中起作用的观念。对杜威来说，知识的目的并不是去符合大写的真理（且也不存在大写的真理），而是去占有和享受经验的价值，把杂乱、不明晰的经验整理成系统明确的有组织的经验，以应对新出现的问题。所谓的知识的“真”，只是因为它们是被验证的或“可证明的主

---

① G. M. Brodsky, “Absolute Idealism and John Dewey’s Instrumentalism”, *Transactions of the Charles S. Peirce Society*, Winter 1969, Vol. 5, Issue 1, p. 59.

张”。在杜威看来，所有的观念最终都不是终极真理，它们可能被称为“起作用的概念”更为准确，因为它们起作用，所以称为“好的”或“真的”。

基于此，真理在杜威那里是作为一个批判性概念来使用的，在去除它的终极形态和应符合的标准之后，它的存在就完全是相对于人类的经验而言的了。杜威在回应罗伊斯对工具主义的真理观的评价中就陈述了他的立场：“工具主义满足于一种谦逊的任务，即去描述人类怎样通过对某些自然存在进行理智筹划并对其进行再造、转化。（通过对其他事物进行理智表述而对某些事物的成功转化就是工具主义所称的这些表述的真理。）”①

二、罗伊斯对工具主义的批判及杜威的回应

杜威基于其工具主义立场，对罗伊斯的绝对主义处处挞伐，有时甚至用“不适恰于一个同事身份”②的言辞来指责罗伊斯的“绝对”。对于工具主义的真理观，罗伊斯也表现出直接的反感，并专门在 1908 年海德堡国际哲学大会的公开演讲中以此为主题论述了其立场。呈现他们之间在真理问题上的相互批判与回应能更深入地厘清这两种立场的本质，并看到其联系。

（一）工具主义真现观之私人性、相对性困境

1. *罗伊斯：工具主义将真理的价值等同于一种心理价值，而“心理的”只是指向个体的、内在的甚至是转瞬即逝的“意识状态”*

罗伊斯认为工具主义真理观是由当时心理学探究对于进化过程的

① John Dewey, “A Reply to Professor Royce's Critique of Instrumentalism”, *The Philosophical Review*, Vol. 21, No. 1, Jan., 1912, p. 75.

② Frank M. Oppenheim, S. J., *Reverence for the Relations of Life: Re-Imagining Pragmatism via Josiah Royce's Interactions with Peirce, James, and Dewey*, University of Notre Dame Press, 2005, p. 295.

兴趣所促成的动机而导致的。这种动机将人类的意见、判断、观念看作是一个活的生物体适应他自身的自然世界的努力的一部分，而真理就是属于这种观念的一种特定价值。但如果这种价值本身只是一种生物的和心理的价值，它会导致真理随着我们的成长而成长，随我们的需求而改变，并且依我们的成功来对其进行评价。[①] 据此来论述的真理就是相对的，并易于使人将真理问题等同于个人的权利和自由。而罗伊斯认为，如果工具主义所认为的起作用、成功的观念就是真理，它之为真就不应当只是帮助“这个人”或“那个人”的成功，它之为真就应是基于超越每一个个体的经验、验证和成功的事实，但没有一个人曾经验到那个事实。据此，罗伊斯认为，工具主义从未有过要构建任何真理理论的动机。[②]

2. 杜威回应：一个活的生物体最基本的特征是它具有一种种族生活的连续性，在客观的人类经验与主观的个体经验之间并不存在鸿沟[③]

杜威对于罗伊斯的指责所作的回应首先从反驳罗伊斯所理解的“个体的”“个人经验”开始。他认为“个体”“个人经验”等这些观念是历史所产生的错觉概念。杜威认为，正是唯心主义者错误的哲学起点致使其产生了这些问题。而他的工具主义观点拒绝这种“虚无主义的、无政府主义的自我中心的个体概念”[④]，他所要做的是将所谓的“个体”解释为符合生命功能的活的生物体。而一个活的生物体最基本的特征就在于具有一种种族生活的连续性，在这种连续性当中，“个体人”的生命、经验(包括观念、意见、判断等有机活动)完全是互相渗透的，具有社会的传统

---

① Josiah Royce, “The Problem of Truth in the Light of Recent Discussion”, collected in *William James and Other Essays on the Philosophy of Life*, New York: The Macmillan Company, 1912, p. 194.

② Ibid., p. 222.

③ John Dewey, “A Reply to Professor Royce's Critique of Instrumentalism”, *The Philosophical Review*, Vol. 21, No. 1, Jan., 1912, p. 73.

④ Ibid., p. 72.

遗产和参照性，另外，教育、语言和其他交流工具所创造的“意义的共享体”，所有这些都使主观的个体经验与客观的人类经验之间根本不存在鸿沟。简言之，生命的和经验的连续性和传递性关系保证了对个体来说成功的观念会在社会进程中自然地成为客观的人类经验。① 所以罗伊斯所指出的这两者之间的鸿沟只是基于罗伊斯假定工具主义者具有这样狭窄、排他的“个体”概念的情况下的工具主义，这只是罗伊斯按他自己的理解所接受的“工具主义”。②

（二）工具主义真理的验证问题

1. 罗伊斯：个体经验根本无法验证他接受为真的大量观念和意见，且“成功”的标准具有来自个体的任意性

罗伊斯认为，按照工具主义的真理观，观念的价值是使特定的人有效地控制他的既定经验处境而被实际验证，但我们是社会的存在物，并且具有无以数计的理智上的需求，我们不断地界定和接受大量的观念和意见为有效的，而它们的真理性我们个体根本无法一一去验证，而只是依据其信用价值而接受其为真。③ 大量观念的信用价值并不能兑现为我个人的经验的“现金”，但它们却包含着真的信用价值。

工具主义依据“作用”和“成功”两个概念界定了真理的本质，但是真理不能仅仅是依据我们自己获得这种控制“作用”的“成功”来界定，每一个人都被限定在他的当前经验中，对“成功”的界定也依不同的经验者而相异。按工具主义者的论述，并不存在一个经验到所有不同个体的成功事实的主体，那么对成功的界定最终就是多元的、冲突的，随情况而定的任

① 杜威因此而主张一个人会发现自己的经验与别人的经验的界限是无法划定清楚的。

② John Dewey, “A Reply to Professor Royce's Critique of Instrumentalism”, *The Philosophical Review*, Vol. 21, No. 1, Jan., 1912, p. 72.

③ Josiah Royce, “The Problem of Truth in the Light of Recent Discussion”, *William James and Other Essays on the Philosophy of Life*, New York: The Macmillan Company, 1912, pp. 224 - 225.

意的东西。而且对于人类这种有精神生活的生物体来说，他的要求并不止于生命得到保存和安全这个标准，而这却又是工具主义者常诉诸的标准。基于以上原因，罗伊斯将工具主义定性为一种“个体主义”，并断言：“无论是谁，将真理等同于他自己的个体利益而作出任何主张时，这种主张都可能只会因他自己的混乱而一败涂地……这是一种自我决定。”①

2. 杜威的回应：工具主义者也接受经社会验证的有效观念为真，但这是假设性的试用，待探索进程来确定；环境、行动的中介的社会性使一个人的经验结果与他人的经验结果的界限是难以清楚划分开的

对于罗伊斯指出我们依据观念的信用价值而不仅仅是个体的经验验证而接受为真的观念，杜威首先指出“接受”这个词本身就反驳了罗伊斯对工具主义的指责，因为“接受”这种行为准确说来就是在更直接的个人验证的基础上的承认与接纳，这本身就服从了工具主义者的检验类型。其次，工具主义者不会任意地接受观念的社会信用，而是在条件允许的范围内假设性地试用，通过作用再次确证时才对接受对象授予真正的信任。再次，环境、行动的中介都是社会性的，而且生命的社会载体本身也是连续的，这就使得一个人自己的经验与他人的经验和更多人的经验的界限是无法划清的，某种公共性的标准已经渗透在个人的验证标准中，绝不存在纯粹的私人的经验验证与成功标准。简言之，个人的经验本身在起源、内容和前景上都是社会的。②

三、杜威的工具主义与罗伊斯的绝对主义之差异与互补

杜威与罗伊斯的相互批判与反驳基于两位哲学家不同的哲学理念

① Josiah Royce, “The Problem of Truth in the Light of Recent Discussion”, *William James and Other Essays on the Philosophy of Life*, New York: The Macmillan Company, 1912, p. 232.

② John Dewey, “A Reply to Professor Royce's Critique of Instrumentalism”, *The Philosophical Review*, Vol. 21, No. 1, Jan., 1912, p. 79.

与信仰基础，但在看到他们的思想的差异的同时，也要看到两者的相互需要与联系。

(一) 两种思想的差异

1. 对"绝对"的理解与态度不同

杜威的整个哲学排斥任何超自然的、超人类的绝对存在，他关注的是探索的进程性。他认为，心灵在经验和自然的交互作用中起一种持续的作用，任何绝对的设定都是窒息经验与自然互动的进程性的；知识是逐渐形成并且在不断地形成中，而不是一个固有的、现成的、绝对的东西。杜威对超自然的绝对之反对使他确信，我们所理解的自然栖居于经验中，而经验是在自然的界限内——"自然的"对杜威来说就是"实在的"，并不需要一个绝对的他者来作为符合的标准。在杜威看来，超自然、超人类的假设是寻求安全感的绝对教条，他的工具主义是放弃了对终极原理的探求而只关注于在时间进程内人类有机体的不断探寻。为此他指责罗伊斯的绝对是一个固有的目标："这个固有的或绝对的理想，不仅不可解释，而且是假设的和现成的。"[①]对杜威来说，罗伊斯的"绝对"这个概念相对于现实的经验丰富性和具体性来说只是"一个苍白的和形式的符号"；而且罗伊斯为了能够解释个体的意义和经验又强调每个个体具有独一无二性，这就设定了两个世界——绝对与个体——之间的对立，所以杜威断定罗伊斯的哲学在进行着"一项自我矛盾的任务"，其形而上学有着"双重视野的幻象"。[②]

罗伊斯却始终坚持"绝对"对于人类的存在以及解释是不可少的，并

---

① John Dewey, "The Study of Ethics: A Syllabus" (1894), *The Early Works of John Dewey (1882 - 1898)*, *Vol*. 4, edited by Jo Ann Boydston, Carbondale: Southern Illinois University Press, c 1991, p. 258.

② John Dewey, "The World and the Individual by Josiah Royce", *The Philosophical Review*, Vol. 11, No. 4, Jul., 1902, pp. 404 - 406.

且认为存在着“绝对”。他认为，无论(1)从道德生活的严肃性来考量，还是(2)对知识的最终内涵的明确性的说明，以及(3)人类意志的逻辑[1]的共同性与确定性，最后是(4)纯粹数学科学的存在所证明的绝对真的命题，这些只有在“绝对”存在的前提下才能得到说明。就(1)和(2)两点，罗伊斯曾在1911年的哈里森讲座的系列文章中对“绝对”的双重内涵进行过阐述。他认为，“绝对”的第一层含义是意味着意识到过去的绝对性，即每个行为都不可撤销地、绝对地开始于不可改变的过去；这种意识表达了人类道德生活的基本严肃性。“绝对”的第二层内涵是一种断言或判断绝对地命中或错失它的意向对象(目标)。也即对罗伊斯来说，一种知识，虽然杜威式的持续探索是必要的，但如果观念的确切的、固定的(绝对的)内涵没有被揭示出来时，则这种知识就是不充分的。所以在罗伊斯看来，杜威所主张的探索依赖于时间的进程性具有不充分性和模糊性。对于此罗伊斯是继承皮尔斯所强调的真观念之为真必有绝对的逻辑前提的主张。就(3)来说，罗伊斯在1908年海德堡国际哲学会议上的演讲“近来对真理问题的讨论”中就明确表述了一种“意志的逻辑”的绝对性。“我主张：所有的逻辑都是意志的逻辑。”[2]而意志的本质是完全的和有意识的自我占有的渴求、对生命完整性的渴求，它界定的真理将会无止境地寻求一个具有彻底性、全体性、自我占有的因此是绝对性的真理。意志的逻辑类似于康德所界定的先验的模式的客观必然性，在纯粹数学科学的方法和概念的研究中就可揭示出这种意志逻辑在确定我们行为模式中的绝对性。罗伊斯最终以数学研究为例说明了绝对的真理是关于创造的意志的本质，也即意志本身的根本和内在的律法是绝对

① 罗伊斯认为存在着一种意志的逻辑，其与理智的逻辑一样是真的，甚至对罗伊斯来说，所有的逻辑都是意志的逻辑。相关论述参见于：Josiah Royce, “The Problem of Truth in the Light of Recent Discussion”, collected in *William James and Other Essays on the Philosophy of Life*, New York: The Macmillan Company, 1912, p. 234.

② Ibid.

的，我们有限经验范围内的所有相对真理必然要服从于那个界定了我们的活动的绝对条件。基于以上论述，罗伊斯必然要反对杜威的工具主义立场对于“绝对”的消解。而且，罗伊斯的思想从一开始就致力于寻求一个“统一”，即用一元的、彻底的观点来解释这个世界，为此，他的体系必须要诉诸“绝对”（绝对真理）这个概念。虽然这个“绝对”在他思想发展的不同阶段有不同的表述，但寻求统一、寻求某种遏制相对主义的多元性、个体主义之恶的思想初衷一直未改。

2. 两种思想在时间观上的不同

杜威的工具主义知识观要说明的是对问题所在的世界负责任而追求知识，知识并不需要诉诸一种先在的实在，其成果就在于对问题的解决中，故而他要求探索就止步于问题所在的世界。所以他的探索世界是在时间界限内的，表现为种族生活的连续性和社会载体运转的连续性。这个过程不会溢出时间性的经验界限之外，因此，他反对超自然的时间概念。詹姆斯的心理学给了他一种对知识的解释方法，它是生理学的、进化概念占主导的，而这使他强调的时间的进程性，因此他并不关注自然进程之外的无时间性永恒。

罗伊斯的世界则是由时间性和永恒性两个时间层次构成的。罗伊斯的绝对主义与杜威的工具主义之不同的关键点在于，罗伊斯坚持主张，一个真的观念中永恒的和时间性的成分的共同构成，不变的和活动的元素都在其中有其位置。对真观念的永恒不变的成分的坚持是基于罗伊斯大胆捍卫皮尔斯的关于观念的概念性内涵所需的逻辑条件是固有不变的主张。关于这一点，罗伊斯认为康德关于先验结构的客观必然性已经作了类似阐述，只是新的逻辑以更清晰、意义更深远的方式确证了康德的分析。在经验领域中的真观念是相对的，但所有的相对真理都须服从界定了它本身的绝对条件。因此时间性的领域以我们的有限意识来表现无时间性的绝对。罗伊斯因此而反对杜威和詹姆斯将模糊的、在流变的时间性进程中的“作用”（workings）来作为验证标准。

另外，皮尔斯在坚持观念的内涵的逻辑条件的必要性时，也同时强调了人的创造性行动模式、机会和自由游戏的重要性，这两个方面就构成两个时间层次的模式，这对罗伊斯也是直接的启发，表现为“世界”的另一端有“个体”。总之，在罗伊斯那里，观念的固有内涵在没有被揭示出来前，都是不充分的。而且从伦理的角度来看，某种无时间性的“应当被主张的东西”的存在对于时间进程中的人类来说是需要的。就如康德在从纯粹理性到实践理性的思想进展中就已透露出：实践理性的伦理力量可以破除理论理性上的限制——你无法在人类的认知经验中用知识来证明绝对或上帝，但上帝和绝对却是道德行动的前提，一旦承认存在着道德行动，也就把绝对或上帝作为“存在”来看待。据此分析，罗伊斯的两个时间层次的存在有其合理的论述依据。

3. 两种思想的宗教气质不同

杜威的思想整个地看，较少显露出宗教性。虽然他早期在采纳新黑格尔主义观点时短暂地抱着对自由的福音主义的信仰，但二十世纪九十年代中期到芝加哥之后他就抛弃几乎所有的福音痕迹转而开始他的工具主义思想。杜威哲学关注的是文化、教育和政治改革，总括起来就是社会公民运用自己的能力在一种民主的共同体中不断开拓可能的经验领域。而这并不需要超自然的对象对探索者提供精神的直接支撑。但也不能据此断言杜威的思想没有宗教精神的支撑。在他对民主共同体这种理想的组织机构的依赖中，在他的探索者用知识为问题的世界负责任的“勇气和主动责任感”中，以及自然在面对探索的人们面前的敞开性中，无一不渗透着和谐的精神。这种和谐精神使杜威信任自然对人的行动的永恒支撑，信任自然会在人的主动探寻中回馈于人、滋养于人，由此可见一种宗教性的情感。但必须要指出的是，他的宗教信仰基础是局限在自然之内的，他并没有超出自然之外去寻求一个上帝。

不过，值得注意的是，杜威晚期在《一个共同的信念》中强调人类联合体并将其与宗教相联系。他认为“上帝的观念”与自然和环境相关，它有助于推进理想的成长并推进其实现。杜威在理想与现实之间的积极关系的意义上肯定了“上帝的观念”。不过，杜威的宗教性是渗透在所有经验当中的普遍性，而致使神圣与世俗之间的二元论瓦解。他区分了“宗教”与“宗教经验”，他的作为一种生活方式的民主共同体虽有一种通向宗教的启示力量在其中，但这仅是对生活方式的民主和经验主义的意义进行深层思考的结果，他的共同体概念并没有跃出世俗与自然。相应的，他并不认同一种原初的负罪感，也不相信通过与具有人格的更高力量相联系就能从原初的负罪中解脱出来，所以，杜威抛弃了神恩和赎罪的概念。

罗伊斯则是一个宗教气质极浓的哲学家，从他一生的著作的主题就可确证这一点。① 他的“绝对”论证所透露出的思想的有神论背景，即作为“绝对思想”必然有一位拥有此思想的无所不知者——上帝，这是基于罗伊斯深觉宗教力量对于维系美国的伦理共同体的重要性。而杜威的工具主义思想中即使有某种宗教精神的支撑，但绝没有这样一位超自然的有意识的上帝，他不在自然的界限之外寻找精神上的支撑。在罗伊斯那里，正是基于这样一位上帝的存在，他的思想具有一种乐观主义的情感，这种情感拒绝无休止的变化和不安定，而在杜威的“情境”背后寻求恒定的稳定支撑——例如前文所论的意志的逻辑的不变性以及整体性力量对于个体变化多样的错误与苦难的最终救赎——罗伊斯据此将“希望”赋予了有限世界的人类。而且罗伊斯将“希望”与对当前经验的肯定结合起来，赞同黑格尔现实与可能性的论述——当前的观念的完全意义已包含在一种完全的绝对当中，其可能性由当前经验显现出来——从而拒绝了杜威和詹姆斯“未来导向”的验证逻辑和原子式的、没有终点的独立事实的枚举。而且，在杜威抛弃了神恩与赎罪概念的地方，正是罗伊

---

① 他的主要著作《哲学的宗教方面》《世界与个体》《上帝的概念》《忠之哲学》《宗教观念的来源》《善与恶的研究》《基督教的问题》等，从标题上就可看出他的哲学思想与宗教思想不可分离。

斯所借重的概念。与赎罪相应的拯救是罗伊斯的论述当中最重要的概念之一，他意在唤起人类对于一种更高力量的敬畏与顺从，以创造一种和谐的精神统一体。不过，晚期的罗伊斯对赎罪概念进行了世俗化处理，即在共同体的生活中，在解释精神的指引下，共同体成员能通过解释活动而得到救赎。总的说来，罗伊斯借助宗教的力量是源于他对于看不见的根基的关注，以及从整体上构造有意义的伦理世界的追求。而杜威的工具主义产生背景是基于对世界整体上是不安全的判断，所以他关注的是在世界中生存的人自身应对这种处境所需要的技艺，故而并不需要一位神也并不信赖任何神的允诺。据此，他们的宗教气质当然不同。

4. 两种思想持不同的自然观

如前所述，杜威是反对在自然界限之外设定任何神性的存在的，他的自然主义只是在有机社会所能产生的理想和现实之间的活动关系。在此基础上，杜威所理解的自然就必然是和经验相关的，他反对按“世界的本来面目”和“向人类显现的面目”这种永恒和流变的二分法，而是在活动和事件中自然向人类显现自身，经验的深度和广度决定了自然的显现程度。杜威认为自然是一个具有很多意义的词汇，它作为支撑经验的某种坚实的东西，应具有固定或内在的本质，也就是某种如它之所是的事实；但不应只局限于现实与人打交道的范围来理解自然，它应该还包括常识和科学研究所能达到的可能性领域，也就是不仅是过去与当前与人互动的领域，还有通过想象而扩展、深化的领域。总之就是一个现实可能性的、人类有机体所能联系到的条件总体。这样，杜威的自然是一个充满确定性的自然，同时也就是排除了沉思乐趣的、最终无疑惑的自然，它向人的探索敞开。在人的探索中，自然并不神秘。

罗伊斯对自然的理解与杜威不同。罗伊斯所理解的自然除了经验科学所能研究其法则的类型之外，还包括其他类型，也就是他所说的“超自然”。因此他的自然就不仅仅是杜威所说的时间连续性内的自然，它包括更多，即通过无限意识的真正判断所能认知的世界，超自然的世界，它是显示启示和真理的让人敬畏的精神性领域。对罗伊斯来说，超个体或超自然的元素是渗透到人类的所有认知当中的。罗伊斯是一个带有神秘主义色彩的思想家，而杜威在很大程度上是拒绝神秘的。

（二）两种思想的共同性与相互需要

1. 核心共同性

首先，杜威与罗伊斯都追求“经验的统一体”，只是两者思考出发点的不同而使得两者的思想呈现不同的表述。杜威在黑格尔主义的整体论的影响下追求“经验的统一体”，从而反对传统哲学的二元论，用“经验”代替了黑格尔的“绝对理念”而统合有机体与环境。罗伊斯则仍用极具德国哲学气质的术语系统表达了“绝对”对于个体与共同体的统一、有限经验与绝对经验的统一。另外，两者都显现出对斯宾诺莎哲学的兴趣，但斯宾诺莎哲学是以不同方式影响着这两位哲学家：对杜威而言使其反对自然之外的任何神性存在，对罗伊斯而言使其坚持一元论哲学。

其次，两者成熟时期的哲学都致力于解决个体与共同体的关系。就如实用主义研究专家奥本海姆(Frank M. Oppenheim)所言：“在杜威最后的时光中，这种对伟大共同体的希望和信心统一了这两位伟大的哲学家(罗伊斯和杜威)。”[①]杜威具有浓厚社群主义色彩的自由主义使晚期的他能对个体的生活进行整体的、全方位的关照，他的“民主共同体”因此而与罗伊斯晚期(1912—1916)的“伟大共同体”合流。罗伊斯在1915年的一次采访中说道：“我强烈地感觉到我最深的动机和问题是在于共同体的观念，虽然这个观念在我意识中是逐渐清晰的。”[②]这种动机最集

---

① Frank M. Oppenheim, S. J., *Reverence for the Relations of Life: Re-imagining Pragmatism via Josiah Royce's Interactions with Peirce, James, and Dewey*, University of Notre Dame Press, 2005, p. 305.

② Edited and Introduced by Randall E. Auxier, *Papers in Honor of Josiah Royce on his Sixtieth Birthday(1916)*, Published by Theommes Press, 2000, p. 282.

中的表述是《伟大的共同体》。而杜威则在《公众及其问题》与《一个共同的信念》中表述了其作为生活方式的民主共同体。

2. 两者的思想呈现出互补性

第一，罗伊斯的唯心主义方案与对自然化陷阱的逃离。

杜威的工具主义的理论基础是进化论，这种思想将人的生命仅看作是一个巨大进化过程的偶然，其结果不但是使人从世界当中边缘化，而且使人的内在意义和精神成果技艺化、相对化，最重要的是，它难以彻底地解释观念现象。而罗伊斯的绝对主义并不是要逃离这个世界，而是使人脱离自然化陷阱。基于这种主旨，罗伊斯主张首先从探查观念的核心实质开始。他采纳的是康德在第一批判中的策略，追溯经验知识的根源，他认为当这样做时，就会发现“任何一个观念都包含着心灵去形成一个观念的固有的东西”[①]。观念所负载的先验结构能有力地反击自然主义的经验化进程。而且，罗伊斯指出，纯粹数学和逻辑中的新发现（例如狄德金关于连续性与无理数的发现等）就是对客观真理的领域的证明，具有绝对性，而不是任由喜好或利益而去创造或抛弃。相反，工具主义真理观上的相对主义是浅薄的，它去除了真理之为真须超越工具主义所强调的真理是作为成功的导引这一点，也忽视了皮尔斯所一再强调的观念之真的不变逻辑前提。

按杜威的工具主义思想，经验的自然世界是简洁的，它并不负载形而上学的沉重假设，其亦是有利于指导人对于其处境的控制。但罗伊斯的绝对主义方案使我们在信念和动机上有更清晰和精确的自我意识，这个自我意识使我们只有在找到知识的原则、行动的原则时才满足，且这些原则不是暂时方便的权宜，也不是主观的任性；它要求界定一种更严格的真理概念，揭示思想和行动的必然性形式。据此，绝对主义者相较

① Josiah Royce, *The World and the Individual*, *Vol. I*, New York: Macmillan, 1899, pp. 121 - 122.

于工具主义者是过于严苛而无趣味的理智主义者，易被当作抽象理性的同路人，但他们也是有勇气地肩负起“使陨落于地的真理再度升起”使命的理想追求者[1]，这对于人类精神文化的绵续与发展是极其重要的。

第二，在个体与共同体关系上的借鉴与趋同。

皮尔斯、詹姆斯、杜威和罗伊斯都以不同的方式强调美国人必须负责任地平衡个体主义与促成一种名副其实的共同体的关系。[2] 据此，杜威和罗伊斯的思想方法殊异而意旨归同。

杜威通过主张“融入化”的个体而反驳了罗伊斯所指责的，工具主义“私人化的”“隔离的”个体经验与客观的人类经验之间的沟通问题。这个“融入化”的个体首先具有种族生活的连续性，这就取消了客观人类经验与个体经验的鸿沟；其次，个体化是生命的一个标志，特定的个体出现又消失，“我们要将个体解释为符合生命的功能”[3]，而不是某种神秘的、先验的东西；再次，生命和经验的连续性与传递性使文明世界的活动成为一个“传播过程”——即教化，致使“一个人自己的经验与另一个人的经验之间是难以划清界限的”[4]。杜威通过具有这三个内涵的“融入化”的诸多个体形成了一个人类经验的“意义共享活动”的共同体，这样就会逐渐使诸个体持有共同的价值观，实现对大家所面临的问题的解决。这在杜威的《公众及问题》以及《一个共同的信念》中有着共同体观。

从杜威晚期回到共同体这一点可以看出黑格尔哲学对统一性的追求一直深沉地潜伏在杜威的哲学思想当中。这不但使他反对传统的二元论，而且杜威晚期反对原子式的个体主义而建立民主共同体亦反映了

---

① Cf., Frank M. Oppenheim, S. J., *Reverence for the Relations of Life: Re-imagining Pragmatism via Josiah Royce's Interactions with Peirce, James, and Dewey*, University of Notre Dame Press, 2005, p. 297.

② Ibid., p. ix.

③ John Dewey, "A Reply to Professor Royce's Critique of Instrumentalism", *The Philosophical Review*, Vol. 21, No. 1, Jan., 1912, p. 74.

④ Ibid., p. 78.

黑格尔主义的影响力。

第三，实存与意义并不存在鸿沟之认识的归同。

按照唯心主义的思路，理性能够构造一个理想的对象，它具有清晰性和经验上的先行性，从而不断引导经验性材料转化为观念，当我们有限的知识越来越具有全面性时，最初的抽象观念就变得越来越具有确定性、具体性，因此而越来越与自然事物相似。究其实质，唯心主义者将观念当作真正有意义的所在。但这样的思路中蕴含着唯心主义也意识到，观念应抛弃其抽象特征，使经验具有我们直接经验到世界的所有力量与生动性。尤其是在伦理领域，唯心主义者的普遍理性下的道德只会是观念的虚妄，它最终还须落实到一个活生生的个体的具体的实存方式。罗伊斯当然也意识到这一点。他的哲学思想从强调认知（绝对作为全知者）到强调意志和经验（绝对作为绝对经验）到最后多元个体在解释的共同体中为所有人解释所有而作为实存个体，这一思想发展轨迹不仅说明了其从绝对向个体的滑动，而且说明了这个“绝对主义者”意识到“实存和意义并不存在鸿沟”，而这正是杜威所要强调的。他因此而反对唯心主义者将思想与经验分开，从而就将现实探究中的有限经验通过理性转化为一个包容全部有限经验的绝对。基于“实存和意义并不存在全盘区分”这样的主张，就不会产生观念与实存之间是否相符的问题，观念只是在功能上不同于其他经验性的材料而已，这样还保存观念作为观念独有的特征。

罗伊斯在《上帝的概念》中主张经验的性质反映着实在的性质，他比杜威更彻底的地方在于，他主张如果有一个“理想的统一经验”的话，就能彻底认识实在，他因此而主张更高于有限经验的“绝对经验”，因为“假设整个经验的世界只是一个碎片式和有限的经验，是一种包含着矛盾的尝试”，而只有从一种超越于它的更高观点来看这种碎片性的主张才是可能的。① 而且,“我们所尝到的有限性经验之痛苦,就意味着比它们包含更多的东西、意味着超越于它们的东西……”②罗伊斯的意图在于指出人类更深刻地追求——经验世界的统一性,而不只是杜威的探索中经验的多元性、进化性。罗伊斯也借此指出他早期赋予“绝对”作为一个多元意识呈现透明性的隐喻的真正意图,即对世界的“实在”理解须在一种意识统一体中才能达成,而“绝对意识”就代表着这样的理想。

综上所述,我们可以看出这两位思想家理论上的互补性,杜威的工具主义思想说明了人探索现存世界的成问题性与解决策略,而罗伊斯的绝对主义则更进一步指出人不止步于对现实的探索与控制,还在精神世界中追求更完满的东西,而这种精神追求也构成人的实存的一部分。从以上论述可以看出,与其说杜威和詹姆斯的哲学思想内容令其伟大,毋宁说他们做哲学的方法令他们的声名在当时位居哲学改革家之列。他们在对整体做出任何结论性构想之前从部分开始,将抽象化解为具体来对待,在对类做出判定之前从个体开始探索。这种方法与自然科学的方法相关,它的前提是认为在对构成整体的部分和个体进行探索和调查之前,人类根本没有能力去领会复杂的整体;而且抽象观念只是基于表达事实的简化方式,而并不是现实存在本身,这首先需要追溯到抽象所表达的事实本身。据此方法,世界在杜威和詹姆斯那里是多元的,“绝对”这个总体只是作为一个抽象名称多余地萦绕在思想史中。

---

① Josiah Royce, Joseph Le Conte, G. H. Howison and Sidney E. Mezes, *The Conception of God*, New York: The Macmillan Company, 1902, p. 41.

② Ibid., pp. 47-48.

附：
研究现状与文献综述

国内对于罗伊斯的研究寥寥，基本仅止于哲学史上对他的思想概貌的介绍，且其原著的全文本翻译也只有《近代哲学的精神》和《忠之哲学》。贺麟先生节译过罗伊斯的《近代理想主义》和《近代哲学的精神》，并评著罗伊斯（贺麟先生以及一些学界前辈称罗伊斯为"鲁一士"）为"最善读黑格尔者"。总之，国内对于罗伊斯并未形成研究氛围，关于其思想研究论文也寥寥几无。

国外（主要是在北美）的研究状况及文献综述：

自分析哲学和大陆哲学吸引了美国专业哲学家的兴趣之后，只有一小部分致力于研究美国本土思想的学者视罗伊斯为美国哲学的"黄金时代"的一个重要人物，二十世纪的美国哲学界大多忽略了罗伊斯以及他之前更早一些的哲学家们。将罗伊斯一直视为美国哲学中的重要人物的当代著名学者有：约翰·E. 史密斯（John E Smith），弗兰克·M. 奥本海姆（Frank M. Oppenheim），约翰·J. 麦克德谟特（John J. McDermott），杰奎琳·凯格利（Jacquelyn Kegley），布鲁斯·库克里克（Bruce Kuklick），马丽·布莱奥迪·马霍尔德（Mary Briody Mahowald）以及约翰·克莱敦宁（John Clendenning）。[①] 除这几位之外，当今美国学界研究罗伊斯的重要学者还有兰德·E. 奥西尔（Randall E. Auxier）以及德韦恩·腾斯托尔（Dwayne Tunstall）等。

---

① Kelley A. Parker and Krzysztof Piotr Skowroński edited, *Josiah Royce for the Twenty-First Century: Historical, Ethical, and Religious Interpretations*, Lexington Books, 2012, p. 7, note.

从历史以及现状来看，对罗伊斯总的研究情况是，除了近几年来新兴的学者如 R. E. 奥西尔、F. M. 奥本海姆几位之外，基本都将罗伊斯界定一位新黑格尔主义者，其思想是实用主义运动所批判和瓦解的解体对象，这样的思想惯性极坏地影响了哲学史对于罗伊斯的发掘。近几年来对他的发掘正在扭转哲学史上对他的定性。而对他的“绝对”概念真正所指进行开掘也成为当务之急。

一、较早的研究者们及其相应论述成果

（一）约翰·杜威（John Dewey）

杜威对罗伊斯的研究并未真正触及罗伊斯的思想内核，他主要以罗伊斯的早期思想为对象，对其思想尤其对“绝对”大加挞伐。他早在 1894 年发表其《伦理学研究：一个纲要》时就针对罗伊斯在《近代哲学的精神》中对于“描述的世界”与“评价的世界”的区分，指出了这暗含了在自然与价值之间的二分。在为罗伊斯两卷本的《世界与个体》所撰书评[①]中，他更是激烈地批判罗伊斯“是在进行着一种自我矛盾的任务”，他指责罗伊斯在“绝对”与“个体”之间摇摆，“具有双重的幻觉”等。在《逻辑理论的研究》（1903）中，杜威又攻击了罗伊斯的意义理论，认为其意义理论是“隔离的和僵化的”、缺乏一种“动态的参照”。1908 年的一次论战中，杜威指责罗伊斯式的唯心主义的真理理论假定了一个命题或判断已包含了它自己的真理性，从而剥夺了探究的动力，“绝对”只是一个“现成的和无生命力”总和体。杜威还在其系列论文（费城的讲座）中批判罗伊斯的绝对唯心主义思想是从野蛮年代中复活的一种迷信，将真理僵化为习惯（MW6，中期著作第六卷）。在罗伊斯指出杜威的工具主

① John Dewey, “The World and the Individual by Josiah Royce”, *The Philosophical Review*, Vol. 9, No. 4, Jul., 1900, pp. 311 - 324; John Dewey, “The World and the Individual by Josiah Royce”, *The Philosophical Review*, Vol. 11, No. 4, Jul., 1902, pp. 392 - 407.

义真理观的“软肋”后，杜威反应激烈，并在1912年发表的《回应罗伊斯教授对工具主义的批判》中言辞激烈地进行反驳，力图主张工具主义真理观并不是诉诸私人的、个体的经验与验证。1915年，杜威在《民主与教育》中的“个体与世界”一章颠倒了罗伊斯两卷本的《世界与个体》的题目与实质内容，他据此主张他是从个体出发而不同于罗伊斯的顺序。同年，杜威在纪念罗伊斯60周岁的生日集会上以“罗伊斯哲学中的唯意志主义”[①]的演讲来表述他对罗伊斯的理解。在此演讲中，他针对罗伊斯在1908年海德堡国际哲学大会上演讲的“近来所讨论的真理问题”[②]将自己描述为“绝对实用主义者”而主张罗伊斯只是唯意志主义者，从而将他排除在实用主义阵营之外。杜威在1925年的著作《经验与自然》第六章“自然、心灵和主观”中，深入评价了罗伊斯，他反对罗伊斯哲学中先验的东西，如自我概念，认为其是一个“瘟疫”。在罗伊斯去世十四年后，杜威在加利福尼亚纪念罗伊斯的演讲“描述的世界，评价的世界”中，对罗伊斯的评价体现了杜威哲学重构时期的特点，这体现在他对罗伊斯的评价中较少批判与指责。但在1937年评述R. B. 培里的《威廉・詹姆斯的思想和特征》后，他跟随培里而将罗伊斯看作是詹姆斯的一个陪衬角色，杜威引据詹姆斯对于哲学家的评价即一个伟大的哲学家应具有单一的视角贯穿在其思想始终，而他认为罗伊斯的缺乏这种单一视角。(LW11：472，晚期著作第11卷)。二战后，基于不安全世界的基本觉察，杜威强调构建共同体，他在《一个共同的信念》中重回到罗伊斯曾主张过的“伟大共同体”。

---

① John Dewey, "Voluntarism in the Roycean Philosophy" (1915), *The Middle Works of John Dewey (1899 - 1924)*, *Vol.* 10, edited by Boydston, Jo Ann, Carbondale: Southern Illinois University Press, 1991, pp. 79 - 88.

② Josiah Royce, "The Problem of Truth in the Light of Recent Discussion", in *William James and Other Essays on the Philosophy of Life*, New York: The Macmillan Company, 1912.

(二) 霍金(William Ernest Hocking)

W. E. 霍金是推动罗伊斯研究的最有影响力的哲学家,早在1929—1931年,他就在哈佛主持了两个学期的罗伊斯哲学研究;1932年他在《当代唯心主义》中的论述《罗伊斯和其他人的本体论论证》,透彻而详实地论述了他对罗伊斯在认识论与形而上学成果上的研究。他还强调罗伊斯在其晚期思想中不断增长的经验主义,其研究成果的代表性论文是发表在1956年2月的《哲学杂志》上的《论罗伊斯的经验主义》,在这篇论文中霍金还意识到罗伊斯哲学预示了二十世纪存主义和现象学的哲学运动。[1]

另外,霍金指出,中期的罗伊斯拒绝神秘主义作为一种形而上学的存在概念并不意味着他拒绝作为一种生活方式的神秘主义,这就指出了罗伊斯哲学当中很重要的一个伦理学方面,即每一个人都要尊重在生活中的"一种必要假设",也就是说,现实中应当有一种崇拜形而上的、应当的东西。换言之,霍金准确地把握了罗伊斯的"绝对"(上帝)这个概念在人的经验中的必要性。

除了推动对罗伊斯的哲学思想进行研究外,霍金还主张从别的方面来了解这位思想家,例如,他对科学和数学的兴趣与成果,以及对文学尤其是诗歌的兴趣与影响。

(三) G. H. 霍伊森(G. H. Howison)

霍伊森是美国人格主义的代表之一,在他的思想中形成了多元的唯心主义,创造了某种伦理的多元主义。他宣扬一种人格的多元主义,据此来反对罗伊斯的绝对唯心主义。他与罗伊斯的争辩集中体现在《上帝

---

① William Ernest Hocking, "On Royce's Empiricism", *The Journal of Philosophy*, Vol. 53, No. 3, Feb. 2, 1956, pp. 57-63.

的概念》[1]中。在这个论战中，霍伊森认为罗伊斯的上帝概念不够唯心主义，首先，他指出罗伊斯的学说未能清晰地区分创造者和被创造物。其次他指出，罗伊斯的“绝对”排除了人类自由的可能性。但他也觉察到了罗伊斯哲学中与其相同的对自我性和自我行动的协调的看世界的视角，他们的思想在类似性上被一些研究者所捕捉，而将罗伊斯定义为也是一个人格主义者。

（四）其他早期研究者

其他早期研究者，如米德（George Herbert Mead），他的《心灵、自我与社会》中罗伊斯的影响可谓无处不在，他的论文《罗伊斯、詹姆斯和杜威的哲学在美国》对于研究罗伊斯的思想起源很有裨益。马塞尔（Gabriel Marcel）在1956年出版的专著《罗伊斯的形而上学》是研究理解罗伊斯的思想不可多得的二手资料。马塞尔主要强调的是罗伊斯“成熟时期”的思想的价值和意义。[2] 他认为罗伊斯晚期发展了一种三元的认识论和形而上学。[3] 卡尔金斯（Mary Whiton Calkins）教授认为罗伊斯是完全独立于黑格尔的。[4] 她主要关注的是罗伊斯早期和中期的著作。洛温伯格（Jacob Loewenberg）作为罗伊斯的助教也致力于推广罗伊斯的思想，他组织出版了一系列罗伊斯的早期文章和1906年的近代唯心主义演讲录。通过整理罗伊斯的早期手稿和发表文章，洛温伯格记

---

① Josiah Royce, Joseph Le Conte, G. H. Howison and Sidney E. Mezes, *The Conception of God*, New York: The Macmillan Company, 1902.

② Gabriel Marcel, *Royce's Metaphysics*, translated by Virginia and Gordon Ringer, Greenwood Press, 1956, pp. 147 - 148.

③ Frank M. Oppenheim, *Royce's Mature Ethics*, University of Notre Dame Press, 1993, p. 13.

④ Mary Whiton Calkins, "Royce's Philosophy and Christian Theism", *Philosophical Review* 25, May 1916, pp. 282 - 293.

录下了罗伊斯思想中期和晚期思想在早期作品中的萌芽。[①] 莫里斯. R. 柯亨(Morris R. Cohen)作为罗伊斯的助教也写了一系列关于罗伊斯思想的文章,主要收录在《美国思想:一个批判性的概览》[②]中。在奥本海姆看来,柯亨正确地探查到罗伊斯的"绝对之统一性在后期的著作中成为一个共同体的统一性",并且柯亨认为,在《基督教的问题》中,精神的共同体替换了绝对。另外一个值得注意的是 C. I. 刘易斯(Clarence Irving Lewis),他是罗伊斯的学生和美国杰出的逻辑学家。他关注的是罗伊斯晚期的逻辑学著作,他呼吁大家注意罗伊斯的独特的秩序体系即 Sigma 体系的重要性。[③] 刘易斯的概念实用主义直接受启于罗伊斯。就当代来说,理查德・罗蒂(Richard Rorty)对罗伊斯的评述也相当有力地为罗伊斯哲学思想提供了值得思考的面向。从根本上来说,罗蒂追随的是杜威对罗伊斯的解读,即将罗伊斯认定为一个黑格尔主义者,而且还认为罗伊斯是追随了"错误的黑格尔"。不过,罗蒂是带着自由主义的筹划而摒弃具有任何形式的"历史真理"的主张,他因此而主张"绝对"作为救赎真理是属于那种"未开化年代的古怪造物"。另外,罗蒂还在实用主义与宗教问题上以他的"多神论的实用主义"直接反对罗伊斯的"一神论的实用主义",这在他著名的论文《作为多神论的实用主义》中得到了体现。

二、当代研究者及其研究情况

(一) 弗兰克・M・奥本海姆(Frank M. Oppenhaim, S. J.)

在美国,对罗伊斯思想进行研究的权威学者,首推的是弗兰克・M.

① *Lectures on Modern Idealism by Josiah Royce*, edited and introduction by J. Loewenberge, New Haven: Yale University Press, 1919. *Fugitive Essays*, ed. and introduced by J. Loewenberge, New Haven: Yale University Press, 1919.

② M. R. Cohen, *American Thought: A Critical Sketch*, Glencoe Ill inois: Free Press, 1954.

③ C. I. Lewis, "Types of Order and the System Sigma", *Philosophical Review* 25, 1916, pp. 407–419.

奥本海姆。他对罗伊斯的研究几乎贯穿他的整个学者生涯，其最有影响的著作是1980年莱克星顿图书公司出版的《罗伊斯的澳洲之旅程：心灵的旅程》，1987年由诺特丹大学出版社出版的《罗伊斯成熟时期的宗教哲学》，1993年同样由诺特丹大学出版社出版的《罗伊斯成熟时期的伦理学》，还有2005年出版的在美国国内很具有影响力的《敬畏生活关系：通过罗伊斯与皮尔斯、詹姆斯和杜威的互动而重构实用主义》。前三本代表性著作，奥本海姆关注的是罗伊斯个人的思想，最后一本关注的是罗伊斯与古典实用主义者的代表人物的互动与影响，后者对于研究罗伊斯思想的发展变化实为是一本佳作，这种论断不惟一家之言，而是美国学界研究古典实用主义者亦认可。奥本海姆先生还撰写了大量相关论文，对于分析罗伊斯的思想与发展都能起到很好的引导。不过，他较注重研究罗伊斯成熟时期(1912—1916)的著作，而对于早期的著作关注较少，这与整个美国研究罗伊斯的圈子的倾向不无关系，他们认为罗伊斯较有价值的思想是在其“成熟时期”。从他的研究成果以及他着力于采编发掘罗伊斯晚期的作品可见其意，例如他2001年主持编著了两卷本的《罗伊斯晚期的著作——未发表及遗落作品》[①]，这两卷本对于进一步研究罗伊斯的思想与实用主义的交集并阐明他的核心观念具有重要作用。值得一提的是，奥本海姆先生还于2008年起开始编写哈佛档案馆中罗伊斯的所有文章的全面索引，此索引于2010年出版，以便于专门学者进行查引资料，这是非常有价值的。这本索引的全称是《哈佛大学档案馆中罗伊斯论文的全面索引》。总的来说，奥本海姆的观点是，罗伊斯成熟时期的思想与其早期的主题——“绝对”是不同的：成熟时期知识理论立基于解释之上，他后期的解释的形而上学表达了他对宇宙的无止境的创造过程的自我反思。解释的过程是无止境的运动过程。从

① Edited and Introduced by Frank M. Oppenheim, *Josiah Royce's Late Writings: A Collection of Unpublished and Scattered Works*, Thoemmes Press, 2001.

这可以看出和在《哲学的宗教方面》所体现的早期思想中的绝对——无所不包的知者(All-knower)的思想确实是不同的。他认为罗伊斯哲学最有价值的是其成熟时期的思想,与其早期的"绝对"是异质的,转型后与之前是断裂的,因此罗伊斯的"绝对"在他看来并不是贯穿其一生的哲学主题。奥本海姆主张,罗伊斯吸收皮尔斯解释理论和符号理论后的共同体思想使其成为皮尔斯式的实用主义者。他对此的论证从他的几本研究著作以及诸如像《成熟时期的罗伊斯的精神观念》[①]这样的代表性论文中可见领会到其论述主旨。

(二) 约翰·麦克德莫特(John McDermott)

他是美国实用主义的研究专家。他所编纂的两卷本的《罗伊斯的基本著作》[②]及时地回应了当时对于研究罗伊斯的升温的需求。他所著的《经验之流:反思美国文化的哲学与历史》[③]用专章论述了罗伊斯,麦克德莫特教授关注的是罗伊斯在道德与宗教上的思考与贡献,他认为罗伊斯一生都在关注的问题是世界上恶的存在与一个善的上帝的关系问题,不过,他肯定罗伊斯的思想远远超出了他的清教传统的起点。[④] 麦克德莫特通过整理编纂罗伊斯的著作而认识到,罗伊斯的思想发展是一个连续性的体系,其中期与晚期所表述的共同体是通过"对生活关系的敬畏"(reverence for the relations of life)[⑤]而完成的,这与他最初以"绝对"表述的道德理想的追求是一致的。麦克德莫特还

① Frank M. Oppenheim, *The Idea of Spirit in the Mature Royce*, Transactions of the Charles S. Peirce Society, Fall 1983, Vol. 19, Issue 4, p. 381, p. 15.

② Edited and with introduction by John J. McDermott, *The Basic Writings of Josiah Royce*, two volumes, New York: Fordham University Press, 2005.

③ John J. McDermott, *Streams of Experience: Reflections on the History and Philosophy of American Culture*, Amherst: University of Massachusetts Press, 1986.

④ Edited and with introduction by John J. McDermott, *The Basic Writings of Josiah Royce*, *Vol.* 1, New York: Fordham University Press, 2005, p. 7.

⑤ Ibid., pp. 11 - 12. 这与奥本海姆的发现一致。

指出罗伊斯以忠诚于一个事业来对抗恶这一主题一直居于罗伊斯伦理学的中心。[1]

（三）兰德·E. 奥西尔（Randall E. Auxier）

奥西尔教授是研究罗伊斯的真正专家。在2013年出版的《时间、意志和目的：罗伊斯哲学中活的观念》[2]中，奥西尔教授对于罗伊斯哲学中对当今而言仍然“活”着的观念进行了阐释。他认为：“罗伊斯从未以任何方式改变过他的根本观点，尤其是他从未抛弃过‘绝对’概念。”[3]他强调罗伊斯前后观念和立场的本质统一性。奥西尔教授的研究与奥本海姆或其他研究者如约翰·E. 史密斯（John E. Smith）等只从罗伊斯思想的某个发展阶段（如奥本海姆倾向于罗伊斯“成熟时期”的思想，史密斯主要倾向于早期与中期思想）来研究不同，他从罗伊斯的全部著作上来做整体研究，所以他对罗伊斯的研究全面而不偏颇。他所编辑整理并附导言的三卷本的《罗伊斯的批判性回应，1885—1916》[4]对于当前研究罗伊斯是不可多得而又全面的材料。他对罗伊斯的研究除了具有全面性、系统性之外，最有特点的地方在于，他强调要将罗伊斯表述的道德、宗教思想联系到他的逻辑学、形而上学中。奥西尔认为这样才能深入地理解罗伊斯的思想根基。他本人也致力于罗伊斯的逻辑学研究。另外，在罗伊斯的思想与杜威、詹姆斯和皮尔斯的关系上，奥西尔教授认为詹姆斯

---

① Frank M. Oppenheim, *Royce's Mature Ethics*, University of Notre Dame Press, 1993, p. 21.

② Randall E. Auxier, *Time, Will and Purpose: Living Ideas from the Philosophy of Josiah Royce*, Open Court, 2013, p. 12. 该引用页码与正式出版的该书可能不符，本书引用的页码为奥西尔教授寄给的初稿页码。

③ Ibid.

④ Edited and Introduced by Randall E. Auxier, *Critical Responses to Josiah Royce, 1885 - 1916*, *Vol.* 3, Thoemmes Press, 2000.

与杜威在对罗伊斯进行批判的时候并未全面理解罗伊斯的思想。[①] 奥西尔教授还认为,研究罗伊斯的学术圈长久以来受到早先研究者解读的某种误导,如约翰·E. 史密斯的著作《罗伊斯之社会的无限性:解释的共同体》[②]。他认为,史密斯的著作处理的是罗伊斯在吉尔福德讲座《世界与个体》中最难的附加文章中的逻辑问题,指出我们的社会性使我们有限的个体能够进入现实的无限性,并且将这个观念追溯到《基督教的问题》中"解释的共同体"的应用中。奥西尔认为这种分析是杰出的,但是由于缺乏对罗伊斯整个哲学的系统性研究,故史密斯的著作只是对罗伊斯哲学的一个方面的概览,但研究者们却一直依赖于它而来理解罗伊斯,因而造成了罗伊斯学术圈的普遍误解。[③] 奥西尔还澄清了罗伊斯研究圈一贯持有的所谓罗伊斯在1912年因受皮尔斯的学说的影响而产生思想转型,即从"绝对"到"解释的共同体"的看法。他通过考证而主张,罗伊斯其实早在1877年或更早就注意到了皮尔斯的观点并深受其影响,而且还不晚于1880年就与皮尔斯主动沟通互动,他还受皮尔斯邀请而在形而上学俱乐部提交了一篇文章讨论,这篇文章《论思想中的目的》已显示出其深受皮尔斯的影响。[④] 奥西尔教授基于其对罗伊斯著作的全面研究,故而他也结合罗伊斯的心理学著作、逻辑学著作来探究罗伊斯的思想,他在《罗伊斯哲学中心理学的、现象学的和形而上学的个体》[⑤]的论文中就结合罗伊斯的心理学相关概念来阐释其个体理论的多

---

① Randall E. Auxier, Time, *Will and Purpose*: *Living Ideas from the Philosophy of Josiah Royce*, Open Court, 2013, p. 14.(初稿页码)

② John E. Smith, *Royce's Social Infinity*: *The Community of Interpretation*, New York: Liberal Arts Press, 1950.

③ Randall E. Auxier, Time, *Will and Purpose*: *Living Ideas from the Philosophy of Josiah Royce*, Open Court, 2013, p. 18,19.(初稿页码)

④ Ibid., p. 21.(初稿页码)

⑤ Randall E. Auxier, "Psychological, Phenomenological, and Metaphysical Individuality in Royce's Philosophy", collected in *Josiah Royce for the Twenty-First Century*, edited by Kelley A. Parker and Krzysztof Piotr Skowroński, Lexington Books, 2012.

层次性，从而更全面地理解罗伊斯的思想主旨。他还指出，罗伊斯最后几年的哲学是一种暂时主义（temporalism）哲学，与像斯宾诺莎以及霍布斯那样的空间主义（spatialism）和理性主义相对。[①]

（四）杰奎琳·安·K.凯格利（Jacquelyn Ann K. Kegley）

杰奎琳致力于从当代兴趣与需要来重构罗伊斯的形象，其最近的成果体现在《聚焦乔塞亚·罗伊斯》[②]。她认为罗伊斯研究数学、逻辑与心理学，而致使其具有良好的科学素养，并为他的哲学思想提供了基础。她认为罗伊斯是现象学研究中被忽略的一位思想家，在其论文《罗伊斯与胡塞尔：思想的相似与相辅》[③]中力图阐明罗伊斯在1880年的论文《思想的目的》中就提出了意向性这个概念，比胡塞尔《逻辑研究》中的论述要早得多。[④] 她还将罗伊斯关于"心灵"的阐释推荐为当代关于心灵与自我的可选择方案，认为罗伊斯的观点与当代进化理论、神经科学以及实验心理学的研究成果产生了共鸣，这有助于让我们跳出关于心灵的当代诸多争论的笛卡尔式唯物主义假设。对于罗伊斯的此观点主要体现在其论文《心灵作为一种具身化自我之个人的和社会的叙事》[⑤]中。

---

① Randall E. Auxier, *Time, Will and Purpose: Living Ideas from the Philosophy of Josiah Royce*, Open Court, 2013, p. 37.（初稿页码）他所谓的暂时主义（时间主义）就是指任何哲学都要在时间中才能有效和有意义地去反思哲学问题。

② Jacquelyn Ann K. Kegley, *Josiah Royce in Focus*, Indiana University Press, 2008.

③ Jacquelyn Ann K. Kegley, "Royce and Husserl: Some Parallels and Food For Thought", *Transactions of the Charles S. Peirce Society*, Summer 1978, Vol. 14, Issue 3, p184.

④ 关于"意向性"这个概念，胡塞尔承认受到威廉·詹姆斯的影响，但其实，詹姆斯在简述其《心理学原理》期间，这个概念是受到罗伊斯的影响的，相关论述可见于以下论文，Rickard J. Donovan, Royce, "James and Intentionality", *Transactions of the Charles S. Peirce Society*, Summer 1975, Vol. 11, Issue 3, p. 195, p. 17.

⑤ Jacquelyn Ann K. Kegley, "Mind as Personal and Social Narrative of an Embodied Self", collected in *Josiah Royce for the Twenty-First Century*, edited by Kelley A. Parker and Krzysztof Piotr Skowroński, Lexington Books, 2012.

(五) 德韦恩·腾斯托尔(Dwayne Tunstall)

最近研究罗伊斯的比较活跃的学者当属德韦恩·腾斯托尔(Dwayne Tunstall)。腾斯托尔在 2009 年出了一本论述罗伊斯的哲学思想的书《是的,但并非确切:与罗伊斯"伦理的—宗教的"洞见之相遇》[①]。他认为,罗伊斯留给哲学史一种独特的唯心主义,其建立在一种"伦理的—宗教的"观点之上,在此基础上,实在是个体的,并且,形而上学的共同体是探寻个体存在的形而上学的最恰当的方法。他由此而将罗伊斯的前后期的形而上学观贯穿起来,而反驳之前大部分学者所持的罗伊斯形而上学观前后期的转变是基于他采纳了皮尔斯的符号理论而放弃了早期的绝对唯心主义,转而去构建共同体的形而上学观作为皮尔斯解释理论的"罗伊斯版"的观点。腾斯托尔认为,皮尔斯的理论只是给予罗伊斯一种表达他的形而上学观的新的术语工具,罗伊斯并没有沉浸在皮尔斯的逻辑学当中。他在另一篇名为《上帝仅是一个概念:对罗伊斯"上帝"概念的马塞尔式批判》[②]中说,现在研究罗伊斯的学者们都不约而同地丢弃了他的唯心主义,要么注重分析他的伦理学的可用性或者社会哲学的、政治和宗教哲学的可用性,如杰奎琳·安·K. 凯格利(Jacquelyn Ann K. Kegley),和格瑞芬·多特(Griffin Trotter),要么将罗伊斯认为是皮尔斯的实效主义者,例如弗兰克·奥本海姆(Frank Oppenheim),凯利·A. 帕克(A. Parke)。而他则认为罗伊斯的唯心主义是值得保留的,且成熟前和成熟后的罗伊斯的形而上学观只是在表述形式上有变化。腾斯托也认为,罗伊斯的"绝对"不是黑格尔式的绝对,它真正保留了个体在本体论上的独特性。"上帝"这个概念作为绝对之称谓仅是一个概念性的称谓,是一种论证上的设定。

---

① Dwayne Tunstall, *Yes, But Not Quite: Encountering Josiah Royce's Ethico-Religious Insight*, Fordham University Press, 2009.

② Dwayne Tunstall, "Concerning the God that is Only a Concept: A Marcellian Critique of Royce's God", *Transactions of the Charles S. Peirce Society*, Summer 2006, Vol. 42.

（六）其他研究者：马丽·布莱奥迪·马霍尔德（Mary Lou Briody）、布鲁斯·库克里克（Bruce Kuklick）、约翰·克莱敦宁（John Clendenning）

布莱奥迪的博士论文《一种唯心论的实用主义》（1969）致力于论证罗伊斯哲学中的实用主义元素，从而使其与杜威、詹姆斯式的实用主义相并列。她认为罗伊斯一直关注着"共同体"这个概念，并且在其论文《罗伊斯哲学中的共同体》[①]对罗伊斯的共同体观念进行了论述与梳理。库克里克并不只是研究罗伊斯，但他对罗伊斯研究的贡献却很大。他在《罗伊斯：一个思想传记》[②]以及《美国哲学的兴起》[③]中对罗伊斯的思想，尤其是宗教思想进行了清晰的论述与介绍。克莱敦宁是罗伊斯最优秀传记作家，他的《罗伊斯的生活与思想》是对罗伊斯生活与思想发展最发的传记作品之一，对于研究罗伊斯的思想是必要的媒介。

（七）近来的其他论述者

马修·迦勒·弗莱姆（Matthew Caleb Flamm）认为罗伊斯晚期的思想与早先的思想并没有产生激烈的断裂，而只是对早期的思想进行了调整。[④] 凯利·A. 帕克（Kelly A. Parker）也认为，罗伊斯一直都贯彻着他对"绝对"的承诺，甚至在他最后的著作中，无限的共同体这个称谓也

① M. L. Briody, "Community in Royce: An Interpretation", *Transactions of the Charles S. Peirce Society*, Fall 1969, Vol. 5 Issue 4, p. 224.

② Bruce Kuklick, *Josiah Royce: An Intellectual Biography*, Indianapolis: Bobbs-Merrill, 1972.

③ Bruce Kuklick, *The Rise of American Philosophy*, New Haven: Yale University Press, 1977.

④ Matthew Caleb Flamm, "Searching for Rhymes: Royce's Idealistic Quest", collected in *Josiah Royce for the Twenty-First Century: Historical, Ethical, and Religious Interpretations*, edited by Kelley A. Parker and Krzysztof Piotr Skowroński, Lexington Books, 2012, p. 169.

是对绝对本身的重构。[①] 马修·A. 福斯特(Mathew Alan Foust)在其2010年的博士论文《忠于忠：罗伊斯与真正的道德生活》[②]中以“忠诚”概念为核心论述了罗伊斯的宗教与伦理思想，同时表明其伦理思想是奠基于“绝对”概念之上的。J. 迦勒布·克莱顿(J. Caleb Clanton)在其论文《罗伊斯论约伯与恶的问题》[③]中探讨了罗伊斯在《约伯的问题》中所阐释的关于恶与上帝之善的问题。

---

① Kelly A. Parker, "Atonement and Eidetic Extinction", collected in *Josiah Royce for the Twenty-First Century: Historical, Ethical, and Religious Interpretations*, edited by Kelley A. Parker and Krzysztof Piotr Skowroński, Lexington Books, 2012, p. 221, note 1.

② Mathew Alan Foust, *Loyalty to Loyalty: Josiah Royce and the Genuine Moral Life*, UMI: Dissertation Publishing, 2010.

③ J. Caleb Clanton, "Josiah Royce on Job and the Problem of Evil", *Philosophy and Theology* 26,1(2014), pp. 65 - 95.

参考文献

一、英文文献

[1] A. N. Whitehead. Process and Reality[M]. New York: The Fress Press. 1978.

[2] Bertrand Russell. Professor Dewey's "Essays in Experimental Logic"[J]. The Journal of Philosophy. Psychology and Scientific Methods. Vol. 16. No. 1. 1919: 5 - 26.

[3] Bruce Kuklick. The Rise of American Philosophy[M]. New Haven: Yale University Press. 1977.

[4] Bruce Kuklick. Does American Philosophy Rest on a Mistake? [J]. In Marcus G. Singer (eds.). American Philosophy. CambridgeUniversity Press. 1985.

[5] Burleigh Taylor Wilkins. James, Dewey, and Hegelian Idealism[J]. Journal of the History of Ideas. Vol. 17. No. 3 . 1956: 332 - 346.

[6] C. I. Lewis. Types of Order and the System Sigma[J]. Philosophical Review. 1916(25):407 - 419.

[7] Charles S. Peirce. Collected Papers of Charles Sanders Peirce. Vol. 5[M]. Charles Hartshorne and Paul Weiss (eds.). The Belknap Press of Harvard University Press. 1958.

[8] Charles S. Peirce. Collected Papers of Charles Sanders Peirce. Vol. 8[M]. Arthur W. Burks (ed.). The Belknap Press of Harvard University Press. 1979.

[9] Charles S. Peirce. The Letters to Christine Ladd-Franklin[A]. In John R Shook & André De Tienne (eds.). The Cambridge School of Pragmatism. Vol. 1. [C]. New York: Continuum International Publishing Group. 2006

[10] Charles Taylor. Hegel[M]. Cambridge University Press. 1975.

[11] Cheryl Misak. The American Pragmatists[M]. Oxford University Press. 2013.

[12] Cornel West. The American Evasion of Philosophy: A Genealogy of Pragmatism[M]. The University of Wisconsin Press. 1989.

[13] David E. Klemm and Günter Zöller (eds.). Figuring the Self: Subject, Absolute and Others in Classical German Philosophy[M]. State University of New York. 1997.

[14] Donald Phillip Verene. Hegel's Absolute: An Introduction to Reading the Phenomenology of Spirit[M]. State University of New York Press. 2007.

[15] Dwayne Tunstall. Concerning the God that is Only a Concept: AMarcellian Critique of Royce's God[J]. Transactions of the Charles S. Peirce Society. Vol. 42. Summer 2006.

[16] Dwayne Tunstall. Yes, But Not Quite: Encountering Josiah Royce's Ethico-Religious Insight[M]. Fordham University Press. 2009.

[17] Frank M. Oppenheim (ed. and intro.). Josiah Royce's late Writings: A Collection of Unpublished and Scattered Works[M]. Thoemmes Press, 2001.

[18] Frank M. Oppenheim. Reverence for the Relations of Life: Re-Imagining Pragmatism via Josiah Royce's Interactions with Peirce, James, and Dewey [M]. University of Notre Dame Press. 2005.

[19] Frank M. Oppenheim. Royce's Mature Ethics[M]. University of Notre Dame Press. 1993.

[20] Frank M. Oppenheim. Royce's Mature Philosophy of Religion[M]. University of Notre Dame Press. 1987.

[21] Frank M. Oppenheim. The Idea of Spirit in the Mature Royce[J]. Transactions of the Charles S. Peirce Society. Vol. 19. Issue 4. 1983.

[22] G. M. Brodsky. Absolute Idealism and John Dewey's Instrumentalism[J]. Transactions of the Charles S. Peirce Societ. Vol. 5. Issue 1. 1969: 44 - 62.

[23] G. Santayana. Character and Opinion in the United States[M]. London: Constable and Company Ltd. 1920.

[24] Gabriel Marcel. Royce's Metaphysics [M]. Virginia and Gordon Ringer (trans.). Greenwood Press. 1956.

[25] George Herbert Mead. The Philosophy of Royce, James and Dewey in Their American Setting[J]. International Journal of Ethics. Vol. 40. No. 2. Jan, 1930: 211 - 231.

[26] Ignas K. Skrupskelis. The Four Conception of Being and the Problem of Reference[A]. In Kelley A. Parker and Krzysztof PiotrSkowroński (eds.). Josiah Royce for the Twenty-First Century: Historical, Ethical, and Religious Interpretations. Lexington Books. 2012.

[27] J. Caleb Clanton. Josiah Royce on Job and the Problem of Evil[J]. Philosophy and Theology. Vol. 26. Issue 1. 2014: 65 - 95.

[28] Jacquelyn Ann K. Kegley. Mind as Personal and Social Narrative of an Embodied Self[A]. In Kelley A. Parker and Krzysztof PiotrSkowroński (eds.). Josiah Royce for the Twenty-First Century: Historical, Ethical, and Religious Interpretations. Lexington Books. 2012.

[29] Jacquelyn Ann K. Kegley. Josiah Royce in Focus[M]. Indiana University Press. 2008.

[30] Jacquelyn Ann K. Kegley. Royce and Husserl: Some Parallels and Food For

Thought[J]. Transactions of the Charles S. Peirce Society. Vol. 14. Issue 3. Summer 1978：184 – 200.

[31] Jacquelyn Ann K. kegley. Josiah Royce's Theory of Knowledge[M]. University Microfilms，A Xerox Education Company. 1972.

[32] Jacquelyn Ann K. Kegley. Mind as Personal and social Narrative of an Embodied Self[A]. In Kelley A. Parker and Krzysztof PiotrSkowroński (eds.). Josiah Royce for the Twenty-First Century：Historical，Ethical，and Religious Interpretations. Lexington Books. 2012.

[33] Jena Wahl. The Pluralist Philosophies of England and America[M]. Fred Rothwell (trans.). London：The Open Court Company. 1925.

[34] John Clendenning. The Life and Thought of Josiah Royce[M]. The University of Wisconsin Press. 1985.

[35] John Dewey. The World and the In dividual by Josiah Royce [J]. The Philosophical Review. Vol. 11. No. 4 (Jul.，1902)：392 – 407.

[36] John Dewey. A Reply to Professor Royce's Critique of Instrumentalism[J]. The Philosophical Review. Vol. 21. No. 1 (Jan.，1912)：69 – 81.

[37] John Dewey. A Common Faith[M]. New Haven：Yale University Press. 1991.

[38] John Dewey. The World and the Individual by Josiah Royce[J]. The Philosophical Review. Vol. 9. No. 4 (Jul.，1900)：311 – 324.

[39] John Dewey. The World and the Individual by Josiah Royce[J]. The Philosophical Review. Vol. 11. No. 4(Jul.，1902)：392 – 407.

[40] John Dewey. Voluntarism in the RoyceanPhilosophy[A]. In Jo Ann Boydston (ed.). The Middle Works of John Dewey (1899 – 1924). Carbondale：Southern Illinois University Press. Vol. 10：79 – 88.

[41] John Dewey. A Reply to Professor Royce's Critique of Instrumentalism[J]. The Philosophical Review. Vol. 21. No. 1(Jan.，1912)：69 – 81.

[42] John Dewey. Notes Upon Logical Topics [J] . The Journal of Philosophy，Psychology and Scientific Methods. Vol. 1. No. 3 (Feb. 4，1904)：57 – 62.

[43] John Dewey. The Early Works of John Dewey (1882 – 1898) Vol. 4[M]. Jo Ann Boydston(ed.). Carbondale：Southern Illinois University Press. 1991.

[44] John J. McDermott (ed). The Basic Writings of Josiah Royce[M]. versity of . 1969.

[45] John J. McDermott. Streams of Experience：Reflections on the History and Philosophy of American Culture[M]. Amherst：University of Massachusetts Press. 1986.

[46] John K. Roth. The Philosophy of Josiah Royce[M]. Hackett Publishing Company. 1982.

[47] John Locke. An Essay Concerning Human Understanding[M]. The

Pennsylvania State University. 1999.

[48] John Passmore . A Hundred Years of Philosophy[M]. London: Gerald Duckworth and Company. 1957.

[49] John R. Shook & André De Tienne (ed.). The Cambridge School of Pragmatism[M]. New York: Continuum International Publishing Group. 2006.

[50] Josiah Royce. Illustration of the Philosophy of Loyalty[A]. In Frank M. Oppenheim (ed. and into.). Josiah Royce's Late Writings. Vol. 2. Thoemmes Press. 2001.

[51] Josiah Royce. Loyalty and Insight[A]. In William James and Other Essays on the Philosophy of Life. New York: The Macmillan Company. 1912.

[52] Josiah Royce, Joseph Le Conte, G. H. Howison and Sidney E. Mezes. The Conception of God[M]. New York: The Macmillan Company. 1902.

[53] Josiah Royce. The Self[A]. In Frank M. Oppenheim(ed. and intro.). Josiah Royce's Late Writings. Vol. 2. Thoemmes Press. 2001.

[54] Josiah Royce. The World and the Individual. Second Series[M]. New York: The Macmillan Company. 1901.

[55] Josiah Royce. Kant's Relation to Modern Philosophical Process[J]. The Journal of Speculative Philosophy. Vol. 15. No. 4(October, 1881):360 - 381.

[56] Josiah Royce. Lectures on Modern Idealism[M]. New Haven: Yale University Press. 1919.

[57] Josiah Royce. Letters of Josiah Royce[M]. John Clendenning(ed. and intro.). The University of Chicago Press. 1970.

[58] Josiah Royce. Mind and Reality[J]. Mind. Vol. 7. No. 25 (Jan., 1882):1 - 25.

[59] Josiah Royce. Monotheism[A]. In Frank M. Oppenheim (ed. and into.). Josiah Royce's Late Writings. vol. 1. Thoemmes Press. 2001:79 - 91.

[60] Josiah Royce. On Absolute Pragmatism[A]. In John R. Shook and André De Tienne (ed. and into.). The Cambridge School of Pragmatism. Vol. 3. Thoemmes Press. 2006:148 - 150.

[61] Josiah Royce. The Eternal and the Practical[A]. In John R. Shook and André De Tienne(ed. and intro.). The Pragmatic Idealisms of Josiah Royce and John E. Boodin. Thoemmes press. 2006:3 - 24.

[62] Josiah Royce. The Idea of Duty[A]. In Frank M. Oppenheim (ed. and intro.). Josiah Royce's Late Writings, Vol. 2. Thoemmes Press. 2001.

[63] Josiah Royce. The Philosophy of Loyalty[M]. New York: The Macmillan Company. 1908.

[64] Josiah Royce. The Problem of Christianity[M]. Washington D. C.: The Catholic University of America Press. 2001.

[65] Josiah Royce. The Problem of Truth in the Light of Recent Discussion[A]. In William James and Other Essays on the Philosophy of Life. New York: The Macmillan Company. 1912.

[66] Josiah Royce. The Religious Aspect of Philosophy[M]. New York: Harper &Brothers Publishers. 1958.

[67] Josiah Royce. The Social Character of Scientific Inquiry[A]. Lecture Three of "The 1914 Berkeley Conferences". In Frank M. Oppenheim (ed.). Josiah Royce's Late Writings: A Collection of Unpublished and Scattered Works. Thoemmes Press. 2001:20 – 39.

[68] Josiah Royce. The Sources of Religious Insight[M]. New York: Charles Scribner's Sons. 1912.

[69] Josiah Royce. The Spirit of Modern Philosophy[M]. Boston: Houghton Mifflin. 1892.

[70] Josiah Royce. The World and the Individual. Vol. 1[M]. New York: Macmillan. 1899.

[71] Josiah Royce. William James and Other Essays on the Philosophy of Life[M]. New York: The Macmillan Company. 1912.

[72] Josiah Royce. The Nature and Use of Absolute Truth[A]. Lecture I of the Harrison Lecture in Response to John Dewey. Presented February 6 – 8. 1911.

[73] Julius SeelyeBixler. Josiah Royce: Twenty Years After[J]. The Harvard Theological Review. Vol. 29. No. 3 (Jul., 1936):197 – 224.

[74] Karl Löwith. From Hegel to Nietzsche[M]. David E. Green (translated). New York:Columbia University Press. 1964.

[75] Kelley A. Parker and Krzysztof PiotrSkowroński (ed.). Josiah Royce for the Twenty-First Century: Historical, Ethical, and Religious Interpretations[M]. Lexington Books. 2012.

[76] Kelly A. Parker . Atonement and Eidetic Extinction[A]. In Kelley A. Parker and Krzysztof Piotr Skowroński (eds.). Josiah Royce for the Twenty-First Century: Historical, Ethical, and Religious Interpretations. Lexington Books. 2012.

[77] Leonard P. Wessell. The Ontological Argument: Reconstructed According to the Idealism of Josiah Royce[J]. Sino – Christian Studies. No. 8(2009): 53 – 80.

[78] M. R. Cohen. American Thought: A Critical Sketch[M]. Free Press. 1954.

[79] M. L. Briody. Community in Royce: An Interpretation[J]. Transactions of the Charles S. Peirce Society. Fall 1969. Vol. 5. Issue:224 – 243.

[80] Manfred Frank. What Is Neostructuralism? [M]. Sabine Wilke and Richard Gray(translated). Minneapolis: University of Minnesota Press. 1989.

[81] Mary Lou Briody. An Idealistic Pragmatism: The Development of the Pragmatic Element in the Philosophy of Josiah Royce[D]. University Microfilms. Inc. Ann Arbor. Michigan. 1969.

[82] Mary Whiton Calkins. Royce's Philosophy and Christian Theism[J]. Philosophical Review 25 (May, 1916): 282 - 293.

[83] Mathew Alan Foust. Loyalty to Loyalty: Josiah Royce and the Genuine Moral Life[D]. UMI: Dissertation Publishing. 2010.

[84] Matthew Caleb Flamm. Searching for Rhymes: Royce's Idealistic Quest[A]. In Kelley A. Parker and Krzysztof PiotrSkowroński (eds.). Josiah Royce for the Twenty-First Century: Historical. Ethical, and Religious Interpretations. Lexington Books. 2012.

[85] Mellissa Shew and Mathew A. Foust. Loyalty and the Art of Wise Living: The Influence of Plato on the Moral Philosophy of Josiah Royce[J]. The Southern Journal of Philosophy. Volume 48. Issue 4. (Dec., 2010):353 - 370.

[86] Randall E. Auxier(ed. and intro.). Papers in Honor of Josiah Royce on his Sixtieth Birthday(1916)[M]. Theommes Press. 2000.

[87] Randall E. Auxier. Psychological, Phenomenological, and Metaphysical Individuality in Royce's Philosophy[A]. In Kelley A. Parker and Krzysztof PiotrSkowroński (eds.). Josiah Royce for the Twenty-First Century: Historical. Ethicaland Religious Interpretations. Lexington Books. 2012.

[88] Randall E. Auxier (ed. and intro.). Critical Responses to Josiah Royce 1885 - 1916[M]. Thoemmes Press. 2000.

[89] Randall E. Auxier. Time, Will and Purpose: Living Ideas of the Philosophy of Josiah Royce[M]. Open Court. 2013.

[90] Richard J. Bernstein. Praxis and Action[M]. University of Pennsylvania Press. 1971.

[91] Richard Rorty. Consequences of Pragmatism[M]. The University of Minnesota Press. 1982.

[92] Richard Rorty. Contingency, Irony and Solidarity[M]. Cambridge University Press. 1989.

[93] Richard Rorty. Philosophical Papers Set: Objectivity, Relativism and Truth [M]. Cambridge University Press. 1991.

[94] Richard Rorty. Philosophy and Social Hope[M]. New York: Penguin Books. 1999.

[95] Richard Rorty. Philosophy and the Mirror of Nature[M]. Princeton University Press. 1979.

[96] Richard Rorty. Philosophy as Cultural Politics[M]. Cambridge University Press, 2007.

[97] Rickard J. Donovan. Royce，James and Intentionality[J]. Transactions of the Charles S. Peirce Society. Summer 1975. Vol. 11. Issue 3：195 - 212.

[98] Robert B. Pippin. Hegel's Idealism：The Satisfaction of Self-Consciousness [M]. Cambridge University Press. 1989.

[97] Robert J. Roth. British Empiricism and American Pragmatism. New York：Fordham University Press. 1993.

[98] Robert S. Corrington. A Comparison of Royce's Key Notion of the Community of Interpretation with the Hermeneutics of Gadamer and Heidegger[J]. Transactions of the Charles S. Peirce Society. Vol. 20. Issue 3. Summer 1984：279 - 301.

[99] Sandra B. Rosenthal. C. I. Lewis in Focus[M]. Indiana University Press. 2007.

[100] W. H. Werkmeister. A History of Philosophical Ideas in America[M]. New York：The Ronald Press Company. 1949.

[101] W. J. Mander. Royce's Argument for the Absolute[J]. Journal of the History of Philosophy，Vol. 36. No. 3.（July，1998）：443 - 457.

[102] William Ernest Hocking. On Royce's Empiricism[J]. The Journal of Philosophy，Vol. 53. No. 3.（Feb. 2. 1956）：57 - 63.

[103] William James. Writings of William James 1902 - 1910[M]. Penguin Books. 1987.

二、中文文献

[1] 阿克塞尔·霍耐特. 为承认而斗争[M]. 胡继华译. 上海：上海人民出版社. 2005 年.

[2] 托克维尔. 论美国的民主[M]. 曹冬雪译. 南京：译林出版社. 2012 年.

[3] 威廉·詹姆斯. 实用主义[M]. 李步楼译. 北京：商务印书馆，2012 年.

[4] 威廉·詹姆斯. 多元的宇宙[M]. 吴棠译. 北京：商务印书馆. 1999 年.

[5] 开尔德、鲁一士. 黑格尔　黑格尔学述[M]. 贺麟编译. 上海：上海人民出版社. 2012 年.

[6] C. 莫里斯. 美国哲学中的实用主义运动[J]. 孙思译. 世界哲学. 2003 年第 5 期.

[7] 陈亚军. 古典实用主义的分野及其当代效应[J]. 中国社会科学. 2014 年第 5 期.

[8] 陈亚军. 形而上学与社会希望：罗蒂哲学研究[M]. 南京：江苏人民出版社. 2009 年.

[9] 冯玉珍. 理性—非理性批判——精神和哲学的历史逻辑考察[M]. 北京：人民出版社. 2013 年.

[10] 海德格尔. 谢林论人类自由的本质[M]. 薛华译. 北京：中国法制出版社. 2009 年.

[11] 黑格尔. 小逻辑[M]. 贺麟译. 北京：商务印书馆. 2010 年.
[12] 黑格尔. 哲学史讲演录[M](四). 贺麟、王太庆等译. 上海：上海人民出版社. 2013 年.
[13] 黑格尔. 历史哲学[M]. 王造时译. 上海：上海书店出版社. 2006 年.
[14] 黑格尔. 逻辑学(下卷)[M]. 杨一之译. 北京：商务印书馆. 2011 年.
[15] 黑格尔. 法哲学原理[M]. 范扬、张企泰译. 北京：商务印书馆. 2010 年.
[16] 卡尔-奥托・阿佩尔. 哲学的改造[M]. 孙周兴、陆兴华译. 上海：上海译文出版社. 2005 年.
[17] 鲁道夫・欧肯. 近代思想的主潮[M]. 高玉飞译. 合肥：安徽人民出版社. 2013 年.
[18] 尼采. 作为教育家的叔本华[M]. 周国平译. 南京：译林出版社. 2012 年.
[19] 汤姆・洛克摩尔. 在康德的唤醒下——20 世纪西方哲学[M]. 徐向东译. 北京：北京大学出版社. 2010 年.
[20] 王凤才. 从承认理论到多元正义的构想[J]. 学海. 2009 年第 3 期.
[21] 先刚. 永恒与时间——谢林哲学研究[M]. 北京：商务印书馆. 2008 年.
[22] 以赛亚・伯林著. 亨利・哈代编. 浪漫主义的根源[M]. 吕梁等译. 南京：译林出版社. 2011 年.
[23] 于尔根・哈贝马斯. 现代性的哲学话语[M]. 曹卫东等译. 南京：译林出版社. 2004 年.
[24] 施太格缪勒. 当代哲学主流(上卷)[M]. 王炳文等译. 北京：商务印书馆. 1986 年.
[25] 柏克莱等. 近代理想主义[M]. 谢扶雅等编译. 北京：宗教文化出版社. 2013 年.
[26] C. I. 刘易斯. 刘易斯文选[M]. 李国山等译. 北京：社会科学文献出版社. 2007 年.
[27] 朱谦之编著. 黑格尔主义与孔德主义[M]. 上海：上海民智书局. 1933 年.
[28] 尚新建. 经验概念是威廉・詹姆斯哲学的基石[A]. 赵敦华主编. 外国哲学[M]. 第 28 辑. 北京：商务印书馆. 2014 年.
[29] 杜威. 杜威全集・中期著作(第十卷)[M]. 王成兵、林建武译. 上海：华东师范大学出版社. 2011 年.
[30] 杜威. 杜威全集・中期著作(第十二卷)[M]. 刘华初等译. 上海：华东师范大学出版社. 2011 年.
[31] 杜威. 杜威全集・晚期著作(第一卷)[M]. 傅统先等译. 上海：华东师范大学出版社. 2013 年.
[32] 杜威. 杜威全集・早期著作(第三卷)[M]. 吴新文、邵强进译. 上海：华东师范大学出版社. 2010 年.
[33] 海德格尔. 林中路[M]. 孙周兴译. 北京：商务印书馆. 2016 年.
[34] 海德格尔. 存在与时间[M]. 陈嘉映、王庆节译. 北京：商务印书馆. 2016 年.

[35] 汪堂家. 多重经验中的身体——试论身体对于杜威哲学的意义[J]. 复旦学报(社会科学版). 2012 年第 4 期.
[36] 吉海勒. 拓展经验：论舒斯特曼在当前实用主义中的地位[J]. 王辉译. 世界哲学. 2011 年第 6 期.
[37] 海尔曼 · J. 萨特康普. 罗蒂和实用主义[M]. 张国清译. 北京：商务印书馆. 2003 年.
[38] 刘放桐. 再论重新评价实用主义[J]. 天津社会科学. 2014 年第 2 期.
[39] 赫伯特 · 施皮格伯格. 现象学运动[M]. 王炳文、张金言译. 北京：商务印书馆. 2011 年.
[40] 罗克汀. 论美国实用主义发展的主要趋势[J]. 哲学研究. 1981 年第 12 期.

罗伊斯年表

1855 罗伊斯出生在加利福尼亚的格拉斯瓦利,他是家中第四个孩子,也是老乔赛亚·罗伊斯与萨拉·珀丽斯·罗伊斯唯一的儿子。

1866 罗伊斯在旧金山进入林肯语法学校学习。

1869 罗伊斯进入旧金山男子高级中学学习。

1870 罗伊斯转入加利福尼亚大学,作为一名预科班的学生学习。

1875 罗伊斯获得古典文学学士学位,毕业论文是论《被缚的普罗米修斯》,在毕业典礼上做了《论索福克勒斯的一个篇章》的演讲。

1875—1876 罗伊斯到德国留学一年,先在海德堡,接着是莱比锡,最后是哥廷根。

1876 罗伊斯在约翰·霍普金斯大学开始其研究生学习。

1878 罗伊斯在约翰·霍普金斯大学获得哲学博士学位,博士论文的题目为《知识原则的相互依赖性》。

1878 罗伊斯成为加利福尼亚大学英语语言文学的助理教授。

1880 罗伊斯与凯瑟琳·哈德(Katharine Head)结婚。

1882 罗伊斯的第一个儿子克里斯托夫降生。

1882 在发表了14篇文章和一本著作《逻辑分析入门教程》(1881)后,罗伊斯作为暂时顶替威廉·詹姆斯的临时教员进入哈佛大学任教。

1885 《哲学的宗教方面》出版。

1886 罗伊斯关于加利福尼亚的历史型题材的著作《从1846年到圣弗兰西斯科第二警戒委员会(1856)时期的加利福尼亚:对美国人性格的一个探究》出版。

1886　罗伊斯的第二个儿子爱德华在加利福尼亚出生。

1887　罗伊斯发表了《奥克菲尔德河之怨》的小说。

1888　罗伊斯在该年2月时突发神经官能症，他旅行到澳大利亚进行休养，直至9月返回波士顿的剑桥镇。

1889　罗伊斯的第三个儿子降生。全家移居到剑桥镇的爱尔文大街103号的永久居所。

1889—1890　罗伊斯做了一个讲座系列，主题是“现代思想史上的一些重要人物及其学说”，这成为他后来的著作《近代哲学的精神》(1892)的底稿。

1890—1891　罗伊斯评论了F. E.阿伯特的《不可知论的出路》，引发了著名的“阿伯特争议”；在这一时期，罗伊斯为《世纪》期刊编辑和供稿关于加利福尼亚历史的栏目。

1892　罗伊斯被任命哈佛大学的哲学史教授。在往后的五年中，他书写并出版了一系列关于心理学、伦理学、宇宙学和自我意识的文章。

1894　罗伊斯成为哈佛大学哲学系主任，任期四年。

1895　《上帝的概念》发表。罗伊斯在加利福尼亚大学就《上帝的概念》发表演讲，并与霍伊森等人进行辩论；《上帝的概念》在加了“附加文章”后于1897年再版发行。

1898　《善与恶的研究》出版。

1899—1900　罗伊斯在亚伯丁大学主持了吉尔福德讲座，并据此出版了两卷本的《世界与个体》(1899—1901)。

1902　罗伊斯在加利福尼亚大学的夏季学校主持讲座。

1903　《心理学纲要》出版。罗伊斯在春季学期休了一次假，接着秋季学期在加利福尼亚大学做了一个主题为“思维进程的某些特质”的系列讲座。

1904　《赫伯特·斯宾塞》出版。

1906　罗伊斯以“后康德式唯心主义的某些方面”为主题在约翰·霍普

金斯大学做了讲座，这个讲座内容在罗伊斯逝世后以“近代唯心主义讲座”为题出版发行。

1907 罗伊斯在洛威尔研究中心做了伦理学讲座，此讲座内容成为1908年出版的《忠之哲学》的底本。

1908 《种族问题、地方主义和其他的美国问题》出版。

1909 罗伊斯在第三届国际哲学大会上发表演讲，主题为“近来讨论的真理问题”。

1910 罗伊斯的挚友威廉·詹姆斯离世（8月26日）。9月21日，罗伊斯的长子克里斯托夫·罗伊斯去世。

1911 罗伊斯在宾夕法尼亚大学的哈里森讲座上做了主题为“绝对真理的本质和可获得性”的讲座，这是受杜威的“真理的问题”所促动而做的回应式讲座。同年，罗伊斯出版了《威廉·詹姆斯和关于哲学生活的一些文章》。

1912 《宗教洞见的来源》出版，这是1911年11月份在森林湖学院所做的布洛斯讲座整理而成的著作。1912年2月，罗伊斯得了中风。

1913 《基督教的问题》出版，这是根据1912年在洛威尔研究中心所做的讲座以及为希伯特基金会、曼彻斯特学院和牛津大学所做的讲座整理而成。

1914 罗伊斯被任命为哈佛的阿尔福德教授，同时在加利福尼亚大学的哲学联合会上发表了主题为“对当前危机的解读”的演讲，据此演讲以“战争与保险”为题出版。

1916 罗伊斯于9月14日离世。《伟大共同体的希望》由麦克米兰公司出版。

后记

乔赛亚·罗伊斯这位美国本土的思想家在他的时代有着超凡的思辨能力，被其好友威廉·詹姆斯称为“美国的柏拉图”。他虽被通常称为“绝对唯心主义者”，但他的思想观点在很多重要方面都不同于黑格尔，甚至不同于英国的新黑格尔主义者们。这种不同源自美国整体的精神氛围对他的洗礼，也源自他作为一个杰出的思想家所具有的卓越思考维度与问题意识。罗伊斯一直是处于古典实用主义运动发展中的一个核心人物，他的观念与洞察对于塑造詹姆斯、杜威这两位实用主义奠基者的思想起到非常必要的作用。他也是美国古典哲学时期最早意识到皮尔斯哲学的天才性价值的思想家，这体现在他去世前亲自接收并整理皮尔斯的遗稿，并在1913年出版的《基督教的问题》中发展了皮尔斯的解释思想和共同体思想，以“解释的共同体”与皮尔斯一道完成了对康德哲学中“先验自我”的改造。据此而言，他是沿着皮尔斯式的实用主义而发展的实用主义者。选择罗伊斯作为博士阶段的研究对象，源自于导师刘放桐先生的亲切提点与指导，让我能够窥见这位美国思想家独特的精神之貌，并在阅读与探索中被其思想魅力所打动。

作为哲学这深邃之海的初习泳者，我依然还生涩地、小心翼翼地徘徊在浅水近岸，虽也举目欲眺海天远处，但终归还是视野褊狭，故通过笔端呈现的思想图景，抑或也有朦胧模糊、略带水气之感。若因这种稚拙而让业界前辈指责训导，这个小小水手在此愿全部接承并愿意努力成长。

我要用最大的诚挚对“实用主义与美国思想文化研究”主编刘放桐教授、陈亚军教授表达谢意，是他们以师者的栽培之力与教化之功让我能够将此书完成于案前、并在此平台呈现于读者面前。还要感谢“杜威中心”的冯平老师、孙宁老师、陈佳老师倾力于“杜威中心”这个中国研究实用主义的最重要阵地的建设，让我能够经常回到此平台汲取营养、聆听师友们的指导与观点，每每回到“杜威中心”总有归家之感。感谢研习实用主义的师友们对我的成长提供宝贵指导与帮助！诚挚感谢并铭恩于心！诚挚感谢复旦大学出版社对文稿的精心校核，感谢方尚芩女士的辛勤工作。

实用主义与美国思想文化研究

丛书主编：刘放桐 陈亚军

《杜威哲学的现代意义》

刘放桐 主编，复旦大学出版社，2017年1月

《匹兹堡问学录——围绕〈使之清晰〉与布兰顿的对谈》

陈亚军 访谈 周 靖 整理，复旦大学出版社，2017年1月

《实用主义的研究历程》

刘放桐 著，复旦大学出版社，2018年3月

《匹兹堡学派研究——塞拉斯、麦克道威尔、布兰顿》

孙 宁 著，复旦大学出版社，2018年8月

《真理论层面下的杜威实用主义》

马 荣 著，复旦大学出版社，2018年8月

《“世界”的失落与重拾——一个分析实用主义的探讨》

周 靖 著，复旦大学出版社，2019年7月

《后现代政治话语——新实用主义与后马克思主义》

董山民 著，复旦大学出版社，2019年8月

《罗伊斯的绝对实用主义》

杨兴凤 著，复旦大学出版社，2019年9月

……

实用主义与美国思想文化译丛

丛书主编：陈亚军

《三重绳索：心灵、身体与世界》

希拉里·普特南　著，孙　宁　译，复旦大学出版社，2017年1月

《经验主义与心灵哲学》

威尔弗里德·塞拉斯　著，王　玮　译，复旦大学出版社，2017年1月

《将世界纳入视野：论康德、黑格尔和塞拉斯》

约翰·麦克道威尔　著，孙　宁　译，复旦大学出版社，2018年8月

《自然主义与存在论》

威尔弗里德·塞拉斯　著，王　玮　译，复旦大学出版社，2019年9月

《阐明理由——推论主义导论》

罗伯特·B. 布兰顿　著，陈亚军　译，复旦大学出版社，2019年9月

《推理及万物逻辑——皮尔士1898年剑桥讲坛系列演讲》

查尔斯·桑德斯·皮尔士　著，张留华　译，复旦大学出版社，2019年9月

……

图书在版编目(CIP)数据

罗伊斯的绝对实用主义/杨兴凤著. —上海：复旦大学出版社,2019.9
(实用主义与美国思想文化研究/刘放桐,陈亚军主编)
ISBN 978-7-309-14426-0

Ⅰ.①罗… Ⅱ.①杨… Ⅲ.①实用主义-研究-美国 Ⅳ.①B712.51

中国版本图书馆 CIP 数据核字(2019)第 132182 号

罗伊斯的绝对实用主义
杨兴凤 著
责任编辑/方尚芩

复旦大学出版社有限公司出版发行
上海市国权路 579 号 邮编：200433
网址：fupnet@fudanpress.com http://www.fudanpress.com
门市零售：86-21-65642857 团体订购：86-21-65118853
外埠邮购：86-21-65109143
常熟市华顺印刷有限公司

开本 787×960 1/16 印张 18.25 字数 225 千
2019 年 9 月第 1 版第 1 次印刷

ISBN 978-7-309-14426-0/B·702
定价：68.00 元
